November 1992

1. Jahrgang

Heft 1

Umwelt Wirtschafts Forum

FORUM FOR ECOLOGICAL MANAGEMENT IN INDUSTRY

Material- und Energiebilanzen

Stoffkreislaufökonomie

Ökomanagement

Unternehmen, Institute und Arbeitskreise

Ansätze zur Lösung der Elektronikschrottproblematik

IUWA - Institut für Umweltwirtschaftsanalysen, Heidelberg, e. V.

ISBN 978-3-662-40510-9 ISBN 978-3-662-40987-9 (eBook)
DOI 10.1007/978-3-662-40987-9

INHALTSVERZEICHNIS

Abstracts

Balances of Material and Energy as Ecopolitical Instruments
by *Prof. Dr. Heinz STREBEL*

Balances of materials and energy are more comprehensive descriptions than economic input-output schemes based on productive factors or products. The article deals with a range of possibilities of application of these two methods as a basis for ecopolitical information. Within reflections on the field of production theory, an output-side residue coefficient is serving for the derivation of first a recycling coefficient and finally an emission coefficient, which reflects the emitted quantity of environmental burden per reference unit. **(*UWF* 1, p. 9-15)**

Aspects of Metabolism in the Economy
by *Prof. Dr. Eberhard GARBE*

Metabolism in economy is characterized by a re-entry and recycling of residues from different succeeding levels of production processes as well as of secondary materials and waste from consumption as secondary resources. The article discusses product-related but also process- and technology-related aspects of efficient programming(/organization?) of material circuits. The last two chapters treat the management of waste disposal in the ancient German Democratic Republic with special regards to the organizational structures of the recycling economy. **(*UWF* 1, p. 16-23)**

Disposal of Electronic Appliances
by *Dr. Bernhard DIEGNER*

With the coming into force of a decree on the disposal of electronic waste ("Elektronikschrottverordnung") on the 1st of january 1994 all producers, traders and importers of electric and electronic equipment will be bound by law to take back their products from the final consumer and to put it primarily to recycling processes. The article reveals clearly the problems of intensive and far-reaching recycling methods for electric equipment and describes the requirements that are demanded of a recycling industry which is already developping very dynamically in Germany. **(*UWF* 1 , p.24-29)**

Results of a Field Study Based on the Collection of Worn-Down Electronic Equipment in the City of Essen
by *Michael ROHR*

Only in 1990, the electric industry has worked up about 500.000 tons of plastics. With the decree on the disposal of electronic waste, they will be affected more ore less directly by the great complexity of recycling problems that still exist with these components. The article shows the results of a collection of 700 worn-down electric appliances which were dismantled manually with the aim of getting knowledge about the practicability of recycling processes that could enable a stripping down to pure synthetic materials which then could serve again as resources for products of high valence. After a very detailed treatment of the most important groups of plastics of electric appliances, material specific possibilities and limits of recycling processes are pointed out. **(*UWF* 1, p. 33-41)**

Repurchasing Duties after the Coming into Force of a Decree on the Disposal of Electronic Waste
by *Prof. Dr. Hans-Jürgen PAPIER*

In the near furure the producers and the trade will have to bear all the costs for recycling and disposal. With this regulation the legislative does not only intend to create incentives for faster progress in the development of products which take chare of scarce resources and allow easy dismantling after use but also wants to counteract the latent danger of unauthorized deposition of waste in the environment by the final consumer. The article is revealing problems of repurchasing duties and favours the model of a special contribution which should not flow into the public households but to a special fund for the financing of the necessary recycling and disposal systems. **(*UWF* 1 , p. 30-32)**

The Repurchasing Offer of IBM: Environment Protecting Disposal of Worn-Down Equipment
by *Hartmut RHOTERT*

Since there is no more doubt about the coming into force of the so-called "Elektronikschrottverordnung" (see article of Prof. Papier) in the near future, there is an urgent need for action for the producers of electric equipment. The article demonstrates the efforts of a leading international computer-company, that engaged itself in the repurchasing of the total of its manufactured equipment already in June 1990. In consequence the enterprise has already accumulated a certain experience in dealing with this markedly enlarged responsibility of its products. The article shows the disposal courses for worn-down equipment and points out the development of an "ecologically adapted computer" showing characteristics as simplicity of repairing and dismantling as well as reusability and extensive possibilities for the recycling of its fragments. **(*UWF* 1 p.42-44)**

Kurzzusammenfassungen

Material- und Energiebilanzen als umweltpolitische Instrumente
von *Prof. Dr. Heinz STREBEL*

Material- und Energiebilanzen sind gegenüber traditionellen betriebswirtschaftlichen Input-Output-Schemata, etwa auf der Basis von Produktivfaktoren und Produkten, wesentlich umfassendere Darstellungen. Der Beitrag beschäftigt sich mit Einsatz- und Aussagemöglichkeiten dieser Verfahren als umweltpolitische Informationsgrundlagen. Im Rahmen produktionstheoretischer Überlegungen werden aus dem outputseitig gebildeten Rückstandskoeffizienten ein Recycling- oder Wiederverwertungskoeffizient und schließlich ein Emissionskoeffizient abgeleitet, der die emittierte Menge an Umweltbelastung pro Bezugseinheit wiedergibt. **(*UWF* 1, S. 9-15)**

Entsorgung von Elektronikgeräten
von *Dr. Bernhard DIEGNER*

Zum 1.1.1994 ist das Inkrafttreten einer bislang als Referenten-Entwurf vorliegenden Elektronikschrott-Verordnung vorgesehen, die alle Hersteller, Vertreiber und Importeure elektrischer und elektronischer Geräte dazu verpflichten wird, ihre Produkte nach Gebrauch vom Endverbraucher zurückzunehmen und vorrangig einer stofflichen Verwertung zuzuführen. Der Aufsatz fächert unter Einbeziehung graphischer Darstellungen die Problematik möglichst weitgehender stofflicher Wiederverwertungsmöglichkeiten für ausgediente Elektrogeräte auf und beschreibt die Anforderungen an eine bereits stark dynamisierte Entsorgungswirtschaft. **(*UWF* 1, S.24-29)**

Rücknahmepflichten nach einer Elektronik-Schrott-Verordnung
von *Prof. Dr. Hans-Jürgen PAPIER*

Mit dem Inkrafttreten der Elektronikschrott-Verordnung entsteht eine Rücknahmeverpflichtung für ausgediente Elektrogeräte, im Rahmen derer Herstellern und Handel die Kosten für Verwertung und Entsorgung ausgedienter Altgeräte aufgebürdet werden sollen. Der Gesetzgeber beabsichtigt mit einer solchen Regelung nicht nur die Schaffung von Anreizen zu ressourcenschonenderer und demontagefreundlicherer Produktentwicklung, sondern leistet damit auch der latenten Gefahr einer ungeordneten Entsorgung durch den Letztverbraucher Vorschub. Der Aufsatz setzt sich mit Problemen einer verhältnismäßigen und sachgerechten Ausgestaltung der Rücknahmepflichten auseinander und schlägt das Modell einer Sonderabgabe vor, die nicht an die öffentlichen Haushalte, sondern in einen spezifischen Solidarfonds fließen sollte, der direkt der Finanzierung der notwendigen Verwertungs- und Entsorgungssysteme diente. **(*UWF* 1, S.30-32)**

Aspekte einer Stoffkreislaufökonomie
von *Prof. Dr. Eberhard GARBE*

Stoffkreisläufe in der Wirtschaft sind dadurch gekennzeichnet, daß Produktionsabfälle aus verschiedenen aufeinanderfolgenden Stufen des Produktionsprozesses sowie Altstoffe und Konsumptionsabfälle ganz oder teilweise in vorausgegangenen Stufen wieder als Sekundärrohstoffe eingesetzt und verwertet werden. Der Autor erörtert sowohl erzeugnisbezogene als auch verfahrens- und technologiebezogene Ansatzpunkte effizienterer Stoffkreislaufgestaltung. Schließlich wird noch gesondert auf die Abfallentsorgungslogistik der ehemaligen DDR eingegangen, wobei ein besonderer Schwerpunkt auf den organisationischen Aufbau der dortigen Sekundärrohstoffwirtschaft gelegt wird. **(*UWF* 1, S.16-23)**

Ergebnisse eines Feldversuchs der Essener Elektrogerätesammelaction
von *Michael ROHR*

Allein 1990 hat die Elektronikindustrie ca. 500.000 Tonnen Kunststoffe verarbeitet, die spätestens mit Inkrafttreten der angekündigten Elektronikschrottverordnung ein schwierig zu lösendes Verwertungsproblem nach sich ziehen werden. Der Beitrag schildert die Ergebnisse einer Elektrogerätesammelaktion, bei der rund 700 Geräte manuell in ihre Bestandteile zerlegt wurden mit der besonderen Zielsetzung, Auskünfte über die Praktikabilität von Demontageverfahren zu erhalten, die eine sortenreine Wiederaufarbeitung spezieller Kunststoffe ermöglichen. Nach detaillierter Behandlung der bedeutendsten Stoffgruppen in diesem Bereich werden fraktionsspezifische Möglichkeiten und Grenzen einer werkstofflichen Verwertung aufgezeigt. **(*UWF* 1, S.33-41)**

Das Rücknahmeangebot der IBM: Umweltgerechte Entsorgung der Altgeräte
von *Hartmut RHOTERT*

Spätestens seit allgemein Gewißheit über das in Kürze anstehende Inkrafttreten einer Elektronikschrott-Verordnung besteht, ist v.a. bei den Herstellern elektronischer Geräte akuter Handlungsbedarf entstanden. Der Artikel zeigt die Anstrengungen eines führenden internationalen Computer-Konzerns, der sich bereits seit Juni 1990 zur kompletten Rücknahme aller Geräte einer Produktpalette verpflichtet und im Umgang mit der dadurch stark erweiterten Produktverantwortung bereits erste Erfahrungen gesammelt hat. Dabei werden sowohl die Entsorgungswege der Altgeräte verfolgt als auch dargestellt, welche Schritte auf dem Weg zur Herstellung eines "umweltfreundlichen Computers" bislang unternommen worden sind, der sich v.a. durch Charakteristika wie Reparatur- und Demontagefreundlichkeit sowie Wiederverwendbarkeit und Wiederverwertbarkeit seiner Fragmente auszeichnen soll. **(*UWF* 1, S.42-44)**

Electronic Waste - Canals for Recycling and Approaches in Logistics
by *Dr. Horst WOLF*

The history of computer recycling has been restricted to precious metal recovery for a long time. Especially after the introduction of the personal computer "for everybody", the demand on the computer market came up very quickly, leaving a dramatically increasing quantity of waste caused by this booming sector. For several years a highly specialized recycling industry has been established in Germany and its possibilities to relieve the manufacturing industry and especially the trade of their coming disposal obligations will create further market chances in this sector. The article discusses a private enterprise which is specialized in the recycling of bureau communication equipment (such as computers, electronic typewriters, copyfiers etc.), and it reveals the different procedures for collection, dismantling, reselling or final deposit of the used up computer without omitting the problem of costs and prices. **(*UWF* 1, p. 45-49)**

Recycling of Picture Tubes - Technology and Experiences from Practice
by *Dr. Stefan MAIER*

Only in Germany, almost 5 million picture tubes of TV and computer monitors leave the economic circle per year. As a proper separation of the different components of these tubes still cause a great variety of technical problems most of them has still to be deposited on special sites for toxic waste. The article discusses an enterprise that developped a complex procedure which already allows the recycling of wastes from tube production and which put into practice at the beginning of 1992. Special regards on the cost side give detailed informations concerning the profitability of these equipments. **(*UWF* 1, p.50-52)**

Management of Recycling Circles in the Electric Industry
by *Markus HORNEBER*

The market of ecologically oriented technologies is developping very dynamically. To prevent of the danger that European producers are forced to leave this emerging and promising market to far east competitors the setting up of well adapted network of instruments is indispensable to permit effective and efficient chances management. According to the author, the application of the principle of the value added should serve to identify paying possibilities on the recycling-oriented formation of resources, products or processes, while the process and time dimension should be managed by an integrated life-cycle-model extended by a recycling circle. The organization of a disposal-oriented diagnosis and information system (EDIS) could serve to close the information gap at the level of the enterprise. **(*UWF* 1, p. 53-55)**

Environmental Management on the International Screen - Initiatives of the ICC
by *Dr. Rudolf J. LAUFF*

As an important answer on the world-wide aggravating ecological problems the German branch of the International Chamber of Commerce (ICC) has worked out an "ICC Business Charter for Sustainable Development" covering "16 principles of environmental management", which shall stimulate enterprises to engage themselves towards a continuous amelioration in activities for a better protection of the environment. As an instrument for the improvement of the ecological sociability of entrepreneurial action, the ICC has developped recommendations on environmental auditing with voluntary environmental controls by in-plant experts as a management instrument of strictly internal character. With this concept the ICC puts itself in opposition to proposals of the EC, which wants to place a greater emphasis on the element of public control. **(*UWF* 1, p.56-58)**

Ecological Oriented Management in an Enterprise
by *Prof. Dr. Rudi KURZ*

All decisions in an enterprise are invariably decisions on burdens for nature and the direct environment of man. Nevertheless ecological criterions are playing no or only a rather inferior roll in the process of decision-making although even the economic aim of profitability is likely to be achieved much better by ecologically oriented planning strategies than by long-standing but sometimes outdated management concepts at least over the medium term. In this first part of a paper, that will be completed in the UWF 2 issue, the authors explain the positions of the BUND (a leading German Organization for the Protection of Nature and the Environment) concerning the scope of an enterprise in this field of action and give impulses for the formation of an adequate management organization as well as for product planning. **(*UWF* 1, p. 59-65)**

Our Idea of Disposal Does it Have to be Disposed?
by *Mario FISCHER*

Waste disposal is not only a question of how to collect, how to separate or to treat used up materials. Waste disposal has to start in the heads of men long before any construction of products, because only the avoiding of ecologically inadapted structures and processes show the way to a sustainable management. The author points out some weaknesses in the discussion about waste disposal and gives ideas and incentives for an imperative and extensive change in one's thinking. **(*UWF* 1, p. 66-69)**

Elektronikschrott - Wege der Verwertung und Lösungsansätze zur Logistik
von *Dr. Horst WOLF*

Die Geschichte des Computer-Recycling beschränkte sich lange Zeit auf das sog. "Precious Metal Recovery" mit der Folge, daß die anfallenden Müllmengen angesichts der stark wachsenden Marktnachfrage gerade in diesem Sektor drastisch anwuchsen. Seit einigen Jahren beginnt sich in der BRD jedoch eine hochspezialisierte Recyclingwirtschaft zu etablieren, die gerade im Zusammenhang mit der neuen Elektronikschrott-Verordnung gute Marktchancen sieht, Hersteller und Handel von deren ins Haus stehenden Entsorgungspflichten zu entlasten. Der Artikel zeigt am Beispiel eines Entsorgers von Bürokommunikationsgeräten aller Art logistische Konzepte der Altgerätesammlung, schlüsselt detailliert die praktizierten Verwertungswege auf und gibt schlußendlich auch einen Einblick in die Preisproblematik. **(*UWF* 1, S.45-49)**

Bildröhren-Recycling - Technologie und Betriebserfahrungen
von *Dr. Stefan MAIER*

Allein in Deutschland werden jährlich fast 5 Mio. (^= 100.000 t) Bildröhren aus alten Fernesehgeräten und Computermonitoren ausgemustert. Da eine saubere stoffliche Trennung der Bildröhrenbestandteile bislang noch auf vielfältige verfahrenstechnische Probleme stößt, steht in aller Regel nur die Einlagerung auf Sondermülldeponien zur Disposition. Der Artikel zeigt anhand eines seit Anfang 1992 im Unternehmen angewandten Recyclingverfahrens für Ausschuß-Bildröhren unter besonderer Berücksichtigung der Kostenseite, daß auch hier inzwischen hoffnungsvolle Lösungsansätze verfügbar sind. **(*UWF* 1, S:50-52)**

Management des Entsorgungszyklus in der Elektronikindustrie
von *Markus HORNEBER*

Der Markt für Umwelttechniken gewinnt derzeit enorm an Dynamik. Damit europäische Hersteller die im Entsorgungssektor entstehenden Märkte aber nicht an fernöstliche Konkurrenten abgeben müssen, ist der Aufbau eines differenzierten Instrumentariums nötig, das ihnen ein effektives und effizientes Chancen-Management erlaubt. Anhahd des Fundamentalprinzips effektiver und effizienter Wertschöpfung sollen lohnende Einflußmöglichkeiten auf die entsorgungsorientierte Gestaltung von Wertstoffen, Produkten und Produktionsprozessen erkannt werden, wobei zum Management der Prozeß- und Zeitdimension auf das um den Entsorgungszyklus erweiterte Integrierte Lebenszyklus-Konzept zurückgegriffen wird. Der Aufbau eines entsorgungsorientierten Diagnose- und Informationssystems (EDIS) soll dazu dienen, auf unternehmensindividueller Basis Informationslücken zu schließen. **(*UWF* 1, S.53-55)**

Umweltschutzmanagement auf internationaler Ebene - Initiativen des ICC
von *Dr. Rudolf J. LAUFF*

Als wichtige Antwort der Wirtschaft auf die sich auch international verschärfende Umweltproblematik hat die ICC (International Chamber of Commerce) eine "16 Grundsätze des Umweltmanagements" umfassende "ICC Business Charter for Sustainable Development" entwickelt, die dazu anregen soll, daß sich auf internationaler Ebene Unternehmen zu einer kontinuierlichen Verbesserung ihrer Umweltschutzaktivitäten verpflichten. Als ein Instrument zur Verbesserung der Ökologieverträglichkeit unternehmerischen Handelns hat die ICC Vorschläge zu sog. "Umwelt-Audits" (engl.:Environmental Auditing) erarbeitet, die in Form freiwillig durchzuführender Umweltschutzkontrollen als Management-Instrument mit streng unternehmensinternem Charakter ausgestaltet werden sollten. Damit stellt sich die ICC in Gegensatz zu Vorschlägen der EG, die das Element der öffentlichen Kontrolle stärker betonen will. **(*UWF* 1, S.56-58)**

Ökologische Unternehmensführung, Teil I
von *Prof. Dr. Rudi KURZ et al.*

Alle Entscheidungen in Unternehmen sind stets auch Entscheidungen über Natur- und Umweltbelastung. Ökologische Kriterien spielen aber bislang in der Entscheidungsfindung keine oder lediglich eine untergeordnete Rolle und dies, obwohl sich selbst das betriebswirtschaftliche Rentabilitätsziel durch ökologieorientierte Planungsstrategien zumindest mittelfristig meist weit besser zu realisieren verspricht als mit althergebrachten Managementkonzepten. Die Autoren setzen sich in diesem ersten Teil eines Positionspapiers, das in UWF 2 vervollständigt wird, intensiv mit dem ökologischen Handlungsspielraum eines Unternehmens auseinander und stellen Anregungen im Bereich der Organisation wie auch der Produktplanung zur Diskussion. **(*UWF* 1, S.59-65)**

Muß unsere Vorstellung von Entsorgung entsorgt werden?
von *Mario FISCHER*

Entsorgung heißt nicht nur zu bestimmen, welcher Abfall wie gesammelt, getrennt und behandelt werden muß. Entsorgung muß bereits weit vor dem Konstruieren von Produkten in den Köpfen der Menschen beginnen, denn nur die Vermeidung ökologisch unverträglicher Strukturen und Prozesse weist tatsächlich die Richtung hin zu nachhaltigem Wirtschaften. Der Autor präpariert in erfrischender Art und Weise einige Schwachstellen der Entsorgungsdiskussion heraus und gibt Anregungen für ein dringend notwendiges und umfassendes Umdenken. **(*UWF* 1, S. 66-69)**

Grußwort von

Bundesumweltminister

Prof. Dr. Klaus Töpfer

für die 1. Ausgabe der Zeitschrift

Umweltwirtschaftsforum (UWF)

Bonn, 20.11.1992

Ich freue mich darüber, daß das Institut für Umweltwirtschaftsanalysen mit dieser Zeitschrift eine Brückenfunktion zwischen Wissenschaft und Praxis schaffen will. Hervorheben möchte ich das Schwerpunktthema dieser ersten Ausgabe

"Ansätze zur Lösung der Elektronikschrottproblematik".

Der Entwurf der Elektronikschrottverordnung folgt in seinen Zielsetzungen den Grundprinzipien der Verpackungsverordnung. Danach sollen Hersteller und Handel zur Rücknahme von Elektro- und Elektronikgeräten verpflichtet werden. Die zurückgenommenen Geräte oder auch Geräteteile sind vorrangig stofflich zu verwerten. Eine generelle stoffliche Verwertung - wie bei der Verpackungsverordnung - ist gegenwärtig beim Elektronikschrott noch nicht möglich, da die heute anfallenden Geräte bis zu 20 Jahre alt sein können. Diese Altgeräte enthalten zum Teil noch Materialien, die eine stoffliche Verwertung behindern oder ausschließen. Geräte oder Geräteteile, für die zum Zeitpunkt der Rücknahme keine technischen Möglichkeiten der Verwertung bestehen, wie z.B. derzeit noch für Bildröhren, sind der Abfallentsorgung zuzuführen. Nach Anhörung der beteiligten Kreise werden wir den bisher erreichten Sachstand mit den Verbänden von Industrie und Handel im Dezember 1992 noch einmal erörtern. Von der Elektronikschrottverordnung werden zukünftig entscheidende Impulse zur Entwicklung von Geräten ausgehen, die sich problemloser verwerten und letzlich umweltverträglicher entsorgen lassen. So arbeiten die Europäischen TV-Gerätehersteller bereits an der Entwicklung eines demontagefreundlichen "Grünen Fernsehers".

Mit dem für die 1. Ausgabe der neuen Fachzeitschrift gewählten Schwerpunktthema sehe ich für die Elektronikschrottverwertung sowie den gesamten Bereich der Umweltwirtschaft eine Informationsplattform, innovatorische Prozesse in diesem Bereich weiter voranzubringen.

Lesern und Autoren des Umweltwirtschaftsforums wünsche ich für die Zukunft eine anregende Auseinandersetzung mit den Herausforderungen einer ökologisch-orientierten Betriebswirtschaftslehre.

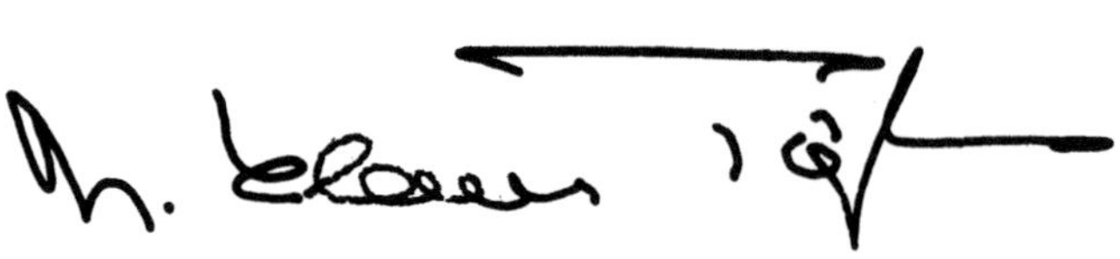

Zur Einführung

UWF als Nachfolger des FÖB

Mit diesem Heft präsentiert sich das **U**mwelt**W**irtschafts**F**orum als eine neue umweltorientierte betriebswirtschaftliche Zeitschrift der Öffentlichkeit. Ihr Ziel ist es, die fruchtbare Diskussion, die durch die höchst verdienstvolle Arbeit der Ausgaben des **F**orschungsdienstes **Ö**kologisch orientierte **B**etriebswirtschaftslehre unter der Leitung von Prof. Seidel aus Siegen entstanden ist, aufzugreifen und aus dem hochschulnahen Raum in das Spannungsfeld zwischen Praxis und Wissenschaft zu führen.

Die Herausgeber würden sich wünschen, wenn die bisherige Leserschaft ihre Interessengebiete im ***UWF*** wiederfinden und zugleich aber die Auseinandersetzung mit praktischen umweltbezogenen Problemen und deren innovatorischer Lösung als eine Bereicherung empfinden kann.

Als neue Zielgruppe wird aber besonders die umweltbewußte und umweltverpflichtete Führungspersönlichkeit der Wirtschaft angesprochen, sich mit praktischen und theoretischen Problembezügen auseinanderzusetzen, um daraus Motive und Zielrichtungen für das eigene Handeln in unternehmerischen Entscheidungsgremien abzuleiten. Insbesondere sollen aktuelle Informationen aus dem Bereich der Umweltwirtschaft es gestatten, den in Zukunft notwendigen Wandel der Materialien, Produkte und Produktionsweisen in Richtung auf verstärkte Umweltverträglichkeit unter Ausnutzung eines möglichst großen Handlungsspielraums in ökonomischer Weise zu nutzen. Nur durch die verantwortungsvolle Gestaltung in der Praxis kann letztendlich ein Wandel in unserer Industriegesellschaft in Richtung auf eine sozial- und umweltverpflichtete Wirtschaftsform erreicht werden.

Diskurs von Praxis und Wissenschaft im *UWF*

Tragfähige Konzepte zur umweltorientierten Unternehmensführung können sich nur in Zusammenarbeit und im Diskurs von Praxis und Wissenschaft entwickeln. Hier will das ***UWF*** ein **Forum** zur Diskussion neuer Lösungsansätze aus Wissenschaft und Praxis darstellen. Hier wird und soll es Meinungsunterschiede geben, die jedoch den Anstoß zu kreativen Synthesen in Richtung auf neue zusammenhängende Lösungen ergeben können. Der Bereich der ökologisch orientierten Betriebswirtschaftslehre ist noch sehr jung und keineswegs etabliert, und so ist auch das spezifische betriebswirtschaftliche Instrumentarium noch nicht adäquat entwickelt.

Für die Entscheidung bei den beinahe zwangsläufigen Zielkonflikten zwischen ökologischen und kurzfristig-ökonomischen Zielen findet der betriebliche Entscheidungsträger noch kein hinreichend für den praktischen Zugang ausgearbeitetes Rüstzeug, wenngleich die betriebliche Entscheidungstheorie sich ausführlich mit Entscheidungen unter mehreren simultanen Zielsetzungen beschäftigt hat. Ökobilanzen sind in aller Munde, nur im Kopfe können sie eher nebulöse Vorstellungen erzeugen, weil die notwendige Standardisierung der Strukturbildung und der Meßvorschriften noch aussteht. Durch neue Gesetze der Produkthaftung steigt das unternehmerische Risiko erheblich. Hier gilt es, die spezifischen Instrumente des Risikomanagements zu schärfen, um Risikopotentiale aufzudecken, zu bewerten und womöglich frühzeitig risikoärmere und umweltschonendere Verfahren zu wählen. Der Entsorgungsbereich enthüllt sich als Epizentrum für industrielle Erschütterungen, denen die Unternehmen der Zukunft nur durch ökonomisch durchdachte Kooperationsstrategien zwischen Werkstoffherstellern, Produzenten, Konsumenten und Reduzenten begegnen können. Hier ist die Fortentwicklung der betrieblichen Theorie stabiler Kooperationsprozesse gefordert. Diese leicht fortzuführende Liste zeigt, daß dem Bereich Umweltwirtschaft in nächster Zeit die Themen nicht ausgehen werden.

Die Wirtschaft hat bei genügenden Spielräumen ein immer wieder in Erstaunen setzendes innovatorisches Potential. Hier sieht das ***UWF*** seine Aufgabe, neue umweltbezogene betriebliche Problemstellungen und Problemlösungen aufzuspüren und das innovative Element hervortreten zu lassen. Dabei sind es häufig gerade kleinere Unternehmen, in welchen eine Idee schnell bis zur Ausführung reifen kann. In der Zukunft sollen vermehrt **Fallstudien** im ***UWF*** dargestellt werden, um dem anwendungsbezogenen Leser nützliche Einblicke in exemplarische Problemlösungen zur Möglichkeit des Rückbezuges auf seinen Entscheidungsbereich zu gewähren.

Schwerpunktthematik

Der Gedanke einer möglichst umfassenden und vielschichtigen Betrachtung der Facetten einer umweltbezogen Problematik im unternehmerischen Kontext soll im ***UWF*** in der Behandlung einer spezifischen und aktuellen Schwerpunktthematik in jeder Ausgabe seinen Ausdruck finden. In unserer ersten Ausgabe sind es **"Ansätze zur Behandlung der Elektronikschrottproblematik"**. Auf den ersten Blick mag ein so starker Bezug zur Technik und Produktionswirtschaft verwunderlich scheinen. Dennoch hat die gewählte Thematik neben der hohen Aktualität besondere Vorzüge, wenn man die betriebswirtschaftliche Problematik der Produktverantwortung und die zukünftigen Konsequenzen für die Unternehmensführung herausarbeiten möchte. Produkte der Elektronikbranche sind entwickelt worden in Hinblick auf eine hochspezialisierte Leistung. Die Konzentration auf die einseitige technische Leistung ließ Umweltbezüge als zweit- oder drittrangig erscheinen. Bei der kurzen technologischen Lebensdauer der elektronischen Produktgenerationen aufgrund des raschen technischen Fortschritts entstehen gewaltige Abfallberge mit teilweise recht extremen umweltgefährdenden Substanzen. Das bisherige "Ausschlachten" der Altgeräte in der Suche nach Wertstoffen wie z.B. Gold auf den Leiterplatten muß einer geordneten Entsorgung oder besser noch den Konzepten einer Produktgestaltung und Materialauswahl weichen, die aus einer ganzheitlichen Betrachtung des Produktlebenszyklus von der "Wiege bis zur Bahre" entstehen. Besser noch sollten zum Zwecke des strategischen Langfristzieles einer Stoffkreislaufwirtschaft auch die Möglichkeiten einer teilweisen Fortführung der Materialien "von der Bahre bis zur Wiege" eines neuen Produktes berücksichtigt werden.

In den Beiträgen zum Schwerpunktthema kommen der ZVEI als Branchenvertretung, die juristische Darstellung der Rahmenbedingungen, die Behandlung der logistischen Problematik der Einsammlung und Sortierung der Altgeräte, die Produktpolitik eines Herstellers und die Fortschritte in der Rückführung komplizierter Materialgemenge in Form von entwerteten Bildröhren zur Sprache. Im Aufsatz über das Management des Entsorgungszyklus wird das Thema aus der wissenschaftlichen Distanz betrachtet. Überall wird jedoch die Notwendigkeit integrierter Lösungen angesprochen. Hier entstehen neue zwischenbetriebliche Kooperationsformen, um der Gestaltung umweltverträglicherer Materialkreisläufe näherzukommen.

Fachbeiträge

Ein Diskurs gewinnt, wenn die impliziten Grundannahmen der Diskutanten geklärt sind und eine gemeinsame "formale Sprache" zur Beschreibung der Phänomene vorliegt. Darum wird im ***UWF*** ein besonderer Wert auf grundlegende Fachbeiträge gelegt werden. Die Diskussion der Ökobilanzen z.B. ist immer noch verschwommen, weil das theoretische Konzept nicht hinreichend ausgearbeitet und keine allgemein verbindliche Struktur akzeptiert ist. Der vorhandene Freiraum kann je nach Tendenz der gewünschten Aussage zur Deformation des noch "weichen" Instrumentariums benutzt werden. Hier ist die Übereinkunft über die Struktur von **Material- und Energiebilanzen** eine wesentliche Voraussetzung für die Präzisierung der Ökobilanzen und für eine arbeitsteilige Erstellung zukünftiger Produktlinienanalysen. Der Aufsatz über **Aspekte einer Stoffkreislaufökonomie** kann von den besonderen Erfahrungen profitieren, die in der damaligen DDR aufgrund des permanenten Materialmangels zur Ausbildung der gezielten Suche nach Stoffkreisläufen führte. Es wurde von einer Bearbeitung des Artikels im Sinne einer bundesdeutschen Sprachregelung abgesehen, um den originären Charakter zu betonen. In der Zusammenarbeit mit den Betrieben aus früheren Planwirtschaften ist es gerade im prekären Bereich der Umweltwirtschaft wichtig, zu einem wechselseitigen Verständnis zum Aufbau gemeinsamer zukünftiger Lösungen zu kommen.

Beiträge zur expliziten Diskussion

In der Rubrik "Zur Diskussion" erscheinen Beiträge, welche bewußt als Ausdruck einer individuellen Position eines Einzelnen oder einer relevanten Gruppe zu verstehen sind. Hierbei zeigt sich jedoch z.B. in den Bestrebungen des International Chamber of Commerce **"Umweltschutzmanagement auf internationaler Ebene - Initiativen der ICC"** und dem BUND-Positionspapier über **"Ökologische Unternehmensführung"** eine bemerkenswerte Konvergenz der Ergebnisse, wenngleich die Ausgangspositionen möglicherweise sehr unterschiedlich waren.

Umweltwirtschaftsforum und sein Leserkreis

Eine neue Zeitschrift auf dem Markt hat das unternehmerische Risiko einer **Produkteinführung** zu tragen mit den Fragen, ob es den Kundenbedürfnissen im avisierten Marktsegment entsprechen kann, ob es die technische Qualität erreichen kann und ob die finanzielle Engpaßphase zur Überwindung der Eintrittsschwelle auf den Markt durchzustehen ist. Hier kommt das zusätzliche ideelle Ziel hinzu, den Gedanken einer umweltverpflichteten Marktwirtschaft in der Betriebswirtschaftslehre in Praxis, Forschung und Lehre zum Durchbruch zu verhelfen. Die Deutsche Bundesstiftung Umwelt hat durch ihre bisherige Förderung den wesentlichen finanziellen Beitrag zur Entwicklung des jetzigen Produktkonzeptes in seiner ersten Version auf dem Markt geleistet. Die Redaktion ist gewillt, die Zeitschrift mit den kommenden Ausgaben zu einem attraktiven Markenartikel mit hohem ideellen Zusatznutzen zu machen. Der geneigte Leser wird aufgefordert, sich der Entscheidung des zukünftigen Bezugs oder Nichtbezugs der Zeitschrift ***UWF*** als Nachfolgerin des **FÖB** zu stellen und sich hoffentlich für eine Fortsetzung der Kommunikation zu entscheiden. Die Herausgeber wünschen der Zeitschrift ein reges Interesse, eine sich entwickelnde und vertiefende Diskussion und die Erzielung eines nachhaltigen Beitrags zur umweltbezogenen Unternehmensführung in Praxis und Wissenschaft.

Die Schriftleitung Dietfried Günter Liesegang

Fachbeiträge

Material- und Energiebilanzen

Heinz Strebel

KOSTENRECHNUNG - ÖKOLOGISCHES RECHNUNGSWESEN - PRODUKTIONSTHEORIE - MATERIALBILANZEN - ENERGIEBILANZEN - EMISSIONSKOEFFIZIENT - RÜCKSTANDSKOEFFIZIENT - STOFFKREISLÄUFE - RECYCLING

1. Einführung

Sieht man das betriebliche Rechnungswesen als zentrale Informationsquelle und Grundlage für unternehmerische Entscheidungen, so ist unter den heutigen Gegebenheiten ein Umweltinformationssystem wesentlicher Bestandteil dieses Rechnungswesens.

Dieses **Umweltinformationssystem (UIS)** liefert die aktuellen quantitativen (numerischen) und qualitativen (nicht numerischen) Daten über ökologisch relevante unternehmensexterne und -interne Sachverhalte und Vorgänge im Kontext mit der betrieblichen Leistungserstellung und -verwertung.

Dazu gehören Informationen über alle stofflichen und energetischen Inputs und Outputs von eigener Produktion und eigenen Produkten. Diese werden systematisch mit Hilfe von Material- und Energiebilanzen dargestellt.

„Unter einer **Materialbilanz** versteht man ... die Gegenüberstellung eingebrachter und ausgebrachter Stoffmengen, wobei ein formaler Ausgleich nach dem Bilanzprinzip erzielt werden muß" (Kölbel/Schulze 1982, S. 60).

Die (vollständige) Materialbilanz ist allerdings das Ergebnis recht eingehender Analysen, aufgrund derer zunächst alle regelmäßig auftretenden Rückstände nach Art und Menge identifiziert, klassifiziert und gekennzeichnet werden müssen.

„Analog zur Materialbilanz stellt die **Energiebilanz** die ein- und ausgebrachten Energiemengen einander gegenüber" (Kölbel/Schulze 1982, S. 69).

„Materialbilanzen" und „Energiebilanzen" sind allerdings - im Gegensatz zur Bilanz des betrieblichen Rechnungswesens - keine Zeit*punkt*rechnungen mit Bestandsgrößen, sondern Zeitraumrechnungen mit Strömungsgrößen, nämlich Material- bzw. Energiemengen pro Zeitabschnitt.

Die Kenntnis der Input- und Outputmengen, gemessen in technisch-physikalischen Maßeinheiten, bildet eine Grundlage aller ökologischen Urteile über Produktion und Produkte und liefert somit auch die Basis für umweltpolitische Entscheidungen im Unternehmen, insbesondere zur Umweltentlastung. (Insoweit sehe ich Material- und Energiebilanzen *nicht schon* als umweltpolitische *Instrumente*, aber als unerläßliche Informationsgrundlage bei der Entscheidung über den Einsatz solcher Instrumente, wie z. B. der Produkt- und Verfahrensgestaltung und der Wahl der Einsatzstoffe).

2. Einsatzmöglichkeiten von Material- und Energiebilanzen

Material- und Energiebilanzen sind gegenüber traditionellen betriebswirtschaftlichen Input-Output-Schemata, etwa auf der Basis von Produktivfaktoren und Produkten, wesentlich umfassendere Darstellungen.

Dazu gehören nämlich auch alle bisher als freie Güter, d. h. mit Kostenwerten w=0, angesetzten Inputs und Outputs. Auf diese Weise erhält man aufgrund von Material- und Energiebilanzen die Basis zur Darstellung erweiterter und komplettierter produktions- und kostentheoretischer Zusammenhänge. Bezieht man die ausgewiesenen Input- und Outputgrößen auf eine bestimmte Produkteinheit, so folgen insoweit inputseitig die Produktionskoeffizienten, outputseitig auch die **Rückstandskoeffizienten** für den betrachteten Produktionsvorgang. Rückstandskoeffizient ist dabei die Menge einer bestimmten Rückstandsart, bezogen auf die Outputeinheit des Bezugsproduktes aus dem betrachteten Kuppelproduktpäckchen. Analog dazu können Stoff- und Energiebilanzen für den *Einsatz* von Gebrauchsgütern und für die *Entsorgung* von Altprodukten konzipiert werden.

Aus solchen Übersichten gewinnt man Informationen auch für eine in ökologischen Zusammenhängen denkende entscheidungsorientierte Kostenrechnung, für die sich inzwischen in der Betriebswirtschaftslehre der Begriff „ökologieorientierte Kostenrechnung" findet (Frese/Kloock 1989, S.14).

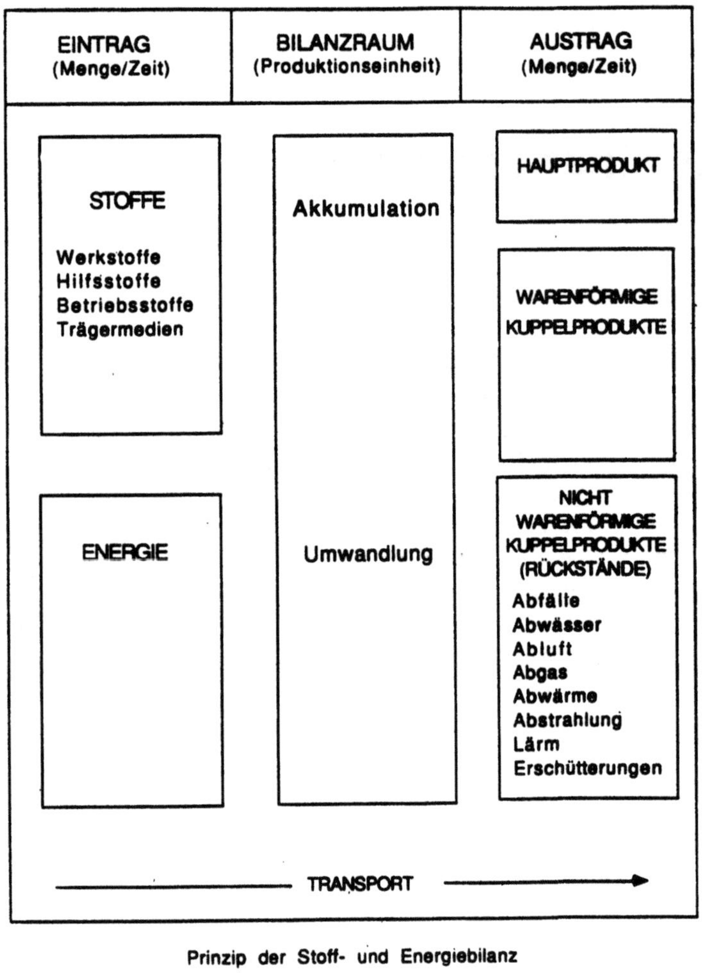

Abbildung 1: Prinzip der Stoff- und Energiebilanz

Auch die sogenannte ökologische Buchhaltung muß auf diese Informationen zurückgreifen (hierzu Müller-Wenk 1978).

Schließlich sind Material- und Energiebilanzen für Umweltverträglichkeitsprüfungen von Verfahren und Produkten unerläßlich. Bei Produkten muß allerdings der gesamte Lebenszyklus des Produktes von der Forschung und Entwicklung bis zur Entsorgung einbezogen werden (vgl. Strebel/Hildebrandt 1989). Auch Ansätze wie die sogenannte Produktlinienanalyse (vgl. Produktgruppe Ökologische Wirtschaft 1987) können auf Material- und Energiebilanzen nicht verzichten. Damit ist auch die industrielle Produktgestaltung ohne Stoff- und Energiebilanzen nicht mehr denkbar (vgl. etwa Eyerer/Dekorsky/Schuchert 1990).

Stoff und Energie können nicht ohne Einsatz produziert werden und auch nicht verschwinden. Sie lassen sich nur umformen oder umwandeln. Ohne vollständige Erfassung von produktionsbedingtem Input können daher auch die Produktionsrückstände nicht lückenlos erfaßt werden (Vgl. Schulze/Hassan 1981, S. 24).

Für die Erkenntnis produktionsindizierter Umweltbelastungen und eine daran orientierte betriebswirtschaftliche Umweltpolitik ist wesentlich, daß Input und Output inhaltlich, mengenmäßig und auch lokal vollständig und differenziert erfaßt werden. Hiefür bieten sich letztlich die einzelnen Produktionsprozesse an.

Diese komplette Gegenüberstellung stofflicher und energetischer Inputs und stofflicher und energetischer Outputs eines Prozesses geschieht nun mit Hilfe von Materialbilanzen, für entsprechende Energieströme anhand von Energiebilanzen. Dabei ist zu bedenken, daß Stoff und Energie im Prinzip nur zwei Seiten ein und derselben Medaille darstellen. „Energie hat Masse und Masse verkörpert Energie", was in Einsteins Äquivalenzgesetz $E=mc^2$ quantitativ beschrieben ist. Deshalb gilt der Massenerhaltungssatz auch nur insoweit, als Umwandlungen von Masse in Energie und von Energie in Masse ausgeschlossen bleiben (Schulze/Hassan 1981, S. 23).

3. Bilanzräume

Die Material- oder Energiebilanz bezieht sich auf einen bestimmten Bilanzraum. Darunter versteht man jenen Prozeß, für den Input und Output erfaßt werden sollen (Hofmeister 1989, S. 42). Stoff- und Energiebewegungen innerhalb dieses Prozesses werden nicht explizit ausgewiesen. Insoweit wird der Bilanzraum als „black box" behandelt. Aus umweltpolitischer Sicht kommen als Bilanzräume z. B. ganze chemisch-technische Verfahren, Verfahrensausschnitte oder einzelne Apparate und Maschinen in Betracht (vgl. Abb. 1), aber auch eine Produktart über ihren gesamten Lebenszyklus, also einschließlich Forschung und Entwicklung und Entsorgung. Schließlich kann man mit Hilfe von Stoff- und Energiebilanzen den gesamten Input (einschließlich überbauter Flächen) und Output *eines Betriebes* darstellen. Bilanzraum ist dann der gesamte Betrieb (vgl. z. B. Kunert 1991).

Produktion ist naturwissenschaftlich-technisch betrachtet Umwandlung (oder Umformung) von Stoff und Energie. Der Bilanzraum enthält daher in der Darstellung der Material- und Energiebilanz im Anschluß an Kölbel/Hassan (1981) und Hofmeister (1989) den Term „Umwandlung". „Akkumulation" bezeichnet in diesem Bild die Änderungen der im Bilanzraum vorhandenen Menge und „Transport" verweist auf Zufuhr und Abfuhr von Masse und Energie. Der Bilanzraum deckt sich insofern mit dem in produktionswirtschaftlichen Darstellungen üblichen Term „Throughput". Material- und Energiebilanzen für den gesamten Betrieb können letztlich nur aus der vorherigen Analyse aller Teilprozesse resultieren. Die Materialbilanz oder Energiebilanz entsteht aus den Einzelposten der Material- und Energieumsätze beim Produktionsfluß (Jetter 1977, S. 3). Auch für umweltpolitische Entscheidungen auf der Grundlage solcher Bilanzen ist es unabdingbar, die black box „Bilanzraum" „auszuleuchten".

4. Aussagefähigkeit von Material- und Energiebilanzen in umweltpolitischer Sicht

Für die Beurteilung von Stoff- und Energiebilanzen als umweltpolitischen Informationsquellen ist es zweckmäßig, zunächst Input und Output getrennt zu behandeln.

4.1. Materialbilanzen

Bei Materialbilanzen gilt die Bilanzgleichung: Masse des stofflichen Inputs = Masse des stofflichen Outputs. Insoweit entsprechen sich Materialbilanzen und Reaktionsgleichungen chemischer Stoffumwandlungen. Dieser Hinweis zeigt einen häufigen Mangel von Materialbilanzen, der aus einer traditionellen ökonomischen Sichtweise resultiert. Immer noch erscheinen beim Input im wesentlichen nur Stoffe mit positiven Preisen bzw. Kosten, jedoch nicht preislose Stoffe wie etwa der Sauerstoff, ohne den z. B. keine Verbrennung abläuft. Aus umweltpolitschem Interesse sollte aber nicht nur Sauerstoff, sondern die genutzte Atmosphärenluft insgesamt erscheinen. Bei höheren Temperaturen setzt sich nämlich Stickstoff in Stickoxide um. Diese unangenehmen gasförmigen Rückstände entstehen etwa beim Betrieb von Kohlekraftwerken und von Kraftfahrzeugen.

Erst die Vollständigkeit bei der Erfassung des stofflichen Inputs erlaubt die Erfassung aller stöchiometrisch bestimmten Reaktionen bei chemischer Stoffumwandlung und die vollständige Übersicht der entstehenden Rückstände. Dabei muß man Katalysatoren getrennt aufführen, weil sie im Prozeß nicht chemisch umgesetzt, aber möglicherweise verunreinigt werden und dann ebenfalls als Rückstand erscheinen, der eventuell aufbereitet und recycliert werden kann (z. B. Nickelpulver bei der Fetthärtung). Wertvolle Rückstände sind auch die Platinmetalle bei Kfz-Katalysatoren (etwa Frosch/Gallopoulos 1989, S. 131ff; ausführlich zum Katalysatorproblem Schmidt 1991).

Analog zu chemischen Stoffumwandlungen ist bei physikalischer Stoffumwandlung und bei Stoffumformung zu verfahren, damit auch ökologisch knappe Inputs und ökologisch schädliche Rückstände vollständig erfaßt werden.

Auch die beteiligten Betriebsstoffe verdienen aus umweltpolitischer Sicht besondere Aufmerksamkeit. Sie gehen ihrer Funktion nach nicht in die Produkte ein. Ihr Verbleib wird dabei oft nicht kontrolliert und so werden sie vielfach unbeachtet ausgetragen (Hofmeister 1989, 46).

Aggregiert man die Inputs und Outputs der einzelnen Bilanzräume mit Saldierung interner Stoff- und Energieströme, so kommt man zu Stoff- und Energiebilanzen komplexer Systeme und schließlich des gesamten Betriebes.

Erstellt man die Stoffbilanzen für einzelne Produktionsprozesse bzw. Kosten- und Leistungsstellen, so erhält man das Mengengerüst der Kostenprozeß- bzw. kostenstellenweise. Allerdings ist der Output an umweltschädlichen Rückständen nicht schon mit Art und Umfang der Umweltbeanspruchung identisch. Auf diese Frage komme ich nachher noch zurück.

Der Output umfaßt bei einer kompletten Materialbilanz jeweils das gesamte Kuppelproduktpäckchen, also auch die stofflichen *Rückstände* der Produktion. Daher sind solche Bilanzen auch schon für die Erkenntnis von Erfordernissen der Rückstandsbehandlung und zur Beurteilung entsprechender Behandlungsverfahren wichtig. Nicht zuletzt können diese Bilanzen Hinweise auf besonderen F&E-Bedarf vermitteln (Schulze 1987, S. 14). Speziell für den Umgang mit Wasser und Abwasser im Produktionsbetrieb sind so auch beachtliche Ersparnismöglichkeiten offengelegt worden (Institut Fresenius u. a. 1988).

Dabei gibt es bei Prozessen der chemischen Stoffumwandlung immer noch *Nachweisprobleme*, zumindest was den erforderlichen Aufwand angeht. Dies liegt auch daran, daß bestimmte Stoffgruppen sehr viele Einzelverbindungen mit recht unterschiedlichen physikalischen und chemischen Eigenschaften enthalten. So sind lt. Umweltgutachten 1987 75 chlorierte Dioxine und 135 chlorierte Furane bekannt (Rat 1987, S. 241ff). Lukas und Baerns berichten von Versuchen zur Aufbereitung und Verwertung von Destillationsrückständen bei der Herstellung von Dimethylterephtalat (DMT). „Bei der Aufarbeitung der Produktlösung blieb ein nicht näher identifiziertes ... Produktgemisch zurück" (S. 164).

All dies bedeutet vielfach auch, daß die meisten Stoffe mit bekannten und unbekannten Begleitstoffen (Verunreinigungen) in den Verkehr (und in die Umwelt) gelangen (Rat 1987, S. 461), was die Abschätzung der ökologischen Konsequenzen erschwert. Diese Beurteilung ist allerdings auch bei reinen Stoffen vielfach nicht umfassend möglich, da die Informationen über ökologisch relevante Eigenschaften bei der Vielzahl produzierter chemischer Verbindungen unvollständig sind. So heißt es im Umweltgutachten 1987: „Die physikalischen und chemischen Eigenschaften der CDD (chlorierte Dioxine) und CDF (chlorierte Difurane) sind noch weitgehend unbekannt" (Rat 1987, S. 241). Dies ist auch aus der Sicht der Produkthaftung nicht unproblematisch.

Bei Stoffumwandlungs- wie bei Formgebungsverfahren liefern Massendifferenzen zwischen Input und Output Hinweise auf Leckagen, Undichtigkeiten, Verdampfungs- und Umschaltverluste, aber auch auf Materialvergeudung. Jetter berichtet aus einem Werk zur Produktion von elektromechanischen Bauteilen und Gehäusen bei einzelnen Materialarten von Materialverlusten bis zu 40 % (Jetter 1977, S. 57ff). Soweit auf diese Weise flüssige und gasförmige Stoffe verloren gehen, bietet die Materialbilanz die Möglichkeit, solche Mängel zu erkennen. Abhilfe ist allerdings oft schwierig. Bei Prozessen der chemischen Stoffumwandlung können Stoffverluste vielfach analytisch nicht bestimmt werden, „da ihre Ursachen und ihr Ausmaß nur schwer oder überhaupt nicht theoretisch erfaßbar sind" (Schulze/Hassan 1981, S.91)

4.2. Energiebilanzen

Energiebilanzen enthalten den gesamten Input und den gesamten Output an Energie bezogen auf den analysierten Prozeß. Aus technischer Sicht folgt der Inhalt von Energiebilanzen aus energetischen Erfordernissen der Produktion und den aus Produktionsvorgängen resultierenden Energieumwandlungen.

Produkte sind Sachgüter, die aufgrund von Form- und Substanzänderungen aus Werk- und Hilfsstoffen entstehen. Solche Form- und Substanzänderungen lassen sich nur durch Energieeinsatz vollziehen. Energie ist nämlich die Fähigkeit, physikalische Arbeit zu leisten.

Die **Energie** wird durch Energiewandler aus Energieträgern gewonnen. Bei Einsatz in der Produktion wird der Energieinhalt der Energieträger freigesetzt. Dieser erscheint als Input der Energiebilanz. Da nach dem 2. Hauptsatz der Thermodynamik keine verlustfreien Energieumwandlungen vorkommen, wird die eingesetzte Energie nur teilweise in Nutzenergie verwandelt, der Rest ist Rückstands- oder Abfallenergie, z.B. Abwärme.

Aber auch die gewonnene und eingesetzte Nutzenergie, z.B. Prozeßwärme, kann nur teilweise im Prozeß genutzt werden (als genutzte Nutzenergie = Aktivenergie), im übrigen ist sie ebenfalls Abfallenergie.

Gerade Energiebilanzen werden vielfach in der anschaulichen Form des **Sankey-Diagrammes** dargestellt. Hier erscheint der gesamte Energieeinsatz in der gemeinsamen Maßeinheit 1 [Joule] entweder absolut oder als Prozentzahl, daneben die verschiedenen Energieverwendungs- und verlustströme.

Da ein Teil der eingesetzten Energie im betrachteten physikalischen System nicht genutzt werden kann, sondern als Energierückstand (Anergie) entweicht, stößt man hier auf das Problem des Energierecycling. Dabei besteht ein prinzipieller Unterschied gegenüber dem Stoffrecycling. Dem Stoffrecycling unterliegt Materie, die bereits einmal in der Produktion (bzw. im Konsum) eingesetzt war. Die in einem abgegrenzten produktiven System genutzte Energie (Exergie) kann hingegen nicht recycliert werden, da sie - eben als Fähigkeit physikalische Arbeit zu leisten - insoweit mit der Nutzung endgültig verbraucht wird.

Die im produktiven System *nicht* genutzte Energie (die sogenannte Anergie) ist hingegen - geradezu definitionsgemäß - auch nicht recyclierbar. Sie läßt sich jedoch entsprechend den thermodynamischen Hauptsätzen als energetischer Input in nachfolgenden Systemen verwenden. Beispiele sind Industrieöfen oder Schmelzwannen, die mit ihrer Abhitze vorgewärmt werden, weil diese Abhitze dem ursprünglichen produktiven System (Industrieofen oder Schmelzwanne) „von außen" wieder zugeführt wird (vgl. Strebel 1990 und die dort angegebene Literatur).

So verweist die Energiebilanz auf energiewirtschaftlich interessante Möglichkeiten, Energiequellen mit bestimmtem quantitativen und qualitativen Energieangebot mit Energiesenken qualitativ gleichen oder qualitativ geringeren Bedarfs (gleicher oder geringerer energetischer Wertigkeit) zu verknüpfen (vgl. Layer/ Strebel 1984).

Bei der Planung der Energiebedarfsdeckung im Betrieb muß zunächst auf den Exergieanteil der einzusetzenden Energieart geachtet werden. Im Prinzip sollte eine bestimmte Energieart nur so eingesetzt werden, daß ihr Exergieanteil für den Einsatzzweck gerade noch ausreicht, da andernfalls Exergie verlorengeht.

Auch für solche Aspekte bieten Energiebilanzen aller betrieblichen Prozesse die ersten Informationsgrundlagen.

5. Produktionstheoretische Erkenntnisse aus Material- und Energiebilanzen

Nimmt man die Rückstandsgrößen in Materialbilanzen als Ausdruck von Mengengerüsten für Kostenrechnungen (mit Währungseinheiten) oder ökologieorientierten betriebswirtschaftlichen Rechnungen (etwa mit ökologischen Rechnungseinheiten) - wie etwa bei der ‚Ökologische Buchhaltung' -, so entsteht die Frage nach der Bemessung des jeweiligen Mengengerüstes.

Während bei den Inputs die Einsatzmengen unmittelbar auch das Mengengerüst der Kosten darstellen, muß man beim Output an Rückständen differenzieren, und zwar in zweifacher Hinsicht:

1. Rückstände führen nur insoweit zu Umweltbelastung, als sie in Umweltmedien abgegeben werden. Das Wiederaufbereiten und Recyclieren von Rückständen bewirkt *insoweit* keine Umweltbelastung. Ebenso ist das Umwandeln von schädlichen Rückständen in weniger schädliche Rückstände zunächst der Umwelt*ent*lastung zuzuordnen. Von den in einer Materialbilanz erscheinenden Rückständen sind also recyclierte bzw. umgewandelte Anteile abzusetzen. Nur der verbleibende Rest, welcher an Umweltmedien abgegeben wird, trägt zur Umweltbelastung bei. Der Vollständigkeit halber sei allerdings erwähnt, daß auch Recycling- und Umwandlungsprozesse wiederum andere Rückstände hervorrufen können und insoweit zur Umweltbelastung beitragen.

Das Ausmaß der Umweltbelastung pro Produkteinheit folgt aus dem jeweiligen Emissionskoeffizienten.

Bei Prozessen der chemischen Stoffumwandlung kann der **Emissionskoeffizient** für eine bestimmte Rückstandsart A_l wie folgt bestimmt werden:

An der Produktionsstelle S_j wird bei der Produktion eines Bezugsproduktes P_k mit der Menge X_{kj} die Rückstandsart A_l in der Menge A_{lkj} hervorgebracht. Bezugsprodukt ist daher eine bestimmte Produktart innerhalb des erzeugten Kuppelproduktes, das die Basis für die Definition des entsprechenden Kuppelproduktpäckchens abgibt. (Wenn z. B. bei Produktion von Sulfitzellstoff mit Einsatz von 118 kg Schwefel und 62 kg Magnesiumoxid, 1 t Sulfitzellstoff, 10,1 kg Schwefeldioxid und 0,35 kg Magnesiumoxid entstehen, so ist Zellstoff das Bezugsprodukt (vgl. Lang 1972)). Pro Mengeneinheit des Bezugsproduktes erhält man dann die Rückstandsmenge

(1) $a_{lkj} = A_{lkj}/X_{kj}$.

Diese Größe ist der **Rückstands- (oder Abfall-) Koeffizient** für die Produktion von P_k in S_j bei chemischer Stoffumwandlung.

Von der erzeugten Rückstandsmenge A_{lkj} wird die Menge A_{lkj}^{rec} recycliert. Wiederum bezogen auf die Mengeneinheit P_k (X_{kj}) beträgt die recyclierte Menge dann

(2) $w_{lkj} = A_{lkj}^{rec}/X_{kj}$

Dies ist der **Recycling- oder Wiederverwendungskoeffizient** w_{lkj} von A_{lkj} in bezug auf P_k.

Nach Recycling verbleibt dann noch die Rückstandsmenge

(3) $A_{lkj}^{*} = A_{lkj} - A_{lkj}^{rec}$

pro Mengeneinheit von P_k also:

(4) $a_{lkj}^{*} = a_{lkj} - w_{lkj}$ bzw.

(5) $a_{lkj}^{*} = a_{lkj}\,(1 - w_{lkj}/a_{lkj})$.

Dabei bezeichnet der Ausdruck w_{lkj}/a_{lkj} den Anteil des recyclierten Rückstands an der ursprünglich pro Mengeneinheit des Bezugsproduktes entstandenen Rückstandsmenge.

Wird von der verbliebenen Rückstandsmenge noch ein Anteil U_{ljk} ($0<U_{ljk}<1$) umgewandelt, nämlich in ökologisch weniger schädliche Rückstände, so ist die umgewandelte Gesamtmenge an Rückstand A_{lkj}^{u}

(6) $A_{lkj}^{u} = U_{lkj}\,(A_{lkj} - A_{lkj}^{rec})$

und die umgewandelte Menge pro Bezugseinheit, der sogenannte Umwandlungskoeffizient, ist:

(7) $u_{lkj} = U_{lkj}\,(a_{lkj} - w_{lkj})$.

Der dann noch verbleibende Rest pro Bezugseinheit ist:

(8) $e_{lkj} = a_{lkj} - w_{lkj} - u_{lkj}\,(a_{lkj} - w_{lkj})$ bzw.

(8 a) $e_{lkj} = a_{lkj}\,(1 - u_{lkj}) - w_{lkj}\,(1 - u_{lkj})$ bzw.

(8 b) $e_{lkj} = (a_{lkj} - w_{lkj})\,(1 - u_{lkj})$.

Diese Menge wird pro Bezugseinheit emittiert. e_{lkj} ist also der **Emissionskoeffizient** für Rückstandsart A_l bei Produktion von P_k in Produktionsstelle S_j. Erst diese Größe, die aus Stoff- und Energiebilanzen in der Regel nicht unmittelbar hervorgeht, führt schließlich zur Umweltbelastung und ist Gegenstand weiterer (nachsorgender) Umweltschutzbemühungen.

Vielfach gibt es allerdings in der Behandlung des entstandenen Rückstandes eine Modifikation. Der Rückstand wird dann zunächst umgewandelt und erst dann (teilweise) recycliert. Ein Beispiel ist das Auswaschen von SO_2 mit Umsetzung in $Mg(HSO_3)_2$ und anschließende Rückführung zum Kochsystem bei der Zellstoffherstellung nach dem Manganbisulfit-Verfahren (Lang 1972). Der obige Ansatz muß dann entsprechend modifiziert werden, ändert sich aber nicht im Prinzip.

2. Das Mengengerüst der Umweltbeanspruchung durch Rückstände der Produktion bestimmt sich also nicht nach dem Rückstands-, sondern nach dem Emissionskoeffizienten. Es bleibt aber nun die Frage nach dem Ausmaß der Umweltbeanspruchung durch Emission. Hier muß nach den Phasen (Aggregatzuständen) der emittierten Rückstandsarten bzw. nach den beanspruchten Umweltmedien unterschieden werden.

Bei gasförmigen und flüssigen Rückständen konkretisiert sich das Ausmaß der Umweltbeanspruchung durch eine bestimmte Emissionsart und -menge in der Menge des aufnehmenden Mediums, mit dem dieser Rückstand verdünnt werden muß, damit das Aufnahmemedium mit dieser Konzentration noch als akzeptabel gelten kann (vgl. bereits Strebel 1981, S. 512). Dabei geht man im Prinzip von der - falschen - Vorstellung aus, daß das Verdünnungsmedium (z. B. Luft oder Wasser) in reiner Form vorliegt. Dieses Konzept entspricht für Luft dem Ansatz der Weltgesundheitsorganisation (WHO):

Die WHO hat für die wichtigsten Schadstoffe wirkungsbezogene, maximal zulässige Emissionskonzentrationen, sog. **WIK-Werte**, erarbeitet, welche die unterschiedliche Schädlichkeit einzelner Schadstoffe in bestimmten Konzentrationen berücksichtigen. Dabei sind auch Auswirkungen auf Kinder, alte Menschen, empfindliche Personen u.a. einbezogen. Die WIK-Werte haben die Dimension m^3 pro Mikrogramm, besagen also, wieviel m^3 Luft nötig sind, um 1 Mikrogramm Schadstoff auf WIK-Werte zu verdünnen. Diese Menge aber entspricht im Prinzip dem Ausmaß der Umweltbelastung durch den betrachteten Schadstoff (Haas u. a. 1991) und insoweit dem Mengengerüst der Kosten bei der Inanspruchnahme der Atmosphäre als Aufnahmemedium für Rückstände.

Für Wasser als Aufnahmemedium für Rückstände enthält die Anlage zu § 3 Abwasserabgabengesetz eine analoge Regelung (Zi. 7: „Die Giftwirkung (nämlich gegenüber Fischen, HS) wird im Fischtest unter Verwendung der Goldorfe ... als Testfisch durch Ansetzen verschiedener Abwasserverdünnungen bestimmt ..."). In Übertragung des Prinzips der WHO kann man die zur Verdünnung eines Schadstoffes bzw. eines Schadstoffes im Abwasser erforderliche Reinwassermenge als Mengengerüst der Kosten interpretieren.

Bei deponierten Rückständen kann - je nach Berechnungsmodus der Deponiegebühr und künftiger Abfallabgaben - das erforderliche Deponievolumen bzw. das deponierte Gewicht als Mengengerüst verwendet werden. Dabei bleiben hier - wie in den Fällen der flüssigen und gasförmigen Rückstandsemissionen - negative Synergieeffekte und Sekundärwirkungen allerdings ausgeschlossen, wie sie z. B. in Sickerwässern zutage treten.

6. Zusammenfassung

Materialbilanzen sind bei chemisch-technologischen und biologisch-technologischen Prozessen sowie beim Gießen von Metallen seit langem üblich (etwa Kölbel/ Schulze 1982, S. 73). Die Problemstellung ist dort also bekannt. Materialbilanzen sind auch dort gängig, wo in der chemischen Industrie mit Verbundsystemen gearbeitet wird. Typisch ist hier, daß als Output unterschiedlicher Prozesse verschiedene nützliche Kuppelprodukte auftreten, die dann weiterverwendet werden. Ein Beispiel ist das Zusammenwirken verschiedener HCl-produzierender und -verbrauchender Prozesse der chemischen Werke Hüls (Schulze 1987, S.16); (Beispiele für praktizierte Materialbilanzen im industriellen und regionalen Bereich finden sich auch bei Kölbel/ Schulze 1982, Hofmeister 1989 sowie bei Schnitzer 1991).

Das neuerdings publizierte "Sondergutachten Abfallwirtschaft" des Rats von Sachverständigen für Umweltfragen (1991) enthält im Anhang besonders bemerkenswerte Beispiele industrieller Stoffbilanzen (S.594ff.).

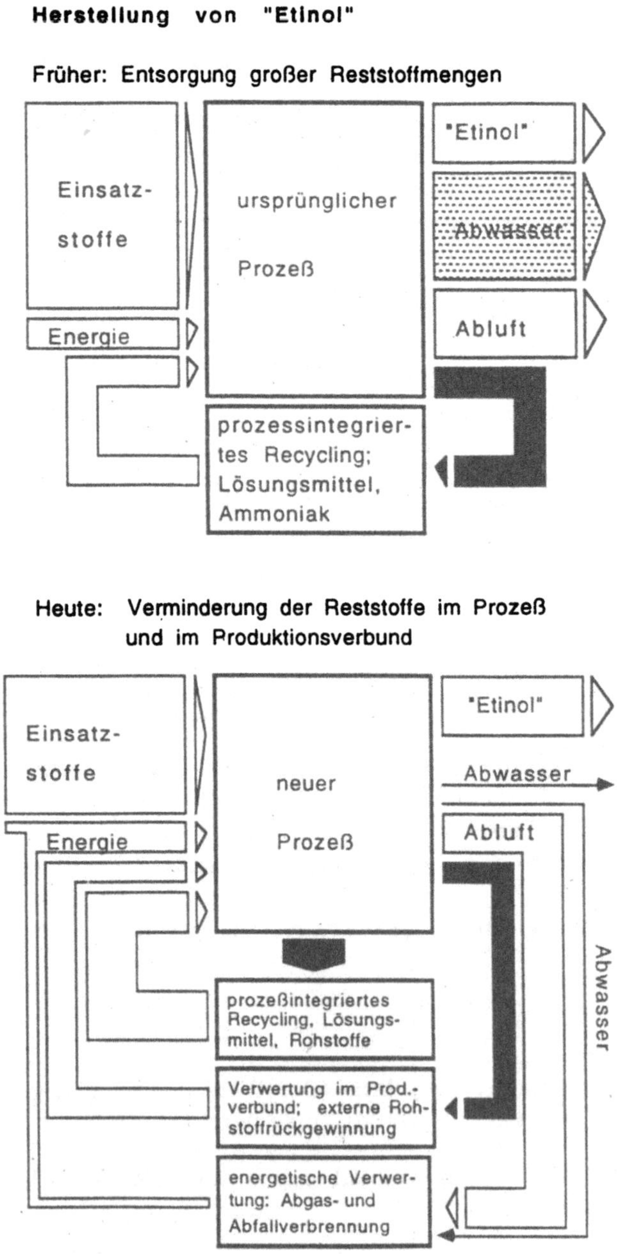

Abbildung 2: Herstellung von Etinol

Hier wird mehrfach gezeigt, wie durch Verfahrensänderungen der Stoffeinsatz und der Output an Rückständen deutlich reduziert werden könnten. Dies demonstriert nochmals die umweltpolitische Bedeutung von Material- und Energiebilanzen (Abb. 2).
Das Beispiel (Abb. 2) zeigt die ökologischen Konsequenzen der Verfahrensänderung bei der Produktion von Etinol, einem Zwischenprodukt für die Vitaminherstellung (Wiederkehr/Ziegler/Wiesner 1991).

Auch bereits im Zuge des in der Industrie aufkommenden Recyclinggedankens sind Interesse und Bedarf an Stoffbilanzen geweckt worden. Dies zeigen schon Ergebnisse einer Umfrage von 1980 unter den umsatzstärksten deutschen Unternehmen. 60 % der Befragten bezeichneten schon damals Materialbilanzen bzw. Materialflußrechnungen eindeutig als wichtigste Informationsbasis bei der Ermittlung von Recyclingpotentialen (Görg 1981; vgl. auch Strebel 1990, S. 770ff). Die inzwischen eingetretene Entwicklung des Umweltrechts schafft nun auch den ökonomisch begründeten Zwang zu einer auf Umweltschonung gerichteten betriebswirtschaftlichen Umweltpolitik, und dies macht die Materialbilanz zum unverzichtbaren Bestandteil eines erweiterten Rechnungswesens.

Für die Energiebilanz gilt diese Aussage nicht im gleichen Maße. Energie wird, auch angesichts der üblichen Tarifsysteme, immer noch als relativ billiges Gut empfunden, und die Neigung, Energie zu sparen, wird erst dann ausgeprägter, wenn Energieknappheit droht oder die Energiekosten einen bedeutenden Anteil am betrieblichen Kostenvolumen ausmachen.

Energiesparpotentiale sind allerdings reichlich vorhanden, und auch in der Betriebswirtschaftslehre mehren sich die wissenschaftlichen Beiträge zur Energiewirtschaft. Damit hat auch die Energiebilanz gute Chancen, zur Grundlage betriebswirtschaftlicher Kalküle zu werden.

Literatur:

EYERER, P.; DEKORSKY, Th.; SCHUCHERT, M. (1990): Ganzheitliche Bilanzierung ist mehr als Ökobilanz. io Management-Zeitschrift, 60 (1990), S. 90-95
FRESE, E.; KLOOCK, J. (1989): Internes Rechnungswesen und Organisation aus der Sicht des Umweltschutzes. BFuP 41 (1989), S. 1-29
FROSCH, R. A.; GALLOPOULOS, N. F.: Strategien für die Industrieproduktion. Spektrum der Wissenschaft (1989), S. 126-135
GÖRG, M.: Recycling als umweltpolitisches Instrument der Unternehmung. Berlin 1981
HAAS, R.; JANSEN, P.; PUMBERGER, R.; WAGNER, E.: Fern- und Nahwärme verdienen eindeutig den Vorzug. Die Presse Nr. 12.867 v. 26./27.1.1991, S XIII
HOFMEISTER, S. (1989): Stoff- und Energiebilanzen. Berlin 1989
INSTITUT FRESENIUS GmbH u.a. (Hrsg.) (1989): Abwassertechnologie.Berlin, Heidelberg, New York 1988
JETTER, U.: Anleitung zum Erstellen von Material- und Energiebilanzen im Produktionsbetrieb. Frankfurt a.M. 1977
KÖLBEL, H.; SCHULZE, J. (1982): Projektierung und Vorkalkulation in der chemischen Industrie. Berlin, Heidelberg, New York 1982
KUNERT AG: Ökobericht 1991. o.O., o.J.
LANG, H: Umwelteinflüsse bei der Umstellung einer Zellstoffabrik auf das Magnesiumbisulfitverfahren. Das Papier 20 (1972), S. 643-644
LAYER, M.; STREBEL, H.: Energie als produktionswirtschaftlicher Tatbestand. ZfB 54 (1984), S. 638-663
LUKAS, R.; BAERNS, M.: Rückgewinnung aromatischer Kohlenwasserstoffe durch katalytische Spaltung von Destillationsrückständen der Dimethylterephtalatherstellung. Chemiker Zeitung 109 (1985), S. 161-165
MÜLLER-WENK, R. (1978): Die ökologische Buchhaltung. Frankfurt, New York 1978
PRODUKTGRUPPE ÖKOLOGISCHE WIRTSCHAFT (Hrsg.): Produktlinienanalyse. Köln 1987
DER RAT VON SACHVERSTÄNDIGEN FÜR UMWELTFRAGEN (1987): Umweltgutachten 1987. Stuttgart, Mainz 1987
DER RAT VON SACHVERSTÄNDIGEN FÜR UMWELTFRAGEN (1991): Sondergutachten Abfallwirtschaft. Stuttgart, Mainz 1991
SCHMIDT, R.: Umweltgerechte Innovation in der chemischen Industrie. Ludwigsburg, Berlin 1991
SCHNITZER, H.: Grundlagen der Stoff- und Energiebilanzierung. Braunschweig 1991
SCHULZE, J. (1987): Entwicklungstendenzen zu einer rückstandsfreien oder rückstandsarmen Chemieproduktion. Müll und Abfall 19 (1987), S. 14-25
SCHULZE, H; HASSAN, A.(1981): Methoden der Material- und Energiebilanzierung bei der Projektierung von Chemieanlagen. Weinheim 1981
STREBEL, H.: Umweltwirkungen der Produktion. ZfbF 33 (1981), S. 508-521
STREBEL, H. (1990): Industrie und Umwelt, in: SCHWEITZER, M. (Hrsg.): Industriebetriebslehre. München 1990, S. 697-779
STREBEL, H.; HILDEBRANDT, Th. (1989): Produktlebenszyklus und Rückstandszyklen. ZfO 58 (1989), S. 101-106
WAGENER, F.; WIESNER, J.: Vermeidung und Verwertung von Reststoffen aus der Titandioxidproduktion. in: DER RAT VON SACHVERSTÄNDIGEN FÜR UMWELTFRAGEN: Sondergutachten Abfallwirtschaft. Stuttgart, Mainz 1991, S. 615-619
WIEDERKEHR, H; ZIEGLER, H.; WIESNER, J.: Neuer Prozeß vermindert Umweltbelastung einer Vitamin-Großproduktion. in: DER RAT VON SACHVERSTÄNDIGEN FÜR UMWELTFRAGEN: Sondergutachen Abfallwirtschaft, Stuttgart, Mainz 1991, S. 599-603

AUTOR: Prof. Dr. Heinz Strebel
Institut für Innovationsmanagement
Karl-Franzens-Universität Graz, A-8010 Graz

Aspekte einer Stoffkreislaufökonomie - aus industrieller Sicht

Eberhard Garbe

STOFFKREISLÄUFE - PRODUKTEIGENSCHAFTEN - MATERIALVERBRAUCHSANALYSEN - ALTSTOFFVERWERTUNG - ALTSTOFFBEWERTUNG - KOSTENRECHNUNG - ÖKOLOGISCHES RECHNUNGSWESEN

1. Charakterisierung wirtschaftlicher Stoffkreisläufe

Der klassische und in einer modernen Industriegesellschaft überholte Typ der Produktion ist der **volkswirtschaftliche Produktionsprozeß**, der mit der Gewinnung natürlicher Rohstoffe beginnt, sich über mehr oder weniger relativ selbständige Produktionsstufen fortsetzt und mit der Produktion von Betriebsmitteln und Konsumgütern endet. Dabei werden die in den einzelnen Produktionsstufen entstehenden Produktionsabfälle und die Rückstände des Konsums der Finalprodukte wieder *in die Natur* ausgestoßen.

Bei der Entwicklung eines neuen Typs der Produktion trägt die *chemische Industrie* eine besondere Verantwortung: "Chemikalien machen etwa 10 Prozent des wertmäßigen gesamten Welthandels aus. Zur Zeit befinden sich etwa 70 000 bis 80 000 Chemikalien auf dem Markt und mithin in der Umwelt. Bei dieser Zahl handelt es sich lediglich um eine begründete Schätzung, da bislang noch keine vollständige Erfassung vorgenommen worden ist. Etwa 1000 bis 2000 neue Chemikalien kommen jährlich auf den kommerziellen Markt, viele ohne vorherige ausreichende Prüfung oder Einschätzung der Wirkungen."(1)

Diese und andere im Brundtland-Bericht (Bericht der UNO-Weltkommission für Umwelt und Entwicklung vom 16.06.1987) ausgewiesenen Fakten bilden eine entscheidende Grundlage für die **Strategie der Herausbildung geschlossener Stoffkreisläufe**.

Es sollte zwischen Stoffkreisläufen in der Natur, in einem technischen System und in der Wirtschaft unterschieden werden.

Die **in der Natur** stattfindenden Stoffkreisläufe (natürliche Stoffkreisläufe) finden auf der Grundlage von Naturgesetzen ohne Zutun des Menschen statt. Zu ihnen gehören der atmosphärische Wasserkreislauf, der Kohlenstoffkreislauf, der natürliche Stickstoffkreislauf und viele andere mehr.

Stoffkreisläufe finden auch **in** zahlreichen **relativ abgeschlossenen technischen Systemen** statt. Technische Stoffkreisläufe dienen vorwiegend dem Energietransport (Kühlwasserkreisläufe, Kältemittelkreisläufe, Heizenergiekreisläufe), der kontinuierlichen Zuführung von Hilfsstoffen (Schmiermittelkreisläufe, Lösungsmittelkreisläufe in Extraktionsprozessen usw.) oder der Rückführung von Verarbeitungsabfällen zur unmittelbaren erneuten Verarbeitung (wie dies z. B. bei Glasbruch innerhalb einer Glashütte der Fall ist).(2)

Wirtschaftliche Stoffkreisläufe beginnen dort, wo Finalprodukte, die ihren Gebrauchswert verloren haben, oder Abfälle der Produktion bzw. Konsumtion als Sekundärrohstoffe wieder in den Produktionsprozeß desselben oder anderer volkswirtschaftlicher Finalprodukte eintreten.

Je mehr Abprodukte der Produktion und Konsumtion in den gesellschaftlichen Produktionsprozeß *zurückkehren* - direkt oder nach spezieller Aufbereitung - um so höher ist der *Grad* der "Geschlossenheit" des Stoffkreislaufs. Allerdings sind vollständig in sich geschlossene volkswirtschaftliche Stoffkreisläufe sowohl aus wissenschaftlich-technischen, energetischen als auch aus wirtschaftlichen Gründen *nicht* möglich.

Stoffkreisläufe in der Wirtschaft sind dadurch gekennzeichnet, daß Produktionsabfälle aus verschiedenen aufeinanderfolgenden Stufen des Produktionsprozesses sowie Altstoffe und Konsumtionsabfälle ganz oder teilweise, direkt oder nach spezieller Aufbereitung, in vorangehenden Stufen wieder als Sekundärrohstoff eingesetzt und verwertet werden (vgl. Abb. 1).

Beeinflußbarkeit wirtschaftlicher Stoffkreisläufe

- abfallarme Rohstoffgewinnung und -verarbeitung
- Anwendung abfallarmer Technologien
- Durchsetzung von Materialverbrauchs- und
- Energieverbrauchsnormen zum sparsamen Materialeinsatz
- Erfassung und Rückgewinnung der während des Produktionsprozesses entstehenden Abfälle
- recyclinggerechte Produktgestaltung durch
- leichte Austauschbarkeit von Einzelteilen und Baugruppen,
- korrosionsschützende Oberflächenbearbeitung,
- wartungsgerechte Konstruktion,
- hohe Funktionssicherheit.

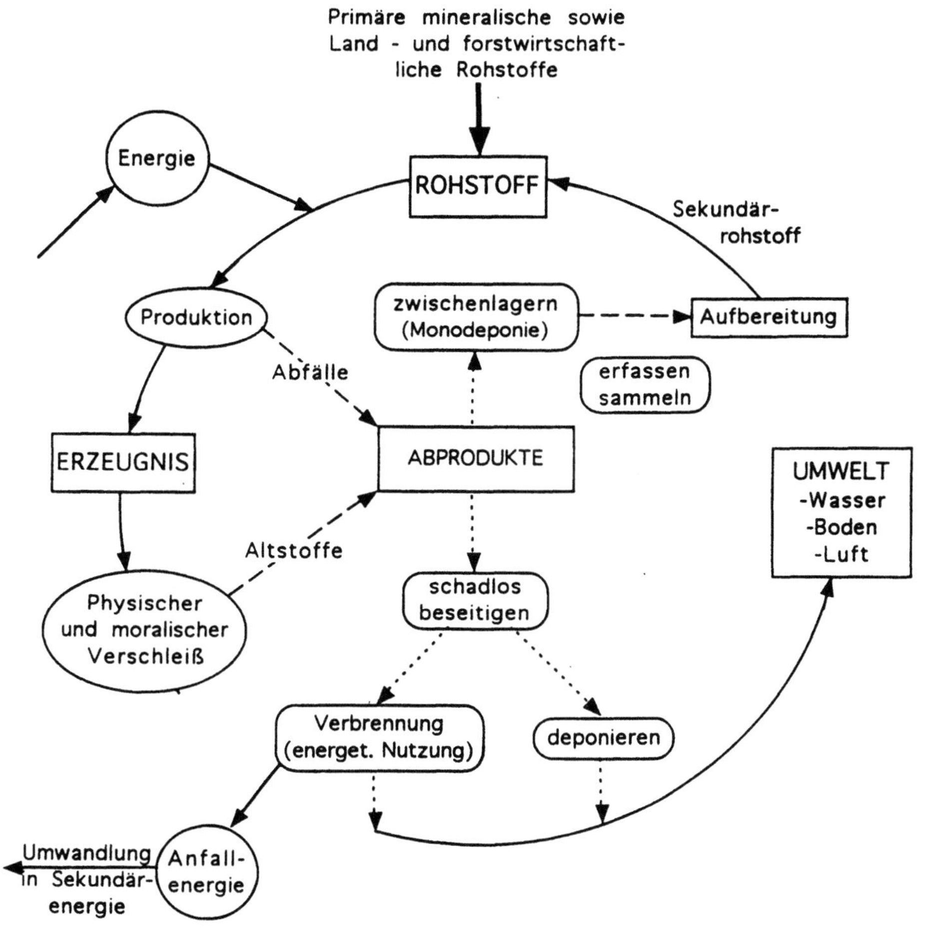

Abb. 1: Stoffkreislauf der Wirtschaft

der Recyclingforschung der DDR üblich, und erweist sich als notwendig, wenn ein *Oberbegriff* für die beiden wirtschaftlich differenziert zu betrachtenden Kategorien Abfall und Altstoff gefunden werden soll. Da Abfälle einerseits und Altstoffe andererseits unterschiedliche *Herkunftsquellen* haben, ist eine Unterscheidung unerläßlich:[3]

- **Abfälle**[4] entstehen im Produktionsprozeß sowie bei der individuellen und gesellschaftlichen Konsumtion.

Produktionsabfälle stellen sich als Teil der materiellen Substanz der eingesetzten Roh- und Werkstoffe dar, der nicht in das Produkt der jeweiligen Produktionsstufe eingegangen ist. Nach der Art ihrer Entstehung bzw. der technologischen Verursachung sind das vor allem

- Abfälle aus Ur- und Umformprozessen;
- Zerspanungsabfälle;
- Verschnittabfälle;
- Abrieb;
- Verarbeiungsrückstände stoff- und energiewandelnder Verfahren (also Schlacken und Aschen, Filter- und Extraktionsrückstände usw.)

Ihrem Wesen nach zählen zu den Produktionsabfällen auch Abgase, Abwässer und Abwärme. Es handelt sich um zwangsweise anfallende Nebenleistungen. Die Gründe für die Entstehung dieser Nebenleistungen sind vielfältig. Sie resultieren im wesentlichen aus naturgesetzlich-technischen Gegebenheiten. Die Gründe können aber auch in unzureichender Material- und Verfahrensbeherrschung, in mangelnder Organisation bzw. in menschlichen Unzulänglichkeiten liegen.

Als **Konsumtionsabfälle** stellen sich alle Rückstände der individuellen und gesellschaftlichen Konsumtion dar.

- **Altstoffe**[5] sind hingegen volkswirtschaftliche Finalprodukte - Betriebsmittel und Gebrauchsgüter

Recyclinggerecht gestaltete Produkte (industrielle Gebrauchsgüter) sollten eine optimale Nutzungs- bzw. Lebensdauer aufweisen. Dadurch werden Ressourcen geschont. Ein bestimmter Bedarf kann dadurch im Prinzip mit weniger Ressourcen gedeckt werden.

Beispiel:
PKW-Reifen (Erhöhung der maximalen Laufzeit von z. B. 50.000 km auf 100.000 km käme einer Verdopplung der Produktion gleich!)

In sich geschlossene Stoffkreisläufe in der Wirtschaft tragen zur Minderung des Verzehrs natürlicher Ressourcen bei, *verringern* die Belastung der Umwelt, *vergrößern* das verfügbare Rohstoffaufkommen und *erhöhen* insgesamt die Effizienz der menschlichen Arbeit (vgl. Abb. 2).

Bei der zielgerichteten Herausbildung wirtschaftlicher Stoffkreisläufe müssen die beiden prinzipiellen "Quellen" der Abprodukte, ihre Spezifika und die daraus resultierenden Beeinflussungsmöglichkeiten beachtet werden.

Der hier gebrauchte Begriff "**Abprodukt**" war in

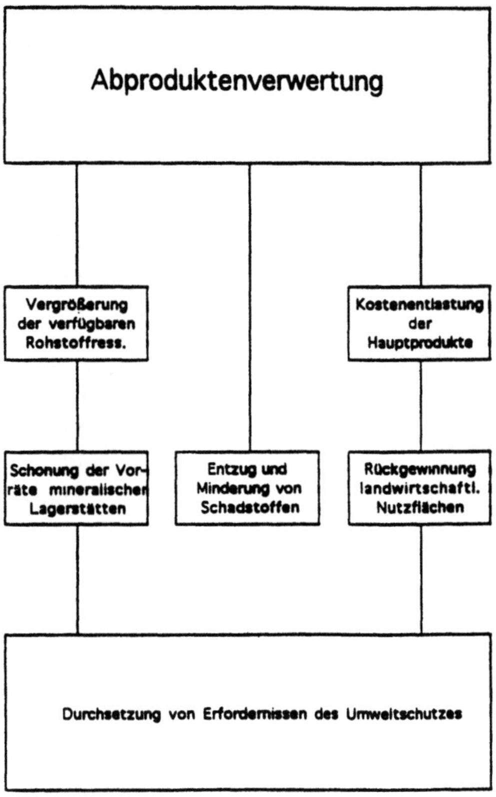

Abb. 2: Zusammenhänge zwischen Abprodukten-verwertung und Umweltschutz

der individuellen und gesellschaftlichen Produktion - deren Nutzungsdauer erloschen ist, weil sie ihren ursprünglichen Gebrauchswert ganz oder teilweise verloren haben. Ihre materielle Substanz ist jedoch erhalten geblieben und daher unter bestimmten Bedingungen (Erfassung, Sammlung, Aufbereitung) von neuem als Roh- bzw. Werkstoff (sekundär) nutzbar.

Vor der Volkswirtschaft aller Industrieländer stehen unter dem Aspekt der Herausbildung und weiteren Vervollkommnung wirtschaftlicher Stoffkreisläufe im wesentlichen *vier* wichtige Aufgabenkomplexe:

Erstens: die Bestimmung und Gewährleistung einer optimalen Erzeugnisqualität und einer damit verbundenen optimalen Nutzungsdauer der Erzeugnisse. Das ist der **erzeugnisbezogene Ansatzpunkt** zur Herausbildung wirtschaftlicher Stoffkreisläufe, der unter dem Begriff einer recyclinggerechten Produktgestaltung zusammengefaßt werden kann.

Zweitens: die bessere Verwertung der für die Produktion von Erzeugnissen verfügbaren Rohstoffe, Materialien und Energieträger - also die Abfallminimierung. Hierbei handelt es sich um den **verfahrens- und technologiebezogenen Ansatzpunkt** einer rationellen Stoffkreislaufgestaltung, der mit einer recyclinggerechten Verfahrens- und Technologiegestaltung identisch ist.

Drittens: rationelle Erschließung bzw. Verwertung der Inhaltsstoffe aus jenen Produktionsabfällen, die nach dem gegenwärtigen Erkenntnisstand von Wissenschaft und Technik unvermeidbar sind (sowie aus Konsumtions-abfällen). Diesem Aufgabenkomplex sind die Produkt- und Verfahrensinnovationen zuzurechnen, die notwendig sind, um die Inhaltsstoffe aus Abfällen und Altstoffen einer erneuten Nutzung zuzuführen. Dazu sind Merkstudien erforderlich, und es ist zu beachten, daß sich ein abfallwirtschaftliches Marketing herausbilden muß (vgl. Abb. 3).

Viertens: geordnete Deponie gegenwärtig noch nicht verwertbarer Abfälle und Altstoffe oder deren schadlose Beseitigung.

Das sind zugleich bedeutsame Aufgaben der Industrieunternehmen, für die sich bei den Aufgabenkomplexen 3 und 4 nicht selten die **betriebswirtschaftliche Problematik** ergibt, daß erhebliche betriebliche Aufwendungen - z. B. durch Abwasserreinigung, Einsatz von Luftfilteranlagen oder zur Unschädlichmachung von Stoffen - entstehen, die gesellschaftlich äußerst wichtig sind, denen aber nur schwer meßbare und nicht in Geld ausdrückbare Ergebnisse gegenüberstehen. Nachfolgend soll auf die 4 Grundsatzaufgaben zur Herausbildung und weiteren Vervollkommnung volkswirtschaftlicher Stoffkreisläufe näher eingegangen werden. Damit sollen zugleich auch wichtige ökonomische Forschungsaufgaben und Untersuchungen signalisiert werden.[6] Das Ziel muß stets darin bestehen, die Effizienz des Recycling zu sichern (vgl. Abb. 4).

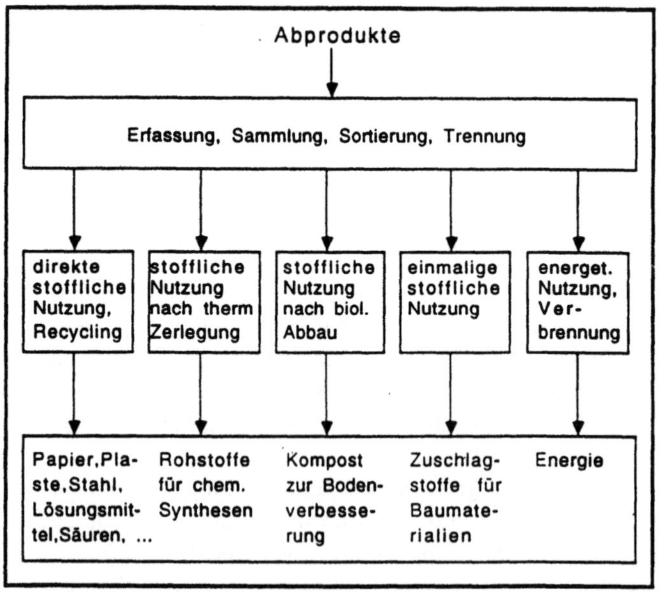

Abb. 3: Abproduktenverwertung

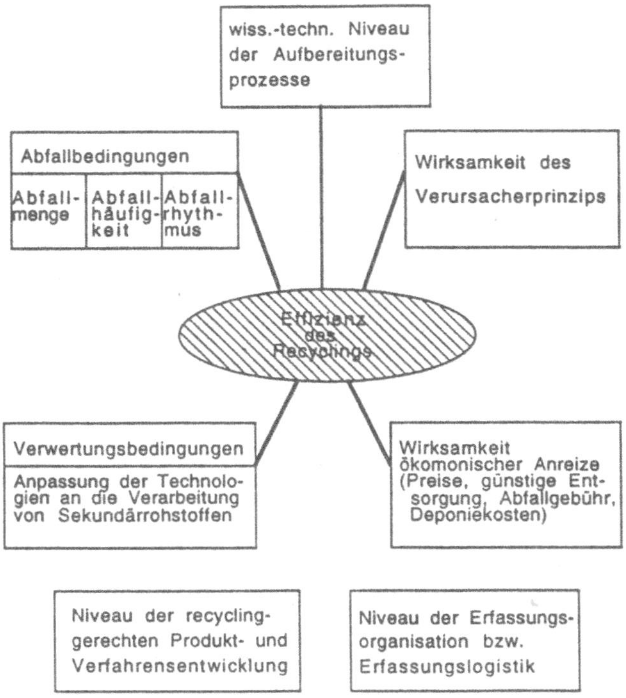

Abb. 4: Effizienz des Recycling

2. Zum erzeugnisbezogenen Ansatzpunkt der Herausbildung wirtschaftlicher Stoffkreisläufe

Vor dem Erzeugnisentwickler - sowohl in der stoffverarbeitenden als auch in der stoffwandelnden Industrie - steht die anspruchsvolle Aufgabe, Erzeugnisse zu entwickeln, welche neben anderen marktgerechten **Gebrauchseigenschaften** auch die Gebrauchseigenschaft "**stoffkreislauf - bzw. recyclinggerecht**" aufweisen. Diese Gebrauchseigenschaft ist *Bestandteil des Gebrauchswerts* eines Erzeugnisses und erhöht oder senkt diesen - je nachdem, wie es dem Erzeugnisentwickler gelingt, diese Eigenschaft auszuprägen.

Es ist also durchaus gerechtfertigt, neu - und weiterentwickelte Erzeugnisse auch nach ihrer **Recyclingqualität** zu beurteilen, wobei herbei unterschiedliche Niveaustufen möglich sind. In der ehemaligen DDR war dafür die TGL 45698/02 (abproduktarme und abproduktfreie Technologie) maßgebend.

In ein hohes Niveau einstufbar sind Produkte dann, wenn die darin eingegangenen Rohstoffe, Materialien und Energieträger möglichst *lange* im Nutzungsprozeß verbleiben, wenn also eine optimale **Nutzungsdauer** z. B. einer Anlage, einer Maschine oder eines Gerätes erreicht wird. Das ist zugleich ein wesentliches Qualitätskriterium.

Insbesondere durch einen günstigen **Korrosionsschutz**, durch leichte **Auswechselbarkeit** von Teilen und Baugruppen sowie durch **modernisierungsfreundliche Gestaltung** von Anlagen kann die Nutzungsdauer verlängert werden. International hat sich der Begriff "Maschinenrecycling" herausgebildet, der insbesondere das Regenerieren von Teilen und Baugruppen sowie das Modernisieren von Maschinen, Anlagen und Anlagensystemen umschließt.

Durch eine längere Nutzungsdauer wird der Aussonderungszeitpunkt und damit der Zeitpunkt des Anfalls von Altstoffen relativ *verzögert*.
Mit der vornehmlich durch den Erzeugnisentwickler - aber auch durch den Erzeugnisanwender - beeinflußbaren Nutzungsdauer von industriellen Erzeugnissen wird der volkswirtschaftliche Stoffkreislauf wesentlich beeinflußt:

- Eine hohe Nutzungsdauer von Betriebsmitteln und industriellen Konsumgütern kann langfristig zu einer wesentlichen **Verringerung des spezifischen Material- und Energieträgereinsatzes** beitragen und ist deshalb durch die konstruktive Gestaltung der Erzeugnisse sowie ihre pflegliche Behandlung und Nutzung in Verbindung mit zweckmäßiger Wartung und Instandhaltung wirksam zu fördern - soweit sie nicht den wissenschaftlich-technischen Fortschritt und die auf ihm basierende Erhöhung der Effizienz der Arbeit hemmt oder aber (bei industriellen Konsumgütern) in Widerspruch zu den Modebedürfnissen gerät.
- Recyclingqualität besitzen auch jene Erzeugnisse, bei denen es möglich ist, zum Zeitpunkt ihrer Aussonderung die **Inhaltsstoffe** (Nutzmaterial bzw. Sekundärrohstoffe) leicht **rückgewinnen** zu können.

Eine besondere Bedeutung hat hierbei das **Verursacherprinzip** erlangt, das in den Rang einer dualen Abfallwirtschaft gehoben und gegenwärtig auf rechtsverbindlicher Grundlage auf dem Verpackungsmittelsektor durchgesetzt wird. (7)
Es ist abzusehen, daß die duale Abfallwirtschaft schrittweise auf weitere industrielle Produkte ausgedehnt werden wird und muß. So sind die PKW-Produzenten und die Hersteller industrieller Konsumgüter gut beraten, wenn sie bereits jetzt zielgerichtet Projekte entwickeln, denen die Frage zugrunde liegt, was mit den Inhaltsstoffen ihrer ausgesonderten bzw. vernutzten Erzeugnisse geschehen soll.

Der Verkäufer eines Erzeugnisses wählt zunehmend auch danach aus, ob es recycling- bzw. ökologiegerecht ist. Insofern ist festzustellen, daß seitens der Verbraucher und Anwender von Erzeugnissen - sowohl von Betriebs- als auch von Konsumtionsmitteln - ein beachtlicher Druck in eine Richtung ausgeübt wird, mit der die Herausbildung wirtschaftlicher Stoffkreisläufe gefördert wird. Besonders auch für alle maschinen-, geräte- und anlagenbauenden Industrieunternehmen ist die **Recycling- und Umweltqualität** der Erzeugnisse betriebswirtschaftlich zunehmend bedeutsam; denn auf dem Markt wird spürbar:

Die Recycling- und Ökologiegerechtheit erhöht oder schmälert den **Verkaufserlös** und das wirtschaftliche Ergebnis der Nutzung von Maschinenbauerzeugnissen; denn recyclinggerechte Konstruktion bedeutet abfallarme Fertigungstechnologie, leichte Austauschbarkeit und Regenerierfähigkeit von Baugruppen und -elementen während der Nutzungsdauer sowie leichte Rückgewinnung der Inhaltsstoffe aus ausgesonderten Maschinen und Anlagen. Recyclinggerechtes Konstruieren trägt damit entscheidend zur Schonung primärer Ressourcen sowie der Umwelt bei und zahlt sich durch bessere Materialausnutzung, verlängerte Nutzungsdauer und günstige Schrotterlöse aus. [8]

Recyclinggerechtheit ist eine Gebrauchseigenschaft und damit ein Zielkriterium der Erzeugnisentwicklung, aus dem sich ein vielseitiges Programm vom Hersteller zu berücksichtigender Anforderungen ableitet. Notwendige Entscheidungen müssen sich auf alle den Gebrauchswert und die Kosten beeinflussenden Faktoren sowohl bei der Produktion und Anwendung als auch bei der Rückgewinnung von Inhaltsstoffen nach der erfolgten Aussonderung bzw. nach dem Verbrauch beziehen.

Vor der **betriebswirtschaftlichen Forschung** stehen in diesem Zusammenhang bedeutsame und interessante Aufgaben: Bei der Bestimmung und Bewertung des Gebrauchswertes von Erzeugnissen müssen die Recycling- und Umweltqualität als gebrauchswertbestimmende Eigenschaft ermittelt, gewichtet und einbezogen werden. Zugleich sind die wirtschaftlichen Auswirkungen meß- bzw. bewertbar zu machen, die sich aus der unterschiedlichen Ausprägung dieser Gebrauchseigenschaften für den Nutzer des Erzeugnisses ergeben. Es sind auch Bewertungsmöglichkeiten zu erschließen, mit denen verdeutlicht werden kann, welche wirtschaftlichen und ökologischen Auswirkungen durch *nicht* recycling- bzw. ökologiegerechte Erzeugnissen ausgelöst werden.

3. Zum verfahrens- und technologiebezogenen Ansatzpunkt der Herausbildung wirtschaftlicher Stoffkreisläufe

Abfallarme Technologien bilden beim verfahrens- bzw. technologiebezogenen Ansatzpunkt einer rationellen Stoffkreislaufgestaltung einen entscheidenden Schwerpunkt. Es sind Technologien, die so ausgelegt sind, daß bei ihrer Anwendung in den Produktionsprozessen keine oder nur auf ein technisch bedingtes Minimum beschränkte Abfälle auftreten. Sie weisen einen **hohen Materialausnutzungskoeffizienten** auf.

Recyclinggerechte Verfahren und Technologien zeichnen sich durch einen rationellen Materialeinsatz aus. Dazu haben sich **Materialverbrauchsanalysen** bewährt, für die folgende **8 Stufen** typisch sind:

1. Materialflußanalyse zur Aufdeckung materialökonomischer Schwerpunkte;
2. Beschreibung des technologischen Verfahrens;
3. Ermittlung wesentlicher Einflußfaktoren auf den Materialverbrauch;
4. Bestimmung des tatsächlichen Materialverbrauchs (zum Analysezeitpunkt);
5. Ermittlung des theoretischen Materialverbrauchs (bei chemischen Technologien = stöchiometrische Berechnungen);
6. Verlustquellenforschung;
7. Erarbeitung von Möglichkeiten (Varianten) zur Beseitigung bzw. Einschränkung der Verluste;
8. Festlegung einer technisch-wirtschaftlich begründeten Materialverbrauchsnorm.

Die im Arbeitsschritt 6 ausgewiesene **Verlust-quellen-forschung** bildet einen besonderen Schwerpunkt. Die Ursachen für Materialverluste in chemischen Produktionsprozessen sind in der Abb. 5 übersichtlich dargestellt.

Die Entwicklung und systematische Einführung abfallarmer Technologien stellen sich als eine große Aufgabenstellung für Wissenschaft und Technik dar. [9]

Vom Stand der Entwicklung und Einführung dieser Technologien wird die Höhe des Produktionsabfalls beeinflußt, der - ebenfalls abhängig vom Entwicklungsstand der Wissenschaft und Technik - zu einem bestimmten Teil zwar in Sekundärrohstoffe überführt werden kann; wirtschaftlich wie ökologisch ist es aber in der Regel immer vorteilhafter, Produktionsabfälle zu minimieren oder gar nicht erst entstehen zu lassen, als eine nachträgliche Aufbereitung vorzusehen, die vor allem zusätzlichen Energie-, Transport-, Umschlag- und Lageraufwand erfordert.

Abfälle und Altstoffe (Abprodukte) stellen sich als ein bedeutsamer Widerspruchskomplex dar:

- *einerseits* gehen von den Abprodukten negative wirtschaftliche und ökologische Wirkungen aus, die es zu minimieren gilt;
- *andererseits* sind Abfälle, Altstoffe und Sekundärenergien die Aufkommensquelle ökonomisch positiv zu wertender sekundärer Ressourcen, mit denen in beachtlichem Maße zur Deckung des Rohstoff- und Energiebedarfs der Volkswirtschaft beigetragen werden kann.

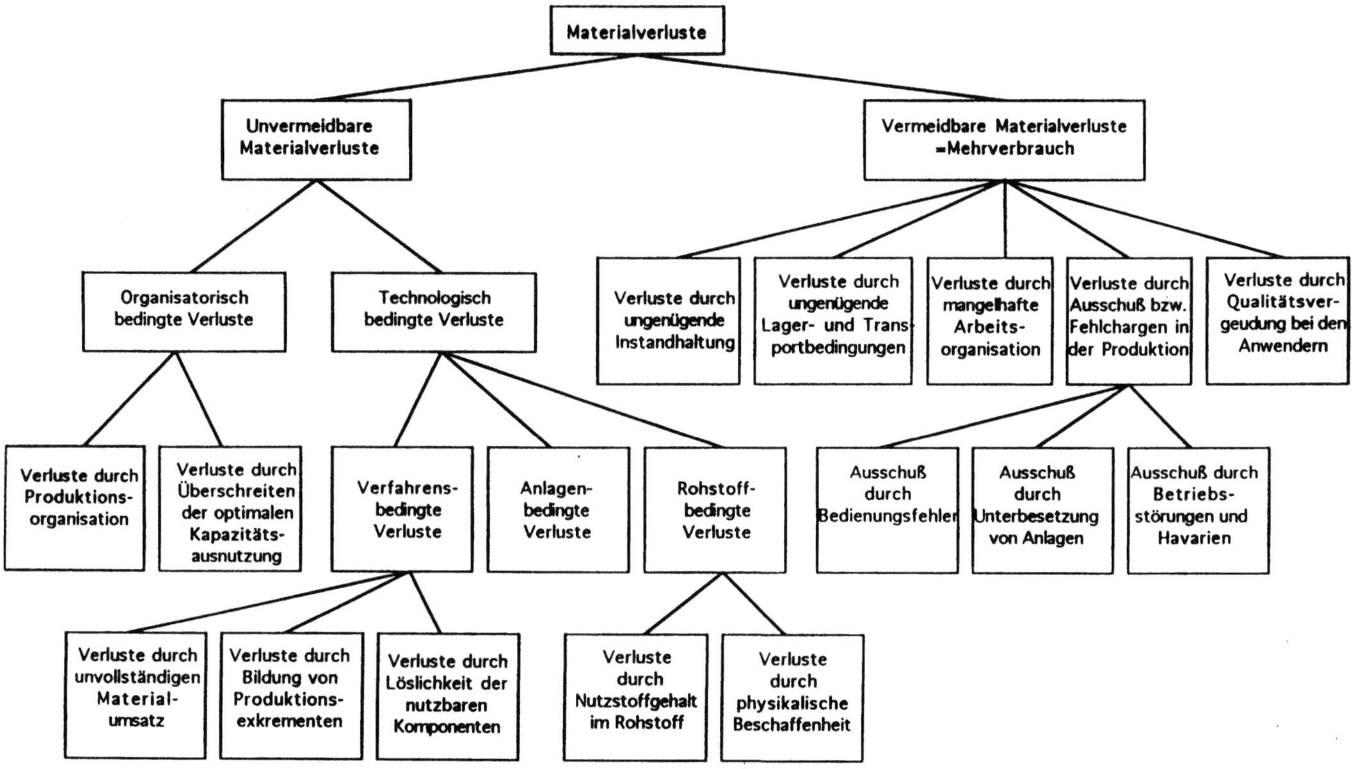

Abb. 5: Ursachen für Materialverluste in chemischen Produktionsprozessen

Wie bedeutsam **sekundäre Rohstoffressourcen** sind, läßt sich aus der Tabelle 1 ableiten. Aus dieser Tabelle ist die tendenzielle Abnahme (primärer) mineralischer Rohstoffquellen erkennbar.

Tabelle 1: Verfügbarkeit von Rohstoffen

Rohstoff	Importabhängigkeit der BRD	Reichweite (Schätzung 1985)
Zink	76 %	25 Jahre
Blei	90 %	25 Jahre
Eisenerz	ca. 100 %	150 Jahre
Kupfer	ca. 100 %	40 Jahre
Bauxit	10 %	220 Jahre
Kobalt	100 %	150 Jahre
Quecksilber	100 %	60 Jahre
Zinn	100 %	15 Jahre
Nickel	100 %	60 Jahre
Wolfram	100 %	60 Jahre

Quelle: Bundesanstalt für Geowissenschaften und Rohstoffe

Der Hauptweg zur Gestaltung wirtschaftlicher Stoffkreisläufe besteht in einer höheren **Veredelung** der verfügbaren Rohstoffe, Materialien und Energieträger und der damit verbundenen recyclinggerechten Erzeugnis- und Verfahrensgestaltung.

4. Schadlose Beseitigung von Abprodukten

Die schadlose Beseitigung von Abprodukten umfaßt alle technischen und technologischen Maßnahmen einer schadlosen Abgabe an die Biosphäre. Damit scheiden die betreffenden Stoffe aus dem wirtschaftlichen Kreislauf aus. Sie gehen der Volkswirtschaft als Rohstoffressourcen verloren.
Die schadlose Abgabe an die natürliche Umwelt wird auf folgenden Wegen vollzogen:
- Entgiftung und Verbrennung von Abprodukten;
- geordnete Deponie von Abprodukten;
- schadlose Abgabe von Abprodukten an die Hydrosphäre und Atmosphäre.

Verantwortlich für die schadlose Beseitigung sind jene Unternehmen, die nicht nutzbare Abprodukte verursachen. Die Verursacher haben die erforderlichen materiell-technischen, finanziellen und personellen Voraussetzungen für die schadlose Beseitigung zu schaffen, die erforderlichen Untersuchungen durchzuführen und den notwendigen wissenschaftlich-technischen Vorlauf zur Entwicklung von Verfahren und Methoden zur Minderung des Abproduktanfalls und zur schadlosen Beseitigung nicht nutzbarer Abprodukte entsprechend dem wissenschaftlich-technischen Höchststand zu sichern.

Für nicht nutzbare Abprodukte, die aufgrund ihrer Inhaltsstoffe als volkswirtschaftliche Rohstoffreserve bedeutsam sind, haben die Verursacher auf der Grundlage von staatlichen Vorgaben und Gutachten **Vorschläge** für eine selektive Deponie zu erarbeiten. Ein Beispiel dafür sind cyanidhaltige Härtereialtsalze.

Die schadlose Beseitigung nicht nutzbarer Abprodukte bedurfte in der ehemaligen DDR einer Genehmigung durch die zuständigen kommunalen Instanzen. Die Unternehmen hatten einen Antrag zur schadlosen Beseitigung nicht nutzbarer Abprodukte bei dem für den Standort des Unternehmens zuständigen Rat des Bezirkes (Fachorgan für Sekundärrohstoffwirtschaft) zu stellen und Vorschläge für geeignete Beseitigungsmöglichkeiten zu unterbreiten. Mit dem Antrag war *nachzuweisen*, daß die Abprodukte gegenwärtig nicht als Sekundärrohstoffe nutzbar sind (Negativattest). Die Räte der Bezirks - Fachorgane für Sekundärrohstoffwirtschaft - entschieden über die Freigabe nicht nutzbarer Abprodukte für die schadlose Beseitigung. Die schadlose Beseitigung nicht nutzbarer Abprodukte hatte so zu erfolgen, daß eine Gefährdung von Leben und Gesundheit der Menschen, Tiere und Pflanzen ausgeschlossen sowie volkswirtschaftliche Schäden oder Beeinträchtigungen des Bodens, des Wassers oder der Luft vermieden wurden. Heute ist bekannt, daß dies vielfach nur auf dem Papier stand und gegen elementare Grundsätze des Umweltschutzes sträflichst verstoßen wurde. [(10)]

5. Prozesse zur Wandlung von Altstoffen und Abfällen in Sekundärrohstoffe

Altstoffe und Abfälle fallen meist in einem Zustand an, in dem sie für einen erneuten Wiedereinsatz in einem Produktionsprozeß nicht geeignet sind. Ihr Anfallort ist auch oft nicht identisch mit dem Ort ihrer Wiederverwertung. In vielen Fällen ist neben dem Entsorgen der Anfallstelle ein Abtransport zur Sammelstelle gleichartiger Altstoffe und Abfälle notwendig. Wenn keine sortenreine Erfassung am Anfallort erfolgt, muß spätestens im weiterverarbeitenden Betrieb sortiert werden.

Die elementaren Prozesse des Erfassens, Sammelns und Aufbereitens bilden einen Schwerpunkt bei der Herausbildung und ständigen Vervollkommnung von wirtschaftlichen Stoffkreisläufen. Diese Prozesse stellen sich vielschichtig dar und sind sowohl technisch-organisatorisch als auch technologisch weiter zu entwickeln und zu regeln. Ihre wirtschaftlichen Ergebnisse sind in bedeutendem Maße abhängig von den Anfallorten, von den Anfallmengen, von der Sortierung am Anfallort, vom Anfallzeitpunkt und vom -rhythmus, vom technisch-ökonomischen Niveau der Aufbereitungstechnologien und spiegeln sich zusammengefaßt im Substitutionsnutzen wider, der sich beim Einsatz des gewinnbaren Sekundärrohstoffes anstelle eines primären Rohstoffes ergibt.

Die zentralistische Planwirtschaft in der ehemaligen DDR widerspiegelte sich bekanntlich in einer **Mangelwirtschaft** auf nahezu allen volkswirtschaftlichen Gebieten. Hätte man dieses System in einem Wüstenland eingeführt, wäre sicherlich dort auch der Sand knapp geworden...

Aus der Rohstoffknappheit in der ehemaligen DDR wurden zwei spezielle Kombinate (Verband von Betrieben) geboren, denen die Rohstoffgewinnung aus Abfällen und Altstoffen oblag.
Es handelte sich um folgende Kombinate:

1. das **Kombinat Sekundärrohstofferfassung**,
welches mit seinen 14 Betrieben flächendeckend für die Erfassung, bzw. den Aufkauf aller in den Haushalten der Bevölkerung anfallenden Sekundärrohstoffe zuständig war. Das Erfassungssortiment umfaßte somit Altpapier, Flaschen, Gläser, Glasbruch, Alttextilien, sog. Kleinschrott, Elektronikschrott und Kunststoffabfälle. Dieses Kombinat ist inzwischen aufgelöst. Heute erkennen auch Kritiker dieses vom Staat subven-tionierten SERO-Systems, daß dessen gut funktionierende Erfassungsorganisation und die vorhandenen materiellen Bedingungen (Erfassungslager) eine sehr gute Basis für die Duale Abfallwirtschaft in den ostdeutschen Bundesländern hätte bilden können.

2. das **Kombinat Metallaufbereitung**.
Ihm oblag der Aufkauf und die Aufbereitung der metallischen Sekundärrohstoffe, d.h. insbesondere von Stahl- und Gußeisenschrott sowie von Schrott aus Aluminium, Blei, Kupfer, Zink und Edelmetallen sowie deren Legierungen. Die Kombinatsbetriebe lieferten den aufbereiteten Schrott an die Stahl- und Walzwerke, an die Hüttenbetriebe der NE-Metallurgie und an Gießereien.

An der Technischen Hochschule Merseburg werden gegenwärtig an ausgewählten Beispielen die möglichen ökonomischen Auswirkung verschiedener Berechnungsvarianten für Abprodukte simuliert. Aus den Untersuchungen wurde unter anderem auch eine Habilitationsschrift abgeleitet[(11)].

Literatur:

(1) Unsere gemeinsame Zukunft. Bericht der Weltkommission für Umwelt und Entwicklung (Brundtland-Bericht). Staatsverlag der DDR, Berlin 1988, S. 224 ff.
(2) Vgl. Garbe E./Graichen D.: Sekundärrohstoffe - Begriffe, Fakten, Perspektiven. Berlin, Verlag: Die Wirtschaft, Berlin 1985, S. 163-166
(3) Vgl. ebenda, S. 42-45
(4) Vgl. ebenda, S. 38-40
(5) Vgl. ebenda, S. 66-67
(6) Vgl. Garbe E.: Ökonomische Einflußnahme auf die Herausbildung geschlossener Stoffkreisläufe. In: Kreikebaum H. (Hrsg.): Integrierter Umwelt schutz. 2. erw. Auflage, Gabler Verlag, Wiesbaden 1991, S. 122-136
(7) Vgl. Multhaupt R./Plümer T.: Verpackungsverordnung und duale Abfallwirtschaft. In: EntsorgungsPraxis Nr. 3/1991, S. 86-88
(8) Vgl. Garbe E./Salomon D.: Recyclinggerechtes Konstruieren - Erfordernis moderner Produktgestaltung. In: VDI-Z Entwicklung/Konstruktion/Produktion 131 (1989) 4, S. 79-83
(9) Vgl. Lindenlaub W./Kretzer J.: Rationeller Stoffkreislauf. Deutscher Verlag für Grundstoffindustrie, Leipzig 1984
(10) Vgl. Sechste Durchführungsverordnung zum Landeskulturgesetz - Schadlose Beseitigung nicht nutzbarer Abprodukte - vom 01.09.1983. In: Gesetzblatt der DDR. Teil I/1983, S. 257 ff
(11) Vgl. Ziesemer O.: Bewertung und Preisbildung für Sekundärrohstoffe. Habilitationsschrift. TH "Carl Schorlemmer" Leuna-Merseburg, 1989

AUTOR: Prof. Dr. rer. oec. Eberhard Garbe
ord. Professor für Betriebswirtschaftslehre an der Technischen Hochschule "Carl-Schorlemmer" Leuna-Merseburg, Geusaer Str., O-4200 Merseburg

Ansätze zur Bewältigung der Elektronikschrottproblematik

Entsorgung von Elektronikgeräten

Bernhard Diegner

ELEKTRONIKSCHROTTVERORDNUNG - RECYCLING: BILDRÖHREN, KUNSTSTOFFE, LEITERPLATTEN - STOFFKREISLÄUFE - LOGISTIK - RECYCLINGKOSTEN

1. Gesetzliche Rahmenbedingungen

Zur Lösung der in der Abfallwirtschaft bestehenden Probleme zielt die 5. Novelle des Abfallgesetzes, deren Entwurf derzeit in Deutschland diskutiert wird, im wesentlichen auf die Förderung einer umweltverträglichen Kreislaufwirtschaft ab, um möglichst Abfälle zu vermeiden. Die Steuerung der rückstandsarmen Produktgestaltung soll vorrangig über verordnete Rücknahmepflichten erfolgen.

1.1 Die Elektronik - Geräte - Verwertungs - VO

Die uns hier interessierende Elektronikschrott-Verordnung, die richtiger Elektroschrott-Verordnung heißen sollte (Stofffraktionen s. Abbildung 1, links unten), wurde am 11. 7. 1991 als Referenten-Entwurf der Öffentlichkeit vorgestellt.

Betroffen davon sind alle Hersteller, Vertreiber und Importeure elektrischer und elektronischer Geräte, die - wie im Abfallgesetz erwähnt - verpflichtet sind, ihre Produkte nach Gebrauch vom Endverbraucher zurückzunehmen und vorrangig einer stofflichen Verwertung zuzuführen.

Dies bedeutet, daß eine Verbrennung oder Deponierung von Abfällen aus dem Elektro- oder Elektronikbereich in Zukunft nur dann noch gestattet ist, wenn wirtschaftlich zumutbare Recyclingverfahren *nicht* existieren. Es ist davon auszugehen, daß sich in Anbetracht schnell steigender Deponie- und Verbrennungskosten in absehbarer Zeit die Wirtschaftlichkeitsgrenze von Recyclingverfahren ganz wesentlich verschieben wird. Das im Entwurfsstadium zirkulierende Abfallabgabengesetz sieht erhebliche Kostensteigerungen bei der Deponierung von nicht mehr verwertbaren Abfällen vor. Darüber hinaus ergibt sich aufgrund der Bevorzugung der stofflichen Verwertung ein direkter und indirekter Zwang, bereits in der Konstruktionsphase über die Recyclingfähigkeit der verwendeten Materialien, aber auch über eine verwertungsfreundliche Konstruktion, sprich einfache Demontagemöglichkeit der Geräte und rückstandsarme, recyclingfreundliche Materialien, nachzudenken. Die Preise für neue Geräte des Konsumgüterbereichs werden daher in Zukunft mindestens eine Komponente für die Entsorgungslogistik und die Verwertung enthalten müssen.

Erwartete Anfallmengen gebrauchter elektrischer und elektronischer Geräte (ab 1994, alte Bundesländer)

Fraktionen (Anteile in %)	Metalle	Kunststoffe	Glas	Elektronik	Sonst. Stoffe	Tonnen pro Jahr
Gebrauchsgüter gesamt	**50 %**	**21 %**	**12 %**	**3 %**	**14 %**	**900 000**
davon z.B. Haushaltsgeräte	60 %	24 %	2 %	< 1 %	14 %	600 000
Unterhaltungselektronik	27 %	20 %	28 %	9 %	16 %	250 000
Investitionsgüter gesamt	**70 %**	**23 %**	**2 %**	**4 %**	**1 %**	**600 000**
GESAMTMENGE	**57 %**	**22 %**	**9 %**	**3 %**	**9 %**	**1 500 000**

PROBLEMFRAKTIONEN:
- Kunststoffe (Flammhemmer, Füllstoffe) 22 %
- Bildröhrengläser (Blei, Barium u.a.) 6 %
- Platinen (Kunststoffe, Bauelemente) 3 %

ZVEI

1.2 Abfallwirtschaftliche Ziele

In den abfallwirtschaftlichen Zielen der Verordnung wird klargestellt, daß bei der Entwicklung neuer Geräte die Gesichtspunkte der Abfallvermeidung und umweltverträglichen Verwertung gebrauchter Geräte zu berücksichtigen sind. Dazu gehören die Erhöhung der Reparaturfreundlichkeit, leichte Demontagemöglichkeit sowie Substitution umweltgefährdender Stoffe und Materialien.

- Es sind darüber hinaus Sammelsysteme einzurichten, die für den Endverbraucher leicht erreichbar sind und eine hohe Rücklaufquote gewährleisten.
- Zur Rücknahme und Verwertung gebrauchter Geräte sind die Hersteller, die Vertreiber auf allen Handelsstufen *und* die Importeure verpflichtet.
- Solange umweltverträgliche Verwertungsverfahren nicht oder nur teilweise zur Verfügung stehen, sind die Geräte der Abfallentsorgung zuzuführen.
- Der zuständigen Behörde ist einmal jährlich eine Erklärung über den Verbleib und die Behandlung der als Abfall entsorgten Geräte oder Geräteteile zu übergeben.
- Eine auch schon aus der Verpackungsverordnung bekannte, sog. Öffnungsklausel besagt, daß Hersteller und Vertreiber sich zur Erfüllung dieser Verpflichtungen Dritter bedienen können.

2. Auswirkungen des Verordnungs-Entwurfs

2.1 Logistik

Es ist davon auszugehen, daß zukünftig unter Verwertungsge-sichtspunkten gerade auch bei kleinen Geräten eine getrennte Einsammlung vom Hausmüll notwendig wird, um eine geordnete Erfassung und leichtere Sortierung und Fraktionierung sicherzustellen. Es ist in jedem Fall sinnvoll, die bereits bestehenden logistischen Wege beizubehalten und evtl. den nachgeordneten Erfordernissen der Sortierung lediglich anzupassen, um eine höhere Sammelquote und Sortierqualität bzw. Ausbeute zu erzielen. Abgesehen davon, daß eine Distribution rückwärts in den heutigen Verteilsystemen für Konsumgüter nicht vorgesehen ist und aus diesen Gründen auch nur sehr teuer realisiert werden könnte, verbietet sich gerade bei langlebigen Konsumgütern auch die Montage rückwärts. Die dazu erforderliche Logistik, also die Rückführung bestimmter Geräte zu ihrem Produktionsort, sprengt jeden betriebswirtschaftlichen, aber auch ökologisch sinnvollen Rahmen. Mülltourismus wäre die eine Folge. Der Wiedereinsatz umweltrelevanter Bauteile, die eigentlich dem Materialkreislauf entzogen werden müssen, eine weitere.

Wo unwirtschaftliche Strukturen bestehen, müssen geeignete Sammelstellen eingerichtet und die regelmäßige Entsorgung zu den nachgeschalteten Verwertern auf privatwirtschaftlicher Basis sichergestellt werden.

2.2 Technologie

Im Unterschied zur Verpackung, bei der es sich in der Regel um eine überschaubare Anzahl von Stoffen, wie Papier, Karton, Folien, Bänder, Holz, Glas oder Metall handelt, haben wir es bei den elektrischen und elektronischen Geräten mit Hunderten von Inhaltsstoffen zu tun. Nach dem gesetzgeberischen Auftrag wird es in Zukunft darum gehen, den Anteil der zu deponierenden Materialien auf ein Minimum zu beschränken. Waschmaschinen oder Geschirrspüler (Abb. 2 unten) bestehen zum überwiegenden Anteil aus Metall und wenig elektronischen Bestandteilen. Die Wiederverwertungsquote ist dementsprechend hoch. So werden etwa, bezogen auf das Produktgewicht, ca. 60% eines Geschirrspülers verwertet und die Recyclingquote des zurückgewonnenen Metalls liegt bei weit über 90%.

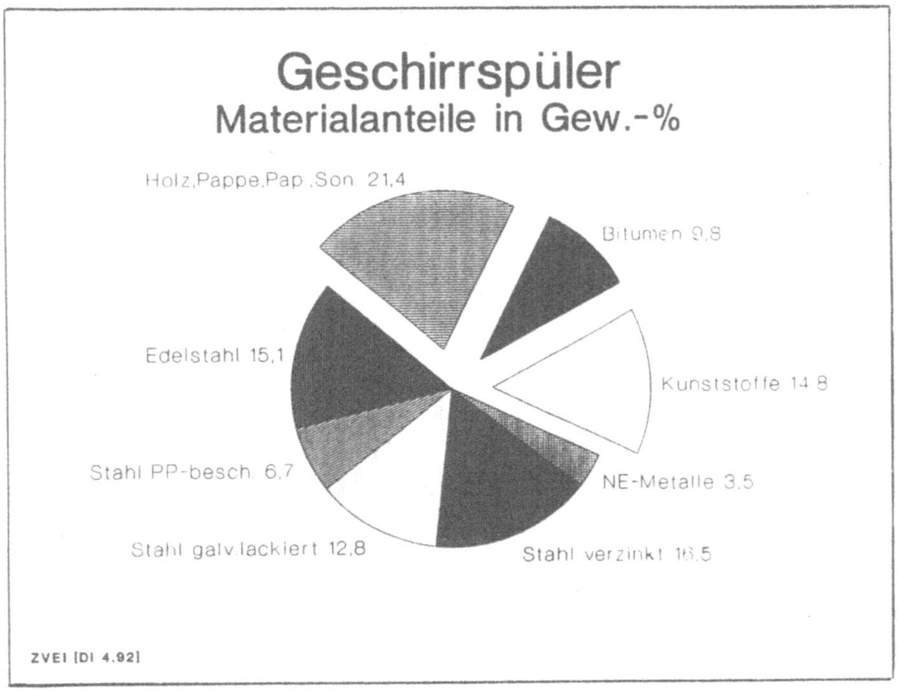

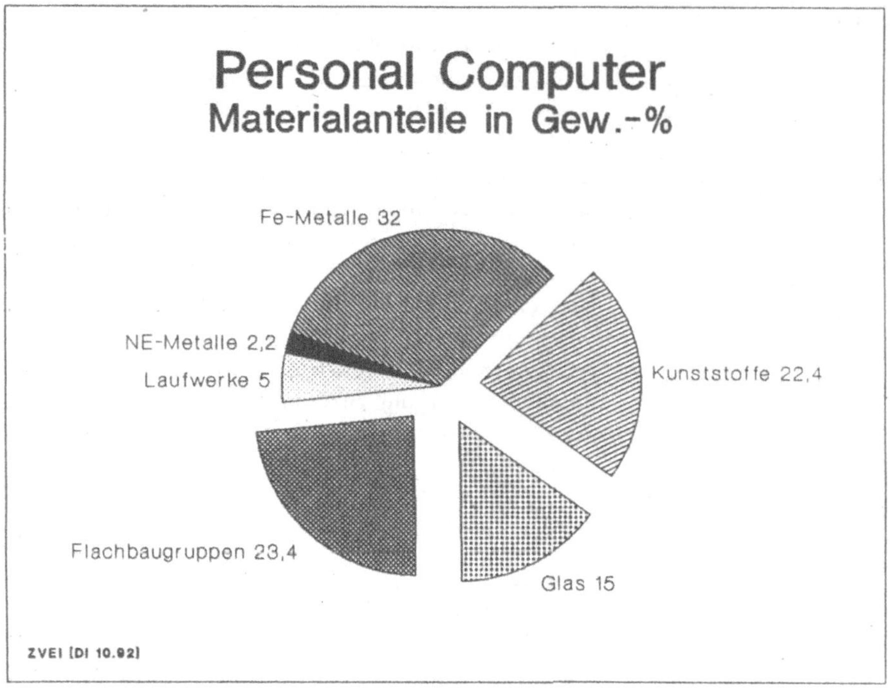

Bei elektronischen Geräten, wie z. B. einem Personal-Computer (Abb. 3, oben), ist der Anteil der heute recyclingfähigen Inhaltsstoffe wesentlich geringer. Er beschränkt sich hauptsächlich auf Eisen- und Buntmetalle. Hier haben wir es mit einem hohen Anteil an Problemfraktionen - Bildröhrengläser, Kunststoffe, Platinenschrott - zu tun.

2.2.1 Recycling von Bildröhren

Ein nach wie vor ungelöstes Problem ist das Recycling von Bildröhren aus Fernsehgeräten und Datensichtgeräten. Sie müssen als Sonderabfall behandelt werden. Der größte Teil wird geshreddert und in Fässern in Sondermülldeponien eingelagert. Ursache dafür ist einerseits, daß eine Bildröhre im wesentlichen aus drei verschiedenen Glassorten besteht. Für ein sortenreines Recycling wäre primär die Forderung zu stellen, bei der Verwertung diese drei Glassorten säuberlich voneinander zu trennen, um eine Vermischung der unterschiedlichen Additive Blei und Barium zu verhindern. Darüber hinaus muß das Bildschirmglas von den ihm anhaftenden Leuchtstoffen auf naßchemischem oder trockenem Wege befreit werden. Die bisher vorgeschlagenen Verwendungsmöglichkeiten für granuliertes Bildröhren-Glas sind erst in den Anfängen begriffen, da das Problem der Auslaugungen der Barium- bzw. Bleibestandteile im Glas und über längere Zeiträume noch nicht restlos abgeklärt ist. Die Entwicklung eines kostengünstigen großtechnischen Verfahrens für die Entfernung und Wiedergewinnung der Leuchtschicht befindet sich ebenso im Entwicklungsstadium wie auch die Rückgewinnung von Blei aus dem Bildschirmglas.

Gleichwohl gibt es hier ermutigende Lösungsansätze (Einsatz von gemahlenem Bildröhrenglas als Zuschlagstoff in Keramikfließen, in Beton zur Verfüllung von Bergbaustollen) und sogar Untersuchungen zur eventuellen Wiederverwendung zum ursprünglichen Zweck, dem der Bildröhrenherstellung.

2.2.2 Recycling von Kunststoff-Gehäusen

Knapp 17 % der in der Bundesrepublik verbrauchten Kunststoffe werden in der Elektro-industrie eingesetzt. Eine werkstoffliche Verwertung unter Erhalt der bestehenden Kunststoffe ist derzeit nur für sortenreine Ausgangsstoffe möglich. Für vermischte Kunststoffe

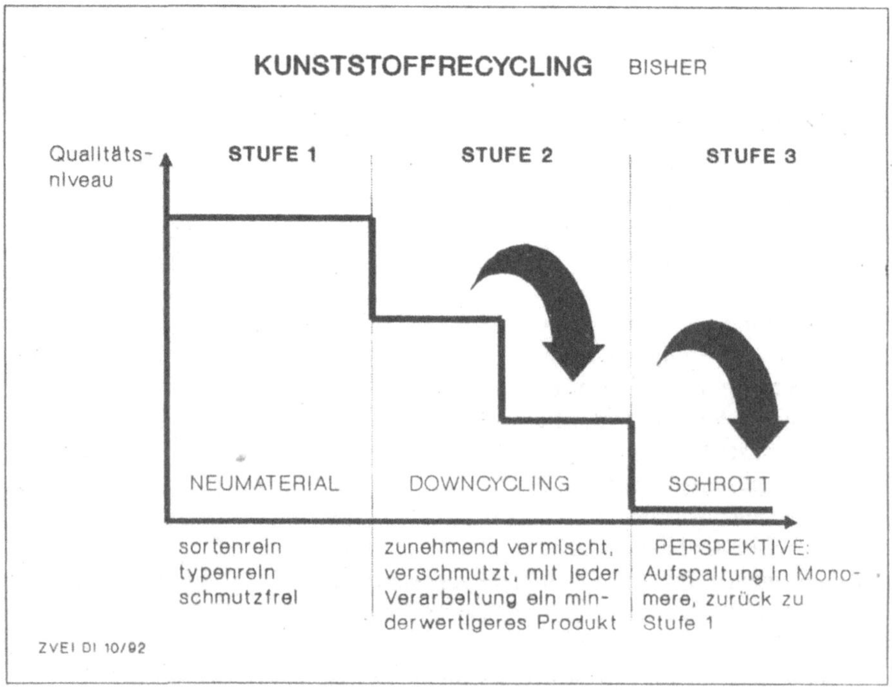

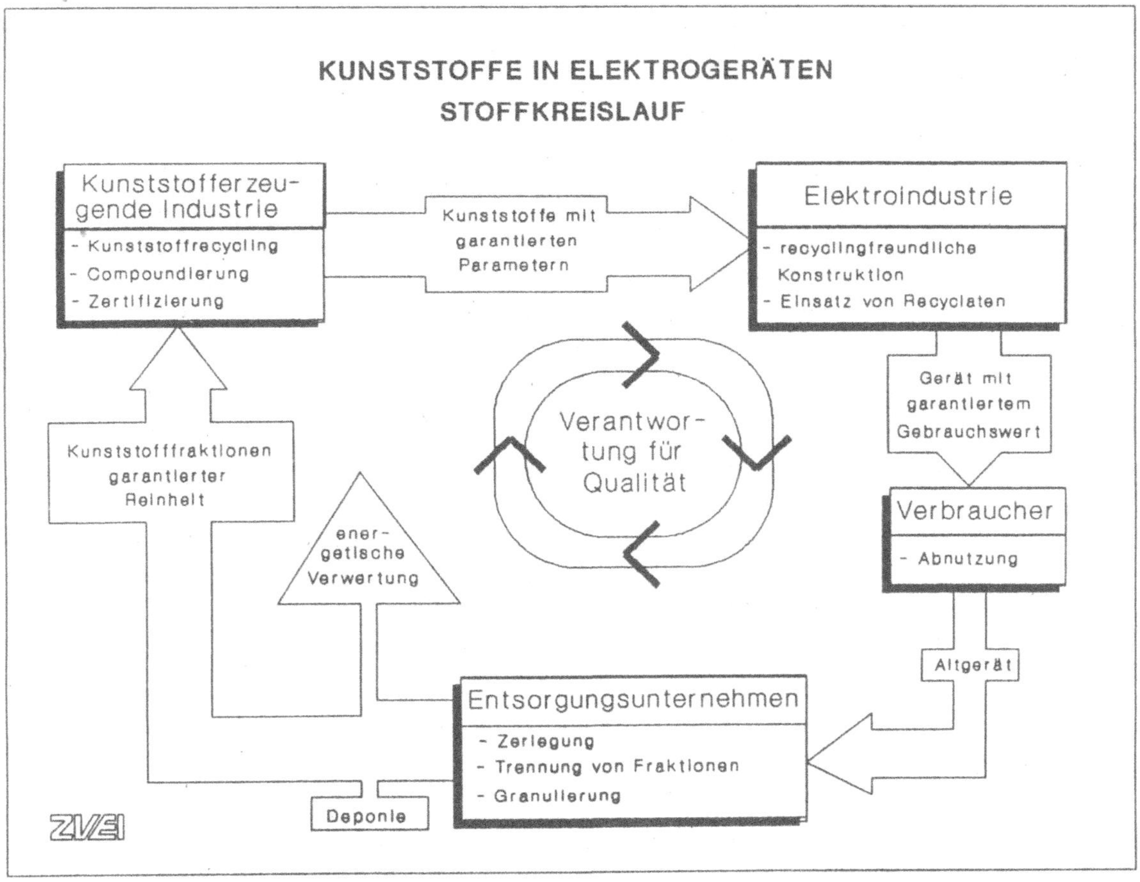
KUNSTSTOFFE IN ELEKTROGERÄTEN
STOFFKREISLAUF
Kunststofferzeugende Industrie
- Kunststoffrecycling
- Compoundierung
- Zertifizierung
Kunststoffe mit garantierten Parametern
Elektroindustrie
- recyclingfreundliche Konstruktion
- Einsatz von Recyclaten
Gerät mit garantiertem Gebrauchswert
Verbraucher
- Abnutzung
Verantwortung für Qualität
Kunststofffraktionen garantierter Reinheit
energetische Verwertung
Altgerät
Entsorgungsunternehmen
- Zerlegung
- Trennung von Fraktionen
- Granulierung
Deponie
ZVEI

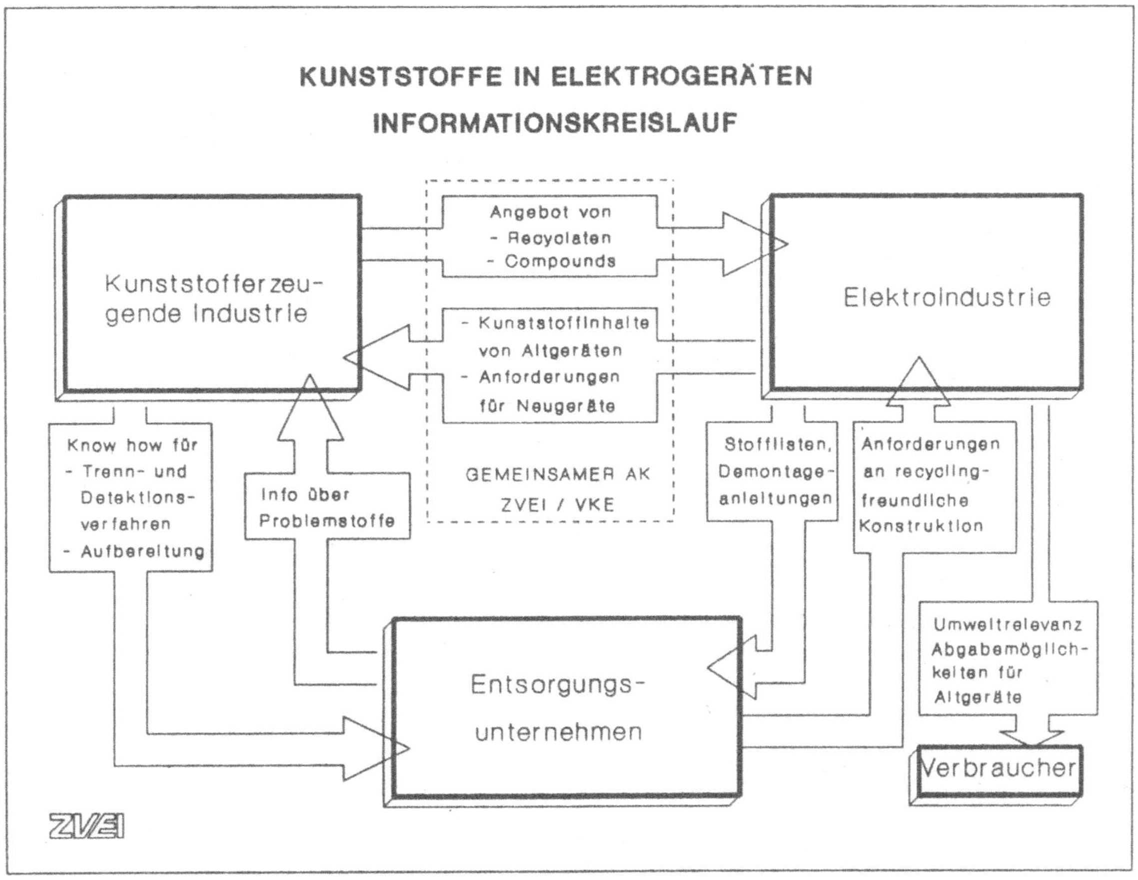
KUNSTSTOFFE IN ELEKTROGERÄTEN
INFORMATIONSKREISLAUF
Kunststofferzeugende Industrie
Angebot von
- Recyclaten
- Compounds
Elektroindustrie
- Kunststoffinhalte von Altgeräten
- Anforderungen für Neugeräte
GEMEINSAMER AK ZVEI / VKE
Know how für
- Trenn- und Detektionsverfahren
- Aufbereitung
Info über Problemstoffe
Stofflisten, Demontageanleitungen
Anforderungen an recyclingfreundliche Konstruktion
Umweltrelevanz Abgabemöglichkeiten für Altgeräte
Entsorgungsunternehmen
Verbraucher
ZVEI

- wie sie unvermeidlich vor allem beim Recycling von Kleingeräten anfallen werden - ist lediglich eine rohstoffliche Verwertung möglich. Diese bedeutet Zurückführung der Kunststoffe in Öle mittels Pyrolyse oder Hydrierung. Die Qualität dieser Öle bestimmt ihren weiteren Einsatz.

Eine der wichtigsten Aufgaben ist derzeit die Entwicklung von Methoden zur automatischen Identifizierung von Kunststoffen - einerseits zur rationellen und zuverlässigen Sortierung von Kunststoffgroßteilen aus der Vorzerlegung, andererseits zur Separierung von flammgeschützten Kunststoffen.

An dieser Stelle wird auch deutlich, warum die energetische Verwertung aus den Abfallentsorgungsstrategien nicht vollkommen verschwinden darf. Wenn man sich zum Ziel gesetzt hat, gewisse umweltrelevante Stoffe aus den Stoffkreisläufen zu verbannen (Entwurf einer Dioxin-Verordnung), ist dies mit einer Deponierung, aber auch mit einer Recyclierung derzeit nicht zu schaffen. Um diese Additive endgültig aus dem Stoffkreislauf zu entfernen, muß die Option der energetischen Verwertung offen bleiben. Das Hauptproblem auf Jahre hinaus wird sicherlich das Fehlen von Kapazitäten zum Kunststoffrecycling sein.

2.2.3 Recycling von Leiterplatten

Ein Recycling von Platinenschrott setzt zunächst eine (manuelle) Entfernung von Schadstoffhaltigen Bauteilen voraus.
Zum Recycling selbst gibt es derzeit im wesentlichen drei Wege:

- thermische Behandlung der Platinen (z.B. Pyrolyse, wegen der Abgase problematisch)
- Kaltvermahlung, Fraktionierung in Kunststoff- und Metallgranulate
- Elektrolyse (abgasfrei, aber energieintensiv).

2.3 Recycling - Markt der Zukunft?

Nicht erst seit der Diskussion des jetzt zu erwartenden Verordnungstextes beschäftigen sich Firmen aller Branchen mit dem Problem der Verwertung und dem Recycling von Stoffen. Aufgrund der bisher gewonnenen Erfahrungen hat sich herausgestellt, daß das Grundprinzip der Entsorgung elektrischer und elektronischer Geräte zumindest aus fünf Stufen besteht:

1. Von anderen Abfallarten weitgehend getrennte Einsammlung der Geräte.
2. Sortierung nach Produktgruppen mit gleichartigen Entsorgungstechnologien.
3. Trockenlegung von Kältekreisläufen und Separierung umweltrelevanter Stoffe.
4. Fraktionieren der Geräte nach Metall-, Kunststoff- und Glasfraktionen bzw. nach Anforderungen der Entsorger.
5. Weitergabe der fraktionierten Baugruppen an spezialisierte Unternehmen der Recyclingbranche.

Eine wesentliche Voraussetzung für das Funktionieren dieser Kreisläufe ist die Bereitschaft der jeweils aufnehmenden Unternehmen, Verwertungsgarantien und Abnahmegarantien für die ihnen angedienten Materialien auszusprechen. Spezifikationen, Normen und auch Gesetzestexte müssen so überarbeitet werden, daß der Einsatz der gewonnenen Recyclate erleichtert wird. Weiterhin müssen für die produzierten Sekundärrohstoffe funktionierende Märkte aufgebaut werden, auf denen ein freier Handel möglich ist.

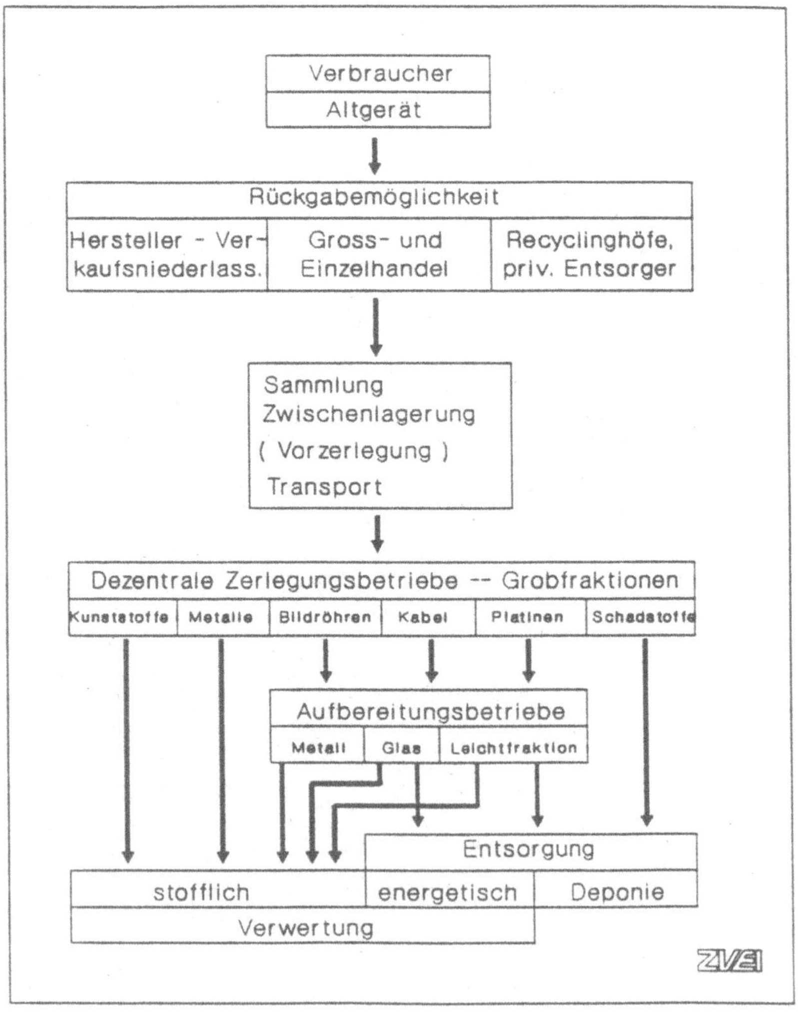

3. Finanzierung

Ein maßgeblicher Aspekt innerhalb des gesamten Systems ist die Frage der Finanzierung. Der vom Gesetzgeber in den abfallwirtschaftlichen Zielen geforderte „Stoffkreislauf" wird sich nur mit erheblichen finanziellen Aufwendungen realisieren lassen. In die Verkaufspreise der Geräte müssen daher Zuschläge einkalkuliert werden, die die Kosten der Entsorgung abdecken. Das Problem ist dann, diese Zuschläge am Markt durchzusetzen. Von den Zuschlägen müssen Rückstellungen für den Zeitpunkt der Entsorgung gebildet werden. Damit werden erhebliche Gelder langfristig gebunden.

Eine der schwierigsten Aufgaben bei der Konzipierung von Finanzierungsmodellen wird die solidarische Erfassung aller derjenigen sein, die nach dem Verordnungsentwurf als „Verpflichtete" bezeichnet werden, also Hersteller, Vertreiber und Importeure.

Eine weitere Schwierigkeit wird die verursachungsgerechte Zuordnung des Preisaufschlags auf die Geräte in Relation zu ihrer Entsorgungsfreundlichkeit sein.

Die logische, aber politisch kaum durchsetzbare Lösung wäre die Erhebung der Entsorgungsgebühr vom Letztbesitzer zum Zeitpunkt der Entsorgung.

Es wäre sinnlos, Betrachtungen darüber anzustellen, wie hoch der Aufschlag auf ein Fernsehgerät, das heute verkauft wird, sein muß, wenn die Entsorgung im Jahre 2000 oder später stattfindet. Allein diese Überlegung zeigt, daß die so oft geforderte Pfanderhebung zur Sicherstellung der Entsorgungskosten bei langlebigen Verbrauchsgütern der falsche Weg ist.

4. Forschungsvorhaben

Es ist sicherlich die Aufgabe der Unternehmen, die Verwendung umweltrelevanter Stoffe zu minimieren, ihre Verwendung benutzungssicher zu gestalten oder nach Substituten zu forschen.

Wesentliche Merkmale für eine recyclingfreundliche Konstruktion werden die Verwendung sortenreiner Materialien, eine Reduktion der Materialvielfalt und der Menge von Verbundwerkstoffen sowie die äußerlich unverwischbare Kennzeichnung der Materialien sein. Das Feedback von Know-how aus den Recycling- und Entsorgungsbetrieben wird erst mit einer erheblichen Zeitverzögerung Eingang in die Konstruktions- und Einkaufslisten der Hersteller finden. Die Umsetzung der zur Zeit im Labormaßstab betriebenen Recyclingverfahren bedarf meist einer langen Entwicklungszeit bis zur großtechnischen Verfahrensrealisierung.

Bis geeignete großtechnische Verfahren und Anlagen für die stoffliche Verwertung existieren - und das kann bei der derzeitigen Gesetzeslage zwischen drei und zehn Jahren dauern - müssen andere Optionen zur Abfallbehandlung, wie z.B. die energetische Verwertung offenbleiben.

5. Schlußbemerkungen

1. Die Industrie und der Handel sind sich der auf sie zukommenden Aufgaben bewußt. Sie werden den Aufbau geeigneter Strukturen zur Rückführung von Geräten und Anlagen in Zusammenarbeit mit den Entsorgern fortführen.
2. Die Maßnahmen für die Abfallvermeidung und -verwertung müssen von den Herstellern bzw. den dafür spezialisierten Verwertern mit großer Intensität weiter betrieben werden. Der Produktnutzen wird in Zukunft nicht nur von der Funktionalität, sondern zusätzlich von der Entsorgungsfreundlichkeit bestimmt.
3. Die Sensibilisierung jedes Einzelnen von uns als Verbraucher und Nachfrager von Dienstleistungen und Gütern und damit als Verursacher und Mitverantwortlichem von Umweltbelastungen gehört zu den politischen Aufgaben der nächsten Jahre.
4. Auf der politischen Ebene müssen Entscheidungen getroffen werden, die den Realitäten in technischer und zeitlicher Hinsicht gerecht werden. Dazu gehört neben der Beschleunigung von Genehmigungsverfahren zunächst einmal das Bekenntnis zur Notwendigkeit der Entsorgung als der Kehrseite der Industriegesellschaft. In der Konsequenz bedeutet dies, daß sich die Länder ihrer Verantwortung bei der Schaffung von Entsorgungskapazität auch stellen.

VERANTWORTUNG FÜR: VON:	Herstellung	Nutzung	Entsorgung	Herstellung
Hersteller	umweltschonende Produktion	Konstruktion für umweltschonende Nutzung	recyclingfreundliche Konstruktion	Einsatz wiederverwerteter Stoffe
Verbraucher		umweltschonender Betrieb	Zuführung zur Entsorgung	
Handel, Handwerk (Kommunen)			Sammeln, evtl. Vordemontage	
Entsorger			Verwertung, Reststoffbeseitigung	know-how für recyclingfrdl. Konstr.
Zulieferer			Aufarbeitung wiederverwerteter Stoffe	Angebot wiederverwerteter Stoffe
Bund, Länder	Schaffung bzw. Genehmigung von Entsorgungskapazitäten			

ZVEI

AUTOR: Dr. Bernhard Diegner,
Referent für Umweltschutz beim Zentralverband Elektrotechnik- und Elektronikindustrie e.V. (ZVEI), 6000 Frankfurt/Main 70

Rücknahmepflichten nach einer Elektronik- Schrott- Verordnung

Hans-Jürgen Papier

ELEKTRONIKSCHROTTVERORDNUNG - GESETZGEBERISCHE LENKUNGSABSICHTEN - GENERATIONENVERTRAG - GLEICHBEHANDLUNGSGRUNDSATZ - SONDERABGABENMODELL

1. Im Rahmen einer geplanten Verordnung über die Vermeidung, Verringerung und Verwertung von Abfällen gebrauchter elektrischer und elektronischer Geräte (Elektronik-Schrott-Verordnung) sollen Rücknahmepflichten der Vertreiber und Hersteller in bezug auf gebrauchte Geräte eingeführt werden. Am 11. Juli 1991 hat der Bundesumweltminister einen ersten Referentenentwurf einer solchen Rechtsverordnung vorgelegt, die ihre gesetzliche Grundlage in bezug auf die Rücknahmepflichten im § 14 Abs. 2 Nr. 3 des Gesetzes über die Vermeidung und Entsorgung von Abfällen (Abfallgesetz - AbfG) vom 27. August 1986 (BGBI. I S. 1410) finden soll. Aufgrund der Diskussionen über jenen Referentenentwurf mit den beteiligten Kreisen sind zahlreiche Änderungen im Gespräch, an der Grundsatzentscheidung für die Einführung von Rücknahmepflichten der Vertreiber und Hersteller wird aber festgehalten.

Es ist nicht der Sinn dieses Beitrages, die Regelungen des Verordnungsentwurfs nach dem früheren und/ oder jetzigen Diskussionsstand auf ihre Gesetz- und Verfassungsmäßigkeit zu überprüfen. Es soll hier nur darum gehen, einige verfassungsrechtliche "Eckwerte" zu formulieren, die eine verordnungsrechtliche Regelung beachten müßte. Es wird im vorliegenden Zusammenhang nicht der Frage nachgegangen, ober der Verordnungsentwurf in seinem augenblicklichen Diskussionsstand jene "Eckwerte" bereits hinreichend berücksichtigt oder nicht.

2. Die Verwertung und Entsorgung, einschließlich der dabei entstehenden Kosten, sollen bei einer Normierung von Rücknahmepflichten grundsätzlich dem Handel und den Herstellern übertragen werden. Derartige Regelungen wären daher am Maßstab der grundgesetzlichen Berufsfreiheit als Unternehmerfreiheit aus Art. 12 Abs. 1 GG einschließlich des auch dort zur Anwendung gelangenden Verhältnismäßigkeitsprinzips sowie des allgemeinen Gleichheitssatzes aus Art. 3 Abs. 1 GG zu beurteilen.

2.1 Der diskutierte Verordnungsentwurf ist - ungeachtet aller bereits erfolgten oder noch erfolgenden Modifikationen - von der Grundidee getragen, daß derjenige, der Geräte herstellt oder vertreibt, in eine "solidarische Haftung" für alle Wettbewerber eintritt, jeweils gleichartige Geräte zurückzunehmen, verwerten und entsorgen zu müssen. Dies soll durch eine Rücknahmeverpflichtung von Handel und Hersteller erfolgen. Damit wird zugleich angestrebt, dem Letztbesitzer eines Gerätes zum Zeitpunkt der Rückgabe grundsätzlich keine Kosten aufzubürden, um einen Anreiz für eine ungeordnete Entsorgung zu nehmen. Da somit die Kosten der Verwertung und Entsorgung grundsätzlich von Handel und Hersteller zu tragen wären, soll zugleich ein Anreiz ausgeübt werden, die Gesichtspunkte der Abfallvermeidung und der Verwertung bereits bei der Produktion der Geräte zu berücksichtigen.

Eine dem Verhältnismäßigkeitsprinzip einschließlich des Prinzips der Zumutbarkeit entsprechende Beeinträchtigung der grundrechtlichen Berufsfreiheit (Art. 12 Abs. 1 GG) setzte ein angemessenes Verhältnis zwischen den von der Rücknahme-, Verwertungs- und Entsorgungspflicht ausgehenden Belastungen des einzelnen Herstellers/Vertreibers einerseits und dem Grad der Veranlassung jener solidarischen Haftung andererseits voraus. Es darf jedenfalls kein offenkundiges Mißverständnis zwischen beiden Komponenten möglich sein. Das geplante Regelungssystem ist vom Gedanken eines "Generationenvertrages" geprägt: Hersteller/Vertreiber gegenwärtig produzierter bzw. in Verkehr gebrachter Geräte sollen die Lasten der Verwertung und Entsorgung zurückgehender Alt-Geräte tragen, während künftige "Generationen" von Herstellern/Vertreibern die Verwertungs- und Entsorgungskosten für die von der jetzigen "Generation" in Verkehr gebrachten Geräte zu tragen haben. Die gegenwärtig verpflichteten Hersteller/Vertreiber tragen Lasten, wenn und soweit sie durch die Produktion und das Inverkehrbringen neuer Geräte künftige Generationen belasten, selbst aber durch die Veranlassung künftiger Verwertungs- und Entsorgungslasten Vorteile ziehen.

Dieser an sich durchaus verfassungslegitime Gedanke einer zumutbaren Belastung wegen der Einbindung in einen "Generationenvertrag" würde allerdings schon im Ansatz verfehlt werden, wenn Hersteller/Vertreiber ganz unabhängig von ihrem Veranlassungsbeitrag zu den künftigen (Entsorgungs-) Lasten von den gegenwärtigen Belastungen betroffen sein würden, die aus der Rücknahme, Verwertung und Entsorgung der rücklaufenden Alt-Geräte resultierten.

Wenn nur ein Bruchteil der gegenwärtig oder künftig den inländischen Markt mit ihren Produkten "bedienenden" Hersteller und Vertreiber die Belastungen aus der Verwertung und Entsorgung zurückgehender Alt-Geräte zu tragen haben würden, würde jener Gedanke des Generationenvertrages und des angemessenen Verhältnisses von Belastungen und wirtschaftlichem Nutzen, der für die Zumutbarkeit des grundrechtlichen Eingriffs essentiell ist, offensichtlich verfehlt werden. Dies ließe sich nur vermeiden, wenn die Rücknahmepflichten nicht sortiments-, sondern markenspezifisch ausgestaltet werden. Nur ein solches Rücknahmesystem ist zumutbar. Eine Rücknahme "fremder" Geräte könnte unter Zumutbarkeitsgesichtspunkten nur bei einer Entgeltung der Rücknahme-, Verwertungs- und Entsorgungskosten in Betracht kommen.

2.2 Die dargestellten Belastungswirkungen, die von einem Regelungssystem der Rücknahmepflichten ausgehen würden, sind aber auch für die Beurteilung nach Maßgabe des allgemeinen Gleichheitssatzes (Art. 3 Abs. 1 GG) relevant. Zwar ist es unter dem Aspekt eines Verbots unsachgemäßer Ungleichbehandlung nicht zu beanstanden, wenn der Gesetz- oder Verordnungsgeber gruppenspezifische Belastungen vorsieht, etwa die Hersteller und Vertreiber bestimmter Geräte in eine solidarische Haftung für die Entsorgung entsprechender Alt-Geräte einbezieht. Er hat dann aber auch für ein Mindestmaß an normativer Gewährleistung Sorge zu tragen, daß die Gruppenangehörigen nach den Maßstäben der Verhältnismäßigkeit und Sachgerechtigkeit in etwa gleich belastet werden.

Zwar sollen allen Herstellern und Vertreibern grundsätzlich die gleichen Pflichten auferlegt werden, dies darf aber nicht nur eine theoretische Formel bleiben. Es muß mit anderen Worten hinreichend dafür Sorge getragen werden, daß keine Einseitigkeiten und Belastungsverzerrungen zwangsläufig eintreten werden. Das gilt nicht nur, aber ganz augenfällig und im besonderen Maße im Verhältnis zwischen inländischen Markenproduzenten und ausländischen Herstellern. Zwar können sich die normativ verpflichteten Hersteller und Vertreiber zur Erfüllung ihrer Verpflichtungen offenbar Dritter bedienen. Der Verordnungsgeber mag daher damit spekulieren, daß privatrechtliche Verwertungs- und Entsorgungssysteme entstehen werden. Auch wenn das der Fall sein sollte, so ändert dies nichts daran, daß diese Beteiligung an privaten Verwertungs- und Entsorgungssystemen nach dem gegenwärtigen Stand des Verordnungsentwurfs offenbar freiwillig wäre und diejenigen Hersteller bzw. Vertreiber, deren Rücknahmepflichten aus naheliegenden Gründen nicht in Anspruch genommen werden, sich diesem System mit seinen finanziellen Belastungen nicht anschließen würden. Sie könnten möglicherweise Neu-Geräte produzieren und vertreiben, ohne die mit der Verwertung und Entsorgung ihrer (Alt)-Geräte verbundenen Belastungen zu tragen. Diese Belastungen würden anderen "Gruppenangehörigen" aufgebürdet werden. Dies müßte sich zwangsläufig auf die Verbraucherpreise auswirken. Für eine solche gruppeninterne Ungleichbehandlung wären keine sachlich einleuchtenden Gründe erkennbar. Die Vereinbarkeit mit Art. 3 Abs. 1 GG müßte daher in Frage gestellt werden, wenn eine verordnungsrechtliche Regelung eine solche gruppeninterne Ungleichbehandlung bewirken sollte.

Abgesehen von solchen gruppeninternen Ungleichheiten, die von dem normativen Regelungssystem vermieden werden müßten, muß auch gefragt werden, ob die vorgeschlagene Gruppenbildung als solche sachlich gerechtfertigt ist. Denn die "Rücknahmekette" soll offenbar beim Hersteller des Endprodukts enden. Hersteller vorausliegender Produktionsstufen, Rohstoffhersteller und -lieferer sind offenbar nicht erfaßt, und zwar auch dann nicht, wenn und soweit es um die Verwertung und Entsorgung gerade ihrer Produkte geht. Für diese Exemtion aus der Solidar- oder Haftungsgemeinschaft wären angesichts der heutigen komplexen Produktionsprozesse keine sachlichen Gründe erkennbar.

3. Die in einem Regelungssystem der Rücknahmepflichten möglicherweise angelegten gruppeninternen Ungleichbehandlungen würden vermieden werden, wenn der Verordnungsgeber auf direktem oder indirektem Wege gewährleistete, daß die de iure zur Haftungsgemeinschaft "zusammengeschlossenen" Hersteller/Vertreiber annähernd gleichgewichtig "haften". Als sachlich gerechtfertigter Differenzierungsmaßstab kann im wesentlichen nur der jeweilige Verursachungsbeitrag zu den künftigen Entsorgungskosten durch den Verkauf neuer Geräte in Betracht kommen. Diesem Grundgedanken würde etwa ein normatives Modell entsprechen, das für das Inverkehrbringen neuer Geräte im Inland die Entrichtung einer Sonderabgabe vorsähe. Diese Abgabenlösung hätte den Vorteil, daß sie keinem Hersteller/Vertreiber das Fernbleiben von der solidarischen Haftungsgemeinschaft gestattete. Das Aufkommen aus der Sonderabgabenerhebung flösse - voraussetzungsgemäß - nicht in die öffentlichen Haushalte, sondern in einen spezifischen Solidarfonds, aus dem die Finanzierung der Verwertungs- und Entsorgungssysteme erfolgen würde. Mit diesem Sonderabgabenmodell wären nicht nur die in einem Regelsystem der Rücknahmepflichten mölglicherweise angelegten gruppeninternen Ungleichbehandlungen vermieden, es könnte zugleich ein weiterer "Schwachpunkt" eines solchen Regelungsmodells ausgemerzt werden. Die normative Begründung von Rücknahmepflichten böte für den Hersteller keinen hinreichenden Anreiz, recyclingfreundliche Geräte zu entwickeln und auf den Markt zu bringen. Auch wenn er das täte, könnte er sich möglicherweise nicht vor den Lasten der Rücknahme, Verwertung und Entsorgung fremder, möglicherweise sehr recyclingunfreundlicher Geräte schützen. Solche Anreizwirkungen könnten indes über ein Sonderabgabenmodell eingeführt werden, wenn die Abgabe entsprechend den oben angesprochenen Differenzierungsmerkmalen des Verursacherbeitrages für künftige Verwertungs- und Entsorgungskosten bemessen würde.

Die Sonderabgabenlösung dürfte - vorbehaltlich einer vertiefenden rechtlichen Analyse und der Berücksichtigung der Lösungen im einzelnen - grundrechtlich und finanzverfassungsrechtlich möglich sein. Hersteller bzw. Vertreiber bestimmter Gerätearten dürften den vom Bundesverfassungsgericht (siehe BVerfGE 55, S. 274 ff.) verlangten Anforderungen an die Gruppenhomogenität und besondere Verantwortungsnähe im Verhältnis zur Aufgabenerledigung genügen. Auch das Erfordernis einer gruppennützigen Verwendung des Abgabeaufkommens dürfte als gewahrt angesehen werden - dies gälte jedenfalls dann, wenn man dem Gesetz- oder Verordnungsgeber die Grundentscheidung zubilligte, die Verantwortung für die Verwertung und Entsorgung spezifischer Produkte nicht der Allgemeinheit und unmittelbar auch nicht dem Verbraucher, sondern dem Produzenten aufzubürden. Auf der Basis einer solchen legislatorischen Grundentscheidung führte das Sonderabgabenmodell nicht nur zu geringeren Einwirkungen in die unternehmerische Berufsfreiheit aus Art. 12 Abs. 1 GG, sondern bewirkte vor allem auch eine stärkere gruppeninterne Gleichbehandlung. Gleichwohl darf aber in diesem Zusammenhang nicht verhehlt werden, daß auch die abgabenrechtliche Lösung nicht frei von verfassungsrechtlichen und vor allem ordnungspolitischen Bedenken bzw. Risiken ist. Überdies müßte wohl in jedem Fall die gesetzliche Ermächtigung des § 14 AbfG um eine solche Abgabenermächtigung erweitert werden. An eine Novellierung des § 14 AbfG müßte ohnehin gedacht werden, weil jedenfalls § 14 Abs. 2 Nr. 3 in seiner jetzigen Fassung unter dem Aspekt hinreichender Gesetzesbestimmtheit (Art. 80 Abs. 1 Satz 2 GG) problematisch erscheint.

AUTOR: Prof. Dr. Hans-Jürgen Papier,
Institut für Politik und öffentliches Recht der Universität München, 8000 München 22

UWF - Jahresabonnement

für Einzelpersonen

Ja, ich interessiere mich als **Einzelpersonen** für die betriebswirtschaftlich - ökologisch orientierte Fachzeitschrift ***UWF*** und bestelle hiermit ein **Jahresabonnement** zum Preis von DM 40.- **zuzüglich** Versandkosten für 4 ***UWF*** - Ausgaben.

Name, Vorname

Straße, Hausnummer

PLZ, Ort

Tel. Nr. f. evt. Rückfragen (Ausfüllen freigestellt)

bitte freimachen

Antwortkarte

IUWA

Institut für Umwelt Wirtschafts-Analysen e.V., Heidelberg

Tiergartenstraße 17

W - 6900 Heidelberg

UWF - Jahresabonnement

für Studenten

Ja, ich interessiere mich als **Student** für die betriebswirtschaftlich - ökologisch orientierte Fachzeitschrift ***UWF*** und bestelle hiermit ein **Jahresabonnement** zum Preis von DM 20.- **zuzüglich** Versandkosten für 4 ***UWF*** - Ausgaben.
Eine **Immatrikulationsbescheinigung** füge ich bei.

Name, Vorname

Straße, Hausnummer

PLZ, Ort

Tel. Nr. f. evt. Rückfragen (Ausfüllen freigestellt)

Studienfach, Universität

bitte freimachen

Antwortkarte

IUWA

Institut für Umwelt Wirtschafts-Analysen e.V., Heidelberg

Tiergartenstraße 17

W - 6900 Heidelberg

UWF - Jahresabonnement

für Korporationen

Ja, wir interessieren uns als **Korporationen** für die betriebswirtschaftlich - ökologisch orientierte Fachzeitschrift ***UWF*** und bestellen hiermit ein **Jahresabonnement** zum Preis von DM 120.- **zuzüglich** Versandkosten für 4 ***UWF*** - Ausgaben.

Name, Vorname

Straße, Hausnummer

PLZ, Ort

Tel. Nr. f. evt. Rückfragen (Ausfüllen freigestellt)

bitte freimachen

Antwortkarte

IUWA

Institut für Umwelt Wirtschafts-Analysen e.V., Heidelberg

Tiergartenstraße 17

W - 6900 Heidelberg

Bankeinzugsermächtigung

☐ Ich bezahle bargeldlos durch jährliche Bankabbuchung

Name, Vorname

Geldinstitut, Ort, Bankleitzahl

mein Kontonummer

☐ Ich bezahle das Abonnement per Banküberweisung nach Erhalt der Rechnung.

Das Abonnement verlängert sich jeweils um 1 weiteres Jahr, wenn bis spätestens 31. Oktober eines Jahres keine Kündigung erfolgt. Falls nötig, kann ich diese Bestellung innerhalb von 14 Tagen widerrufen.

Datum Unterschrift

***UWF* - Jahresabonnement für Einzelpersonen**

☐ **Bankeinzugsermächtigung**

Ich bezahle bargeldlos durch jährliche Bankabbuchung

Name, Vorname

Geldinstitut, Ort, Bankleitzahl

mein Kontonummer

☐ Ich bezahle das Abonnement per Banküberweisung nach Erhalt der Rechnung.

Das Abonnement verlängert sich jeweils um 1 weiteres Jahr, wenn bis spätestens 31. Oktober eines Jahres keine Kündigung erfolgt. Falls nötig, kann ich diese Bestellung innerhalb von 14 Tagen widerrufen.

Datum Unterschrift

***UWF* - Jahresabonnemen für Studenten**

☐ **Bankeinzugsermächtigung**

Ich bezahle bargeldlos durch jährliche Bankabbuchung

Name, Vorname

Geldinstitut, Ort, Bankleitzahl

mein Kontonummer

☐ Ich bezahle das Abonnement per Banküberweisung nach Erhalt der Rechnung.

Das Abonnement verlängert sich jeweils um 1 weiteres Jahr, wenn bis spätestens 31. Oktober eines Jahres keine Kündigung erfolgt. Falls nötig, kann ich diese Bestellung innerhalb von 14 Tagen widerrufen.

Datum Unterschrift

***UWF* - Jahresabonneme für Korporationen**

Wiederverwertung von Kunststoffen aus gebrauchten elektrischen und elektronischen Geräten

Michael Rohr

ELEKTRONIKSCHROTTVERORDNUNG - DIOXIN-VERORDNUNG - FELDSTUDIE ELEKTROGERÄTESAMMELAKTION - KUNSTSTOFFFRAKTIONEN - KUNSTSTOFFVERWERTUNG

1. Allgemeines

Die Verordnung für die Rücknahme gebrauchter Elektro- und Elektronikgeräte soll 1994 in Kraft treten. Sie wird sowohl Ziele der Abfallvermeidung (etwa durch recyclingfreundliche Konstruktion der Geräte, Vereinheitlichung der eingesetzten Materialien) als auch solche der Verwertung gebrauchter Geräte umfassen. Es erscheint deshalb erforderlich, bereits jetzt im Vorgriff auf die kommende Verordnung deren Durchführung vorzubereiten. Die Entwicklungsgesellschaft für die Wiederverwertung von Kunststoffen mbH (EWvK) führte deshalb gemeinsam mit der Stadt Essen, dem IUTA und Thyssen-Entsorgungstechnik einen Feldversuch zur Wiederverwertung gebrauchter Kunststoffe aus Elektro- und Elektronikgeräten durch.

Die Bedeutung solch eines Projektes im Hinblick auf die aktuelle Recycling-Diskussion liegt auf der Hand :

- Rund 1.300.000 Tonnen Schrott von Elektro- und Elektronikgeräten fallen pro Jahr in der Bundesrepublik an.
- Alleine 1990 hat die Elektronikindustrie 500.000 Tonnen Kunststoffe verarbeitet.

2. Verordnungsrahmen

Inzwischen liegt ein überarbeiteter Entwurf der Verordnung über die Vermeidung, Verringerung und Verwertung von Abfällen gebrauchter elektrischer und elektronischer Geräte vor, in dem insbesondere folgende Punkte gegenüber dem alten Entwurf beachtlich erscheinen:

- Die Verordnung ist insofern abgemildert, als die Forderung nach vorrangig stofflicher Verwertung entfallen und durch den Begriff Wiederverwendung bzw. -verwertung ersetzt ist.
- Rücknahmepflichtig gegenüber dem Endverbraucher sind die Hersteller und Vertreiber von Geräten und Geräteteilen.
- Generell ist die Rücknahme für den Endverbraucher und den Vertreiber zum Hersteller kostenlos mit Ausnahme der vor Inkrafttreten der VO in Verkehr gebrachten Geräte, sowie direkt importierter Geräte.
- Die individuelle Rücknahmepflicht kann durch die Beteiligung an einem „Dualen System" zur Rückführung der Altgeräte vermieden werden. Ein solches System ist mit bestehenden kommunalen Systemen abzugleichen.
- § 9 enthält eine Regelung für Altlasten (PBDE-haltige Flammschutzsysteme, Cadmium-Pigmente). Für diese ist eine Entsorgung durch den Rücknahmepflichtigen zulässig.
- Der Verbleib der verwerteten bzw. entsorgten Geräte ist jährlich nachzuweisen.

Die Dioxin-Verordnung soll in der Entwurfsfassung des Bundesumweltministeriums vom 20. Januar 1992 zukünftig strafrechtlich das Inverkehrbringen von Rohstoffen, Produkten und Fertigerzeugnissen verbieten, sofern sie „Dioxine" oberhalb festgelegter Summenwerte enthalten. Die vorgesehenen bromierten Dioxine und Furane sowie die für sie geltenden Grenzwerte zeigt Abbildung 1. Übergangsweise können bis zum 31.12.1992 die vor Inkrafttreten der Verordnung hergestellten Waren in Verkehr gebracht werden. Bis drei Jahre nach dem Inkrafttreten der VO gelten die in Klammern gesetzten Werte, danach die verschärften Grenzwerte.

Grenzwerte für bromierte Dioxine und Furane im Entwurf einer Dioxin-Verordnung des Bundesministers für Umwelt, Naturschutz und Reaktorsicherheit

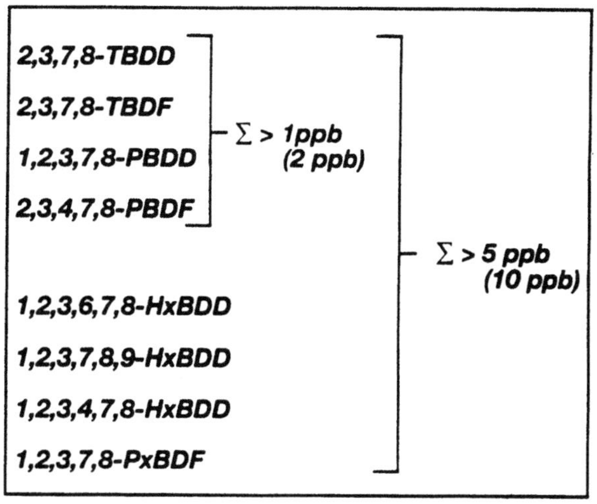

Abbildung 1

Der am 08. Februar 1991 vorgestellte Richtlinienentwurf PBDE der EG sieht de facto ein Vermarktungsverbot für polybromierte Diphenylether PBDE fünf Jahre nach Inkrafttreten der VO vor. Dieser Entwurf wurde verknüpft mit dem Auftrag, eine Richtlinie zur Entflammbarkeit von Polstermöbeln und Matratzen zu erarbeiten, an die Kommission zur Überarbeitung und präziseren Begründung der Notwendigkeit zurückverwiesen.

Obwohl deshalb mit einem Neuentwurf kurzfristig nicht zu rechnen ist, wird in einigen Ländern darüber beraten, ein Verbot der PBDE mit verkürzten Fristen auf nationaler Ebene durchzusetzen. Bis zu diesem Zeitpunkt müssen alle Hersteller, Importeure und Verwender flammhemmend eingestellter Kunststoffe ihre Neuware sowie alle Recyclate und daraus hergestellte Artikel auf PBDE-freie Ware umgestellt haben.

Die in abgeschlossener Entwurfsfassung vorliegende TA Siedlungsabfall schreibt verbindlich die zulässigen Entsorgungsverfahren für Hausmüll und alle weiteren Abfallarten außerhalb der „besonders überwachungsbedürftigen Abfälle" fest. Nach Inkrafttreten dieser TA dürfen ausschließlich Abfälle mit reduziertem Anteil an organischer Materie, d.h. einem Glühverlust nach vorgeschriebener Prüfmethode von < 10% auf Deponien abgelagert werden; alle anderen und damit auch alle nicht verwertbaren Kunststoffabfälle müssen thermisch vorbehandelt werden.

Am 01.07.94 tritt eine EG-Richtlinie in Kraft, die den Gehalt an Cadmium auf 100 ppm begrenzen wird. Diese Werte werden von den früher üblichen cadmium-pigmentierten Materialien deutlich übertroffen.

3. Kunststoffverbrauch der Elektroindustrie

Eine Übersicht über die 1990 von deutschen Rohstoffherstellern in die Elektroindustrie gelieferten Materialien gibt Abbildung 2 (Quelle Bayer). Die Lieferungen betragen ca. 500.000 t. Hierbei ist die Import- bzw. Exportquote direkt oder indirekt nicht berück-sichtigt, da hierzu keine Angaben vorlagen.

Aus Abbildung 2 lassen sich folgende Schlüsse ziehen:

- eine beherrschende Fraktion mit einem Anteil von über 50 %, wie sie die Polyolefine in den Kunststoffen aus dem Hausmüll darstellen, existiert nicht;
- die Elektoindustrie setzt eine große Vielfalt unterschiedlicher Kunststoffe ein,
- die eingesetzten Kunststoffe sind in der Regel schmelzeflüssig nicht miteinander verträglich, Ausnahmen bestätigen die Regel;
- die eingesetzten Kunststoffe haben eine stark unterschiedliche Schmelze- und Zersetzungstemperatur, sie lassen sich also nicht gemeinsam verarbeiten.

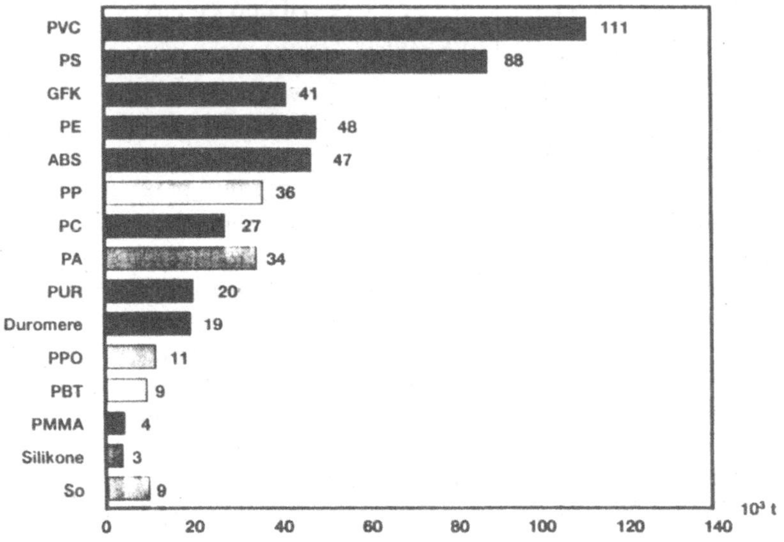

Abbildung 2

Eine Herstellung von Formteilen aus vermischten Kunststoffen aus gebrauchten Elektro- und Elektronikgeräten ist somit nicht praktikabel. Voraussetzung für ein qualitativ hochwertiges Recyclat ist die sortenreine Trennung dieser Materialien. Hierbei ergeben sich weitere Sortierkriterien neben der Matrix:

- Gehalt an flammhemmenden Additiven unterschiedlicher Provenienz
- Glasfaser- oder Mineralfüllungen
- sowie Pigmentierungen.

Ein Hauptaugenmerk sollte dabei auf schadstoffhaltigen Materialien (PBDEs; Cadmium-Pigmente) liegen.

4. Ziele des Projektes

Ziel ist es, einen Überblick über das anfallende Potential an thermoplastischen Kunststoffen aus den gebrauchten Geräten, seine Zusammensetzung und Eigenschaften zu bekommen. An den gebrauchten thermoplastischen Kunststoffen werden insbesondere folgende Punkte untersucht:

- Möglichkeiten sortenreiner Trennung mit einfachen Mitteln (durch IUTA) sowie vergleichend dazu

- Möglichkeiten sortenreinen Trennens thermoplastischer Kunststoffe bei gleichzeitiger Separation der flammhemmend eingestellten Materialien mittels PC-gestützter Massenspektrometrie (zusammen mit FH Flensburg, ICT);
- Thermoplastische Kunststoff-Fraktionen auf Richtwerte, Sortenreinheit sowie Erkennung von flammhemmenden Additiven auf Chlor- und Brom-Basis;

Besonderes Gewicht ist dabei auf die Arbeiten zur sortenreinen Trennung zu legen.

5. Ablauf des Feldversuches

Der Feldversuch wurde von Thyssen-Entsorgungstechnik gemeinsam mit der Stadt Essen und dem IUTA (Institut für Umwelttechnologie und Umweltanalytik e.V.) begonnen und wurde von EWvK weitergeführt. Zur Schaffung eines ersten Überblicks über die Problematik wurde wie folgt vorgegangen:

- Stadt Essen sammelt auf dem Recyclinghof gebrauchte elektrische und elektronische Geräte im Zeitraum vom 28.09.1991 ... 31.12.1992
- IUTA zerlegt die Geräte und wertet die abgegebenen Fragebögen aus. Die angefallenen Kunststoffe werden gesammelt. Bei der Zerlegung werden sowohl das Gewicht des Komplettgerätes als auch der Kunststoffteile sowie dieAnzahl der Kunststoffteile und die benötigte Zeit erfaßt.
- IUTA führt eine möglichst sortenreine Trennung mit einfachen Mitteln durch.
- FH Flensburg, ICT entwickelt auf der Basis der auf der ACHEMA 1991 durch FH Flensburg vorgestellten Demonstrationsanlage zur Identifizierung von Massenkunststoffen eine möglichst sortenreine Trennung der folgenden Materialien mittels PC-gestütztem Massenspektrometer, bei gleichzeitiger Separation der mit Cl- und Br-haltigen Additiven flammhemmend eingestellten Materialien;
- die entstandenen Fraktionen wurden auf ausgewählte Richtwerte untersucht.

Aufgrund der Bevölkerungsdichte und - struktur wurde für die Beschaffung einer repräsentativen Menge elektronischer Altgeräte aus privaten Haushalten der Recyclinghof Essen ausgewählt. Die Bevölkerung wurde durch Plakate, Wurfzettel und Presseveröffentlichungen aufgerufen, entweder wochentags oder bei vierzehntägig stattfindenden Sammlungen an Samstagen ihre Altgeräte für eine wissenschaftliche Untersuchung zur Verfügung zu stellen.

Insgesamt wurden 499 Geräte gesammelt und zerlegt. Die Verteilung auf die einzelnen Gerätearten ergibt sich aus Tabelle 1.

Tabelle 1: zerlegte Geräte (privat)

Geräteart	Anteil in (%)
Fernsehgeräte	22
Tonbandgeräte	3
Radios	7
Stereoanlagen	4
Plattenspieler	7
sonstige braune Ware	9
Warmwassergeräte	2
Staubsauger	14
Bügeleisen	3
Kaffeemaschinen	10
sonstige weiße Ware	15
Sonstige	5

Dieses Bild spiegelt nicht unbedingt die Verhältnisse der Verkaufsstatistiken wieder, da „mülleimergängige" Geräte in der Regel nicht abgegeben und lediglich ca. 12 % des möglichen Altgeräteaufkommens erfaßt wurden. Dies erschwert die Übertragung der Ergebnisse auf die Zeit nach Inkrafttreten der VO.
Ein weiterer Bereich der zu untersuchenden Geräte wurde durch separate Einzelanlieferungen aus dem Gewerbe abgedeckt.

Insgesamt wurden 179 Geräte der Zerlegung zugeführt. Die Verteilung der einzelnen Gerätearten ergibt sich aus Tabelle 2.

Tabelle 2: zerlegte Geräte (gewerblich)

Geräteart	Anteil in (%)
Monitore	30
Kopierer	7
Einzeltastaturen	14
Terminal	7
Datenspeicher	6
Sonstige	10
Rechner	3
Drucker	23

Die gebrauchten Elektrogeräte wurden zerlegt und fraktioniert.

Die Gewichte der Kunststofffraktion und der restlichen Fraktion wurden festgehalten und in getrennten Behältern abgelegt.

Tabelle 3 zeigt die **Fraktionsverteilung**, wie sie **in den Geräten aus privaten Haushalten** (Consumer-Geräte) gefunden wurde.

Tabelle 3: Fraktionsverteilung (privat)

Materialart	Anteil in (%)
Bildröhren	40
Kunststoffe	15
Holz	11
Kabel/Spulen	10
FE-Metalle	10
Leiterplatten	7
Aluminium	3
Transformatoren	2
Sonstige	1

Hierzu sind folgende Anmerkungen zu machen:

- Die Fraktion mit dem höchsten Gewicht waren Bildröhren mit ca. 40 % Anteil, obwohl zeitweise im Versuch die Annahme von Fernsehgeräten begrenzt wurde;
- Der Kunststoffanteil betrug ca. 15%. Es ist davon auszugehen, daß der größte Teil des aufgetretenen Holzes in den kommenden Jahren in Kunststoffe übergeht und der Anteil der Kunst stoffe somit auf ca. 25% steigt.
- Selbst bei einem Kunststoffanteil von ca. 25 % in den Geräten bleibt der Kunststoff eine vom Gesamtgewicht her gesehen untergeordnete Fraktion.

Tabelle 4 zeigt die **Fraktionsverteilung in den gewerblichen Geräten**

Tabelle 4: Franktionsverteilung (gewerblich)

Materialart	Anteil in (%)
FE-Metalle	45
Kunststoffe	15
Transformatoren	11
Aluminium	8
Röhren	7
Platinen	6
Kabel/Spulen	5
Sonstiges	3
Holz	1

Zusammenfassend läßt sich sagen, daß die stärkste Fraktionvon den FE-Metallen gebildet wird, die wesentlich als Gehäuse und Rahmen eingesetzt werden. Kunststoffe spielen mit ca 15% eine eher untergeordnete Rolle.

Die Geräte aus den privaten Haushalten waren üblicherweise zwischen 6 und 14 Jahren alt. Der Durchschnitt lag bei ca. 10 Jahren. Entsprechend wurde noch ein recht hoher Anteil an Holz gefunden, der im wesentlichen aus den Gehäusen von Geräten der Unterhaltungselektronik herrührt. Ausgehend von einer Umschichtung der Holzgehäuse zu Kunststoff ist mit einem Kunststoffanteil von ca. 25 % bei Geräten aus privaten Haushalten zu rechnen. Dieser Anteil muß bei einer Berücksichtigung der „mülleimergängigen" Kleingeräte möglicherweise noch einmal nach oben korrigiert werden.

Gewerbliche Geräte aus der Privatwirtschaft sind im Schnitt ca. 5 Jahre alt, solche aus öffentlichen Bereichen können das Alter der Geräte aus privaten Haushalten erreichen, sind allerdings derzeit nur von untergeordneter Bedeutung. Es wird somit mittelfristig von einem Kunststoffanteil von ca. 15 % ausgegangen.

Folgt man der Annahme, daß ca. 860.000 to gebrauchte Elektrogeräte aus privaten Haushalten und ca. 426.000 t aus gewerblichen Nutzungen zu erwarten sind, ergibt sich mittelfristig ein durchschnittlicher Kunststoffanteil von ca. 20 %.

Damit bleiben die Kunststoffe eine untergeordnete Fraktion im Sinne des „Gesamtgerätes". Dies bedeutet aber auch, daß sich ein Verwertungskonzept nicht an den Kunststoffen als Hauptparameter orientieren wird, sondern die Kunststoffe sich einem durch die Elektroindustrie zun optimierenden Gesamtkonzept unterordnen müssen.

Die im Versuch ermittelten Zerlegezeiten für die einzelnen Gerätearten können nicht representativ sein. Interessant und aufschlußreich ist jedoch die anteilige Zerlegungszeit bezogen auf die Gewichte der Kunststoffanteile. Sie betrug ca. 14% bei privaten Geräten und ca. 11% bei gewerblichen Geräten.

Aufgrund der relativ geringen anteiligen Zerlegezeiten für die separierten Kunststoffteile kann angenommen werden, daß der wesentliche Zeitaufwand in der Demontage für die Entfrachtung der Altgeräte von schadstoffhaltigen Bestandteilen wie Bildröhren, Leiterplatten, Kondensatoren und Batterien aufgewendet wird.

An 529 zerlegten Geräten wurde das durchschnittliche Gewicht der enthaltenen Kunststoffteile ermittelt.

Die Geräte enthielten ca. 4.700 Kunststoffteile. Das Gesamtgewicht dieser Teile betrug ca. 800 kg, so daß sich ein durchschnittliche Teilegewicht von ca. 0,17 kg ergibt. In hohem Maße beachtlich ist die Tatsache, daß ca. 98 Gewichtsprozent dieser 800 kg - entsprechend ca. 700 Teilen - durch Teile mit einem durschnittlichen Gewicht von ca. 1,14 kg gebildet wurden, während die restlichen ca. 4000 Teile nur noch einen vernachlässigbar geringen Beitrag zum Gesamtgewicht der Kunststoffteile ergaben.

Selbst unter der Voraussetzung, daß durch eine Erfassung der „mülleimergängigen" Geräte eine Halbierung des im Versuch gefundenen Gewichts von ca. 1,14 auf ca. 0,5 kg erfolgt. ist dies im Hinblick auf die bei einigen Sortierverfahren gegebenen Taktzeiten ein erfreulicher Wert.

6. Sortierung der Kunststofffraktion

Kunststoffe lassen sich mit einfachen „händischen" Verfahren" prinzipiell einzeln mit einer gewissen Sicherheit erkennen und sortieren.

Eine solche Sortierung muß sich auf eines oder mehrere der folgenden Verfahren bzw. Beobachtungen stützen:

* Dichtetrennung
* Brandverhalten, Schwadenbildung
* Beilstein-Test
* Klangprobe
* Löslichkeitstests
* Bruchverhalten, Ritzprobe, Spanprobe

Sortiert wurden ca. 1110 kg Kunststoffe aus gebrauchten Elektro- und Elektronikgeräten.

Das Ergebnis der einfachen, händischen Kunststoffsortierung durch das IUTA zeigen die Abbildungen 3 und 4. Abbildung 3 gibt eine Übersicht über die Fraktionen, die > 2% des Gesamtgewichtes einnahmen. Interessant im Hinblick auf eine werkstoffliche Verwertung erscheinen insbesondere die Fraktionen

- ABS mit ca. 18%,
- PS/SB mit ca. 15% und
- PPO mit ca. 8% Anteil

am gesamten Aufkommen.

Es erscheint opportun und möglich, das PS transparent mit ca. 2% der PS/SB-Charge hinzuzuaddieren, so daß sich ein werkstofflich verwertbarer Anteil von ca. 43% ergibt.

Die Chargen ABS-FR mit ca. 8% und PS/SB-FR mit ca. 3% sind aus den unter 2.2 beschriebenen Gründen der stofflichen Verwertung entzogen.

Die Fraktion der metallisierten Kunststoffe erscheint nur mit zusätzlichem, erheblichem Entwicklungsaufwand für die Entmetallisierung einer werkstofflichen Verwertung zugänglich. Hierbei ist offen, ob ein sinnvolles Kosten-Nutzen-Verhältnis erreichbar ist. Grundsätzlich kann davon ausgegangen werden, daß es sich bei den metallisierten Kunststoffen in der Regel um Gehäusewerkstoffe, die allerdings flammhemmend eingestellt sein können, handelt.

Bei den faserverstärkten Kunststoffen, die mit ca. 10% vertreten sind, dürfte es sich in der Regel um technische Funktionsteile und somit hochwertige Materialien handeln. Da allerdings eine Vielzahl unterschiedlicher, ggf. flammhemmend eingestellter Materialien zu erwarten ist, stellt sich auch hier die Frage nach einem sinnvollen Kosten-Nutzen-Verhältnis.

Die Fraktion der sonstigen Kunststoffe war nicht zuordenbar.Die Kleinteile entziehen sich aus wirtschaftlichen Gründen von vorne herein der Sortierung.

Auffällig ist weiterhin, daß unter diesen Fraktionen weder PP noch PE vertreten sind. Sowohl PE als auch PP sind mit Anteilen unter 1% bei den seltenen Kunststoffen im Abbildung 4 zu finden, da sie sich als Werkstoffe in der Elektrotechnik - ausgenommen den Bereich Kabelisolation - bis heute weiter profilieren.

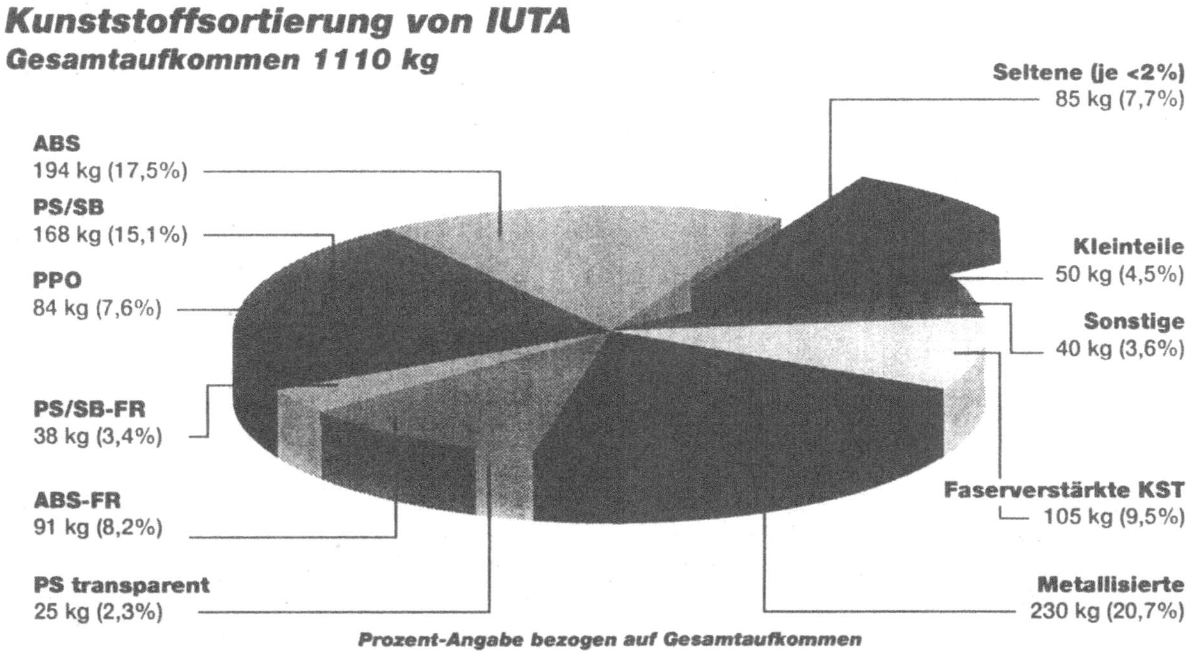

Abbildung 3

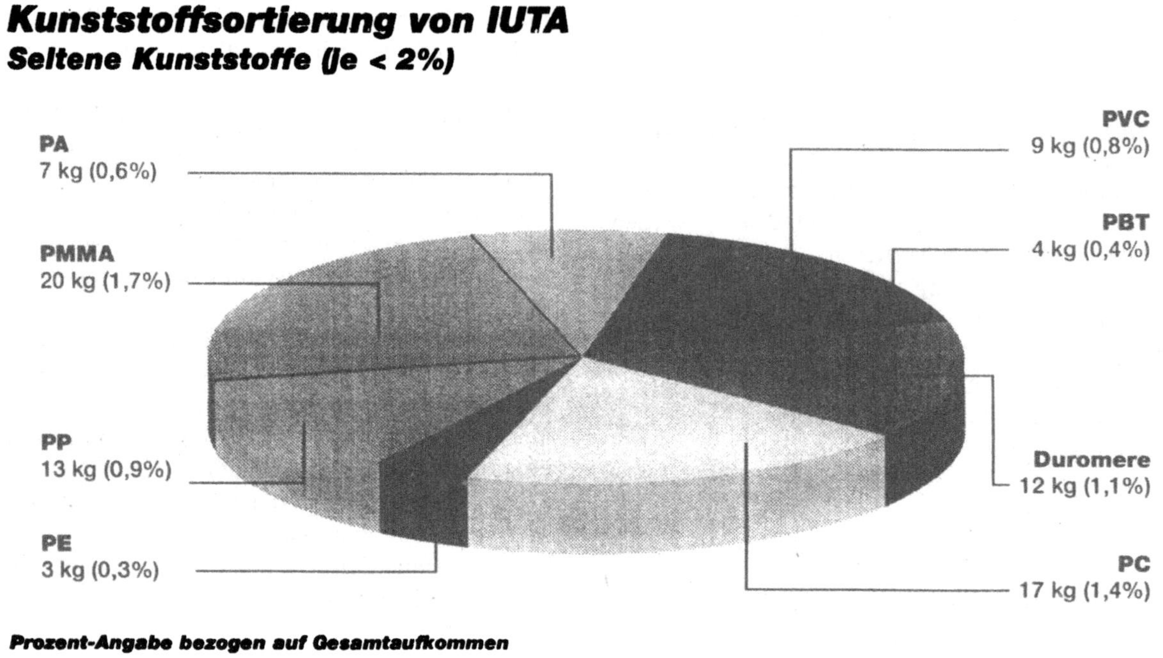

Abbildung 4

In den ca. 6 bis 14 Jahre alten Geräten, die im Versuch zerlegt wurden, spielen sie jedoch eine untergeordnete Rolle.

Der aus Abb. 4 ersichtliche Anteil der technischen Thermoplaste ist weit geringer, als die Lieferzahlen gem. Abb. 2 vermuten lassen. Dies liegt daran, daß die technischen Kunststoffe in der Masse nicht als großflächige Gehäuseteile, sondern sehr häufig als kleine Funktionsteile oder in komplexem Verbund mit anderen Werkstoffen und Teilen vorliegen. Diese bestehen häufig überwiegend aus metallischen Werkstoffen und werden daher verschrottet. Ein typisches Beispiel sind Spulenkörper, die in der Regel aus technischen Thermoplasten hergestellt werden, aber in nahezu unlösbarem Verbund mit Metallen, Papier, Lacken und Vergußmassen vorliegen.

Es erscheint sehr fraglich, ob derart kleine Fraktionen einer werkstofflichen Verwertung zugeführt werden können.

Die Sortierung wurde weiterhin mit einem Funktionsmuster einem PC-gestützten Massenspektrometer (ohne GC) durchgeführt. Mit dieser Methode können grundsätzlich auch Kunststoffzusätze wie z.B. Weichmacher oder Systeme flammhemmender Additive erkannt werden. Diese Methode erschien besonders geeignet zur schnellen Identifikation von Altkunststoffen, zu deren Sortierung und nachfolgendem Recycling. Eine nach diesem System gesteuerte Sortieranlage (Funktionsmuster) für die üblicherweise in Verpakkungen auftretenden Kunststoffe wurde auf der Achema '91 vorgestellt und sollte nun nach entsprechender Modifikation auf die wichtigsten in der Elektroindustrie verwendeten Materialien angewendet werden.

Im Verlauf der Entwicklung des Funktionsmusters stellten sich folgende Risiken für die Entwicklung als erheblich heraus:

- Die Auswahl der zur Erkennung der einzelnen Kunststoffe herangezogenen Peaks im Spektrum muß am Funktionsmuster manuell erfolgen;
- zwischen der Intensität der Peaks der Matrix und der verwendeten flammhemmenden Additive liegen ca. 3 Zehnerpotenzen.

Zur Sortierung einer unspezifizierten Mischung von Kunststoffen aus gebrauchten Elektrogeräten mittels des gewählten Verfahrens reicht es nicht aus, die zu erkennenden Materialien zu detektieren, vielmehr ist es erforderlich, alle möglicherweise vorkommenden Materialien zu erkennen, um die gesuchten sicher aussortieren zu können. Dies ließ sich mit der zur Verfügung stehenden Kapazität und Zeit nicht lösen.

Der starke Unterschied in der Intensität der Peaks von Matrix und FR-Paket war mit der vorhandenen Auswertungssoftware des Funktionsmusters nicht auswertbar. Eine sichere Erkennung der flammhemmend eingestellten Materialien war deshalb nicht möglich.

Die o.a. Entwicklungsrisiken werden in der Auslegung des in der Entwicklung befindlichen Prototypen berücksichtigt.

Eine vertiefte Diskussion der Sortierergebnisse erscheint an dieser Stelle nicht ratsam.

Die zusammmenfassende Betrachtung der Sortierung soll mittels der in Abbildung 5 gezeigten Ergebnisse

FH/UNI	PA	PBT	PC	PE	PP	PVC	Summe:
PA	45	0	1	0	0	1	47
PBT	0	11	0	0	0	4	15
PC	0	0	19	0	1	3	23
PE	0	0	0	7	0	0	7
PP	11	1	0	26	32	0	70
PVC	1	4	0	2	0	23	30
PS	0	5	2	0	0	1	8
ABS	5	3	0	0	0	1	9
PMMA	0	0	9	0	0	7	16
sonstige	0	0	2	0	0	2	4
Summe:	62	24	33	35	33	42	229

Abbildung 5: Kunststoff-Klassifizierung

einer Sortierung von 229 einzeln numerierten Teilen erfolgen.

Die o.a. Charge wurde sowohl durch das MS als auch händisch sortiert. Bei übereinstimmendem Ergebnis wird vorausgesetzt, daß das Ergebnis richtig ist.

Unter o.a. Voraussetzung ergibt sich eine „Trefferquote" von ca 60%. Dies ist auf jeden Fall unbefriedigend und bedarf erheblicher Verbesserung. Die in den folgenden Kapiteln gezeigten Ergebnisse der Richtwertermittlung sowie der Ermittlung der Sortenreinheit sprechen aber eine ähnliche Sprache.

Wiewohl die händische Sortierung qualitativ der maschinellen überlegen war, ist sie wegen der fragwürdigen arbeitshygienischen Bedingungen sowie der Zeit von ca. 3 Minuten pro sortiertem Teil großtechnisch nicht realisierbar.

7. Ermittlung von Aschegehalt

Die händische Sortierung zeigte einen wesentlich geringeren Aschegehalt als er bei der Sortierung mit MS zu konstatieren war. Da ein unkonntrollierter Feststoffanteil aber in wiederzuverwertenden Materialien nicht akzeptiert werden kann, ergibt sich zwingend, daß eine Anlage zur Kunststoffsortierung den Gehalt an Füllstoffen als Sortierkriterium berücksichtigen muß.

8. Ergebnisse der Richtwerte-ermittlung

Die nach den unterschiedlichen betrachteten Verfahren sortierten Materialien wurden ohne weitere Aufbereitung geshreddert und das Mahlgut zu Prüfkörpern verarbeitet.

Aufgrund der bereits festgestellten wenig befriedigenden Ergebnisse hinsichtlich der Sortenreinheit können auch die Richtwerte nur ein entsprechendes Bild zeigen, so daß eine detaillierte Diskussion wenig Sinn macht.

Einige an ausgewählten Fraktionen ermittelte Richtwerte sind für

- PP (siehe Abbildung 6)
- PS-SB (siehe Abbildung 7)
- PC (siehe Abbildung 8) und
- ABS (siehe Abbildung 9) dargestellt.

Als 100%-Werte sind jeweils die an vergleichbarer Neuware festgestellten Eigenschaften aufgetragen. Die anderen Werte beziehen sich auf diese. Aufgetragen sind jeweils die Eigenschaften der

- Neuware,
- eines Recyclates aus bekanntem Material und bekannter Anwendung,
- sowie der Fraktionen aus der händischen und
- der Sortierung mit dem Massenspektrometer.

Aus den Bildern lassen sich folgende Schlüsse ableiten:

- der hohe Grad an Verunreinigungen sowohl des händisch als auch des mittels Massenspektrometer sortierten Materials führt im Falle von PP, PS und ABS zu unkontrollierbaren Veränderungen der Materialrichtwerte. Hierbei verhält sich das händisch sortierte Material graduell besser wie das mit dem Massenspektrometer sortierte.
- das mit 96% Sortenreinheit vergleichsweise saubere Polycarbonat verhält sich wie erwartet. Auffällig ist der relativ hohe MFI, während die anderen Werte in der Größenordnung eines Neumaterials liegen.
- das jeweils vergleichend betrachtete Recyclat aus definierter Anwendung und Neuware - somit ist das Material sortenrein - erscheint wegen seiner im Vergleich zur Neuware akzeptablen Richtwerte nach entsprechender Aufarbeitung zur werkstofflichen Wiederverwertung geeignet.

9. Zusammenfassung

Der Anteil der Kunststoffe an den im Feldversuch gesammelten und zerlegten elektrischen und elektronischen Geräten betrug 15% bei einem Gerätealter von ca. 10 Jahren. Ausgehend von einer Substitution des als Gehäusematerial verwendeten Holzes und und bei Wichtung des gewerblichen und privaten Anteils kann von einem Gehalt an Kunststoffen von ca. 22% ausgegangen werden.

Sehr erfreulich waren die kurzen anteiligen Zerlegezeiten für die Entfernung der wesentlichen Kunststoff-

Abbildung 6: Prüfergebnisse Materialvergleich PP

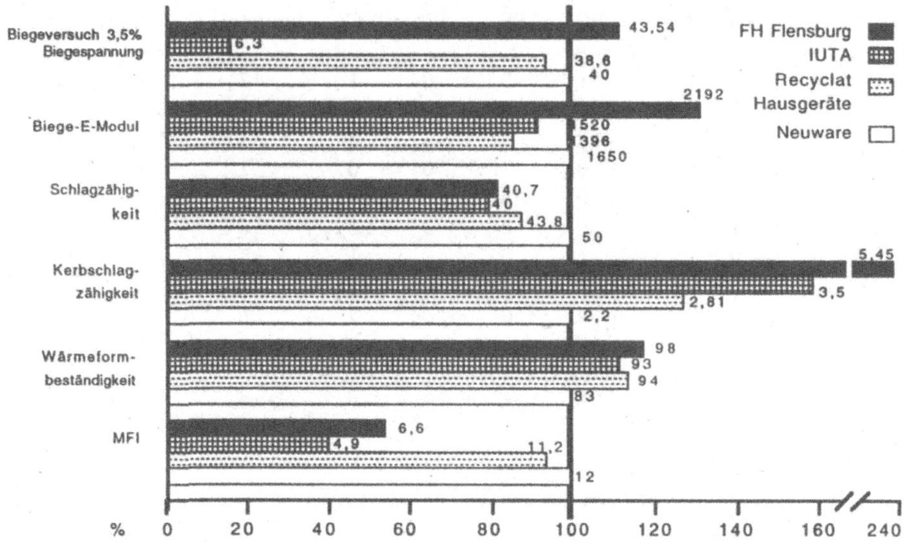

Abbildung 7: Prüfergebnisse Materialvergleich PS-SB

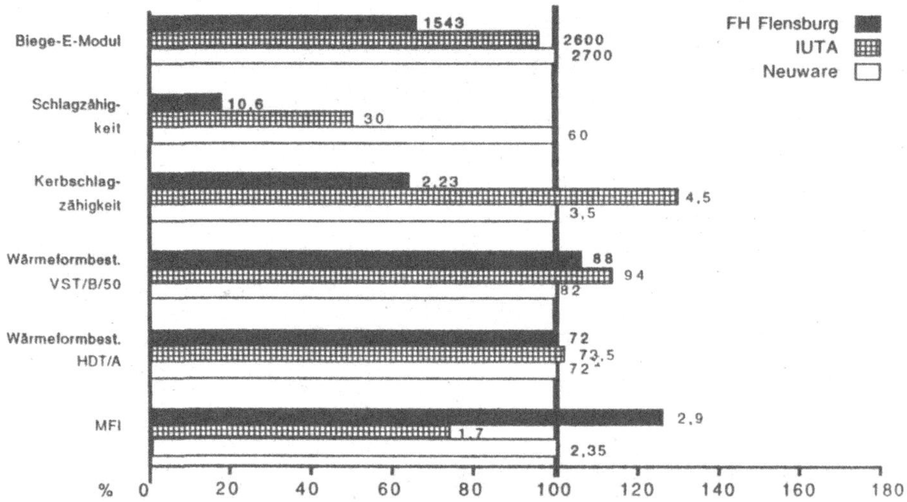

Abbildung 8: Prüfergebnisse Materialvergleich PC

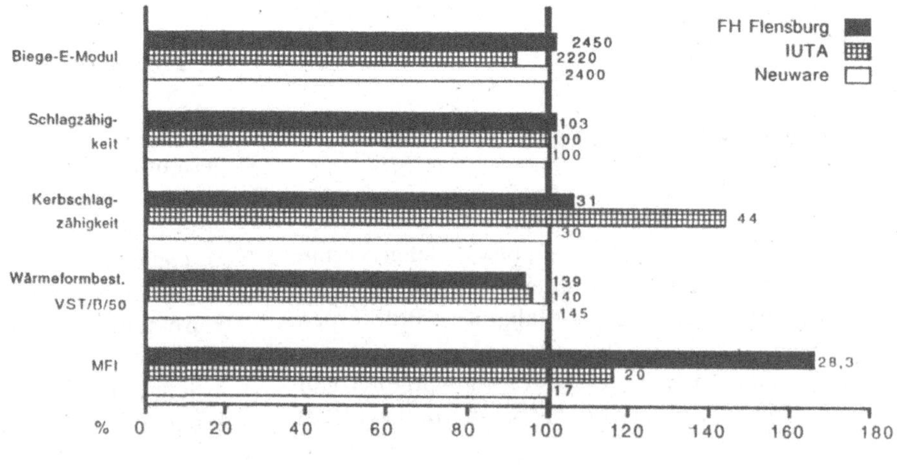

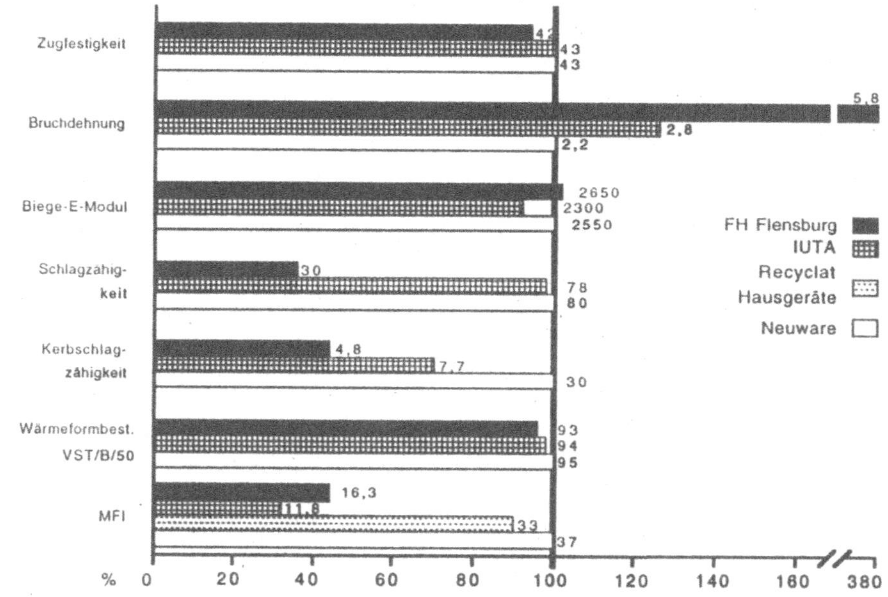

Abbildung 9: Prüfergebnisse Materialvergleich ABS

teile von nur ca. 10% ... 15% der Gesamtzerlegezeit sowie das sehr hohe durchschnittliche Teilegewicht von ca. 1,14 kg. Selbst unter der Voraussetzung, daß sich das Teilegewicht durch zusätzliche Erfassung der mülleimergängigen Geräte halbiert, bleibt ein realistischer Wert von 0,5 ... 0,6 kg.

Die Sortierung der demontierten Kunststoffe zeigt dreigroße, die klassischen Gehäusewerkstoffe enthaltenden Fraktionen, die sich für die werkstoffliche Verwertung anbieten, während sich für schadstoffhaltige und sehr kleine Fraktionen die thermische oder rohstoffliche Verwertung anbietet. Die Verwertung oberflächenbehandelter, speziell metallisierter sowie verstärkter Kunststoffe bedarf weiterer Untersuchungen.

Die im Feldversuch angewandten Verfahren zur Sortierung der Kunststoffe erwiesen sich als noch sehr wenig zufriedenstellend. Dies betrifft insbesondere die Sortierung verstärkter und flammhemmend ausgerüsteter Materialien.

Der im Versuch erreichte Grad der Sortenreinheit von ca. 60 ... 70 %, abhängig vom Sortierverfahren, ist unbefriedigend. Entsprechend dem Grad der Verunreinigung der einzelnen Fraktionen waren die erreichten Richtwerte nicht zufriedenstellend. Einzig die Polycarbonatfraktion war mit einer Sortenreinheit von ca. 96 % gut sortiert. Dieses Material erreichte Richtwerte, die regelmäßig 90 % des Niveaus einer Neuware überstiegen.

Basierend auf den Erkenntnissen des Feldversuches kann die Aussage gemacht werden, daß Thermoplastische Kunststoffe aus gebrauchten elektrischen und elektronischen Geräten für eine werkstoffliche Wiederverwertung geeignet sind, wenn sie

- sortenrein und
- schadstoffrei vorliegen und
- optimal aufbereitet sind.

Die im Feldversuch erzielten Ergebnisse lassen den Schluß zu, daß hinsichtlich der Sortiermethoden für Kunststoffe noch erheblicher Entwicklungsbedarf besteht, wenn das Ziel einer Sortierung nach folgenden Kriterien erreicht werden soll:

- Matrix
- Glasfaser- oder Mineralfüllung,
- Gehalt an flammhemmenden Additiven bei gleichzeitiger Differenzierung der unterschiedlichen Flammschutzsysteme sowie
- Gehalt an Cadmium-Pigmenten.

Schadstoffhaltige Fraktionen im Sinne der Verordnungen, vermischte Fraktionen sowie ggf. Kunststoffe, deren Oberflächen behandelt sind oder die als wirtschaftlich nicht trennbare Verbünde vorliegen, müssen der rohstofflichen oder thermischen Verwertung zugeführt werden. Geeignete Wege sind zu untersuchen.

Die verwendeten, sehr einfachen Aufbereitungsverfahren müssen optimiert werden; die erhaltenen, ggf. mit Neuware verschnittenen Recyclate müssen einer Anwendungsentwicklung zugeführt werden, die einerseits eine Vertrauensbasis für den Einsatz recyclierter Materialien schafft, zum anderen geeignete Potentiale erschließt.

AUTOR: Michael Rohr
zuständig für Recycling von Kunststoffen in Elektroschrott bei der Entwicklungsgesellschaft für die Wiederverwertung von Kunststoffen mbH (EWvK), 6200 Wiesbaden 1

Das Rücknahmenangebot der IBM: Umweltgerechte Entsorgung der Altgeräte

Hartmut Rhotert

UMWELTMANAGEMENT - RÜCKNAHME-GARANTIE - COMPUTERDEMONTAGE - LOGISTIK - STOFFFRAKTIONEN - DEMONTAGEKOSTEN - PRODUKTENTWICKLUNG

Die Elektronikindustrie wird viel weniger mit Umweltproblemen in Verbindung gebracht als andere Branchen. Die von ihr hergestellten Geräte sind "sauber": Computer, Fernseher und CD-Player produzieren keine Abgase, machen keinen Lärm und verschmutzen nicht das Wasser.

Doch müssen sich auch die Unternehmen dieses Industriezweigs der Frage stellen: Tun wir genug, um unsere Umwelt zu schützen? Besonders bei der Entsorgung aber auch der Herstellung der elektrischen und elektronischen Geräte gibt es umweltrelevante Probleme zu lösen. Allein in Deutschland fallen pro Jahr gegenwärtig rund 800.000 Tonnen Schrott von ausgedienten Elektro- und Elektronikgeräten an, die bislang am bequemsten und häufigsten über den normalen Gewerbemüll entsorgt werden. Nach Schätzungen entfallen circa acht Prozent des Elektronikschrotts auf Computer. Spätestens die für 1993 angekündigte Elektronik-Schrott-Verordnung der Bundesregierung, die alle Hersteller zur Rücknahme ihrer Altgeräte verpflichtet, wird das Wirtschaften der Elektro- und Elektronikhersteller auf den Prüfstand der Ökologie bringen.

Als Hersteller von Datenverarbeitungsgeräten macht die IBM ihren Kunden seit Juni 1990 folgendes Angebot: Sie übernimmt auf Wunsch die umweltgerecht Entsorgung alter IBM-Computer zum Selbstkostenpreis. Umweltgerecht - das heißt: möglichst viel wiederverwenden oder verwerten, möglichst wenig deponieren, die wenigen Problemstoffe sicher behandeln.

Mit diesem Angebot verpflichtet sich die IBM zur kompletten **Rücknahme** aller Geräte ihrer Produktpalette. Die ausrangierten Maschinen werden vor Ort, beim Kunden abgeholt, im Warenverteilzentrum der IBM in Ober-Roden demontiert und durch sorgfältig ausgewählte Fachfirmen gemäß dem Stand der Technik entsorgt. Ein möglichst hoher Prozentsatz der Teile wird der Wiederverwendung zugeführt. Angesichts wachsender Müllberge und knapper werdender Rohstoffe strebt die IBM damit eine befriedigende Lösung für den Umgang mit dem "alten Eisen" an. Dies ist eine der Maßnahmen im umfassenden Umweltprogramm der IBM. Schon seit 1971 hält das Unternehmen mit strengen Umweltschutzgrundsätzen Mitarbeiter und Führungskräfte zu ökologisch verantwortlichem Handeln an.

Im Startjahr wurden auf diesem Weg rund 1.200 Tonnen Altgeräte entsorgt, 1991 waren es bereits mehr als 2.500 Tonnen. Nur ein Fünftel davon stammt bislang von Kunden, die größere Menge entfällt auf Maschinen aus den IBM-Beständen. Bedenkt man, daß die Rücklaufquote weniger als ein Prozent der jährlich ausgelieferten Neugeräte beträgt, klingen diese Zahlen bescheiden. Doch immer mehr Kunden fragen nach umweltgerechten Entsorgungs- und Verwertungsmöglichkeiten.

Die **Entsorgung** von Elekronikprodukten ist ein aufwendiges Verfahren. Die Geräte müssen zunächst per Hand demontiert werden. Im ersten Schritt bauen die Arbeiter jene ca. 2,5 Prozent der Teile aus, die direkt für die Herstellung neuer Geräte wiederverwendet werden können, weil sie eine lange Lebensdauer haben: Netzgeräte, Leiterplatten Schreib/Leseköpfe, Stekker etc. Weiterhin werden 3,3 Prozent edelmetallhaltige Komponenten an Scheideanstalten und Verhüttungsfirmen gegeben.

Schwieriger indes ist das Recyceln von **Bildröhren**, weil das Glas verunreinigt ist und nur nach aufwendigen Reinigungsverfahren wieder verwertet werden kann. Hier hat IBM nun nach ausgiebigem Versuchsstadium einen Recyclingpartner gefunden, der diese in Zukunft abnimmt, das Glas reinigt und in den Wirtschaftskreislauf zurückführt. Ideal wäre es freilich, wenn die Hersteller von Bildröhren das Glas zurücknehmen und wiederaufbereiten würden.

Des weiteren werden alle Gewerbeabfälle und Sonderabfälle aus den Geräten entfernt. Das heißt Holz, Pappe, Papier, Datenträger, usw. werden soweit wie möglich verwertet. Der Rest wird ordnungsgemäß entsorgt.

Sonderabfälle wie z.B. Kondensatoren, Öle, Fette etc. werden nach den abfallrechtlichen Vorschriften mit behördlicher Genehmigung deponiert oder thermisch behandelt.

Nach wie vor große Probleme machen die **Kunststoffe**, weil ihre konkrete Zusammensetzung oft nicht bekannt ist und sie sich nicht immer eindeutig identifizieren lassen. Viele Kunststofftypen könnten mit hoher Wahrscheinlichkeit wieder zu hochwertigen Kunststoffteilen verarbeitet werden, wenn sie sortenrein getrennt würden. Bei Kunststoffgemischen hingegen ist nur die Verarbeitung zu minderwertigen Produkten möglich - oder die Verbrennung. Doch die Wiederverwertung der acht Prozent Kunststoffe, die ein Altgeräte durchschnittlich enthält, wird nur über eine bessere Auswahl und eine klare Kennzeichnung der Kunststofftypen möglich sein. Es ist erklärtes Ziel der IBM, in Zukunft möglichst ausschließlich recyclingfähige Kunststoffe einzusetzen, die entsprechend gekennzeichnet sind.

Der übriggebliebene Gerätetorso wird zerkleinert und in die Stoffgruppen Eisenschrott und Nicht-Eisen-Metall aufgetrennt. Aus diesen ca. 72% der Altgeräte werden durch besonders ausgewählte Vertragsunternehmen wertvolle Metalle wie Eisen, Kupfer, Aluminium usw. gewonnen.

Die Bilanz 1991: Neben den ca. 2,5 Prozent, die direkt wiederverwendet werden, kommen ca. 77 Prozent ins Recycling, nur ca. 20 Prozent des alten Computers wandern in den Müll. Etwa 0,5 Prozent sind umweltbelastende Stoffe und müssen als Sonderabfall entsorgt werden.

Generell nimmt die IBM alle ihrer mehr als 1.200, in sieben Produktkategorien unterteilte Gerätetypen zurück und entsorgt sie auf diese Art und Weise in Ober-Roden. Die Kosten liegen, je nach Gewicht, zwischen 50 Mark für einen Personalcomputer und 4.200 Mark für ein Großsystem. Das bedeutet, daß die Entsorgung bei einem Großcomputer weit unterhalb von einem Prozent des Neupreises liegt, bei PCs darüber - was jedem Nutzer der modernen Informationsverarbeitung das umweltgerechte Recycling der ausrangierten Geräte wert sein sollte.

In enger Zusammenarbeit mit Fachverbänden wie dem Verband deutscher Maschinen- und Anlagenbauer (VDMA) und dem Zentralverband der Elektrotechnischen Industrie (ZVEI) beteiligt sich die IBM an der Suche nach Lösungen für die Rücknahme und Verwertung des anfallenden Schrotts für die gesamte Elektro- und Elektronik-Industrie. Denn nur bei gemeinsamer Vorgehensweise und entsprechenden Rücklaufmengen werden sich Recyclingfirmen etablieren, die herstellerübergreifend großtechnischen Anlagen bauen und die Entsorgung übernehmen.

Aber mit der Rücknahme allein ist es nicht getan. Die Computertechnik entwickelt sich mit einem atemberaubenden Tempo, die Innovationszyklen werden immer kürzer. Aus dem teuren Spezialgerät ist ein Konsumartikel für jedermann geworden. In den letzten fünf Jahren hat sich die Zahl der installierten Geräte versechsfacht. Und die Entwicklung geht weiter: Neue Anwendungen, nicht zuletzt auch aus dem Bereich der Ökologie, fordern schnellere, leistungsfähigere, benutzerfreundlichere Datenverarbeitungssysteme.

Das hat nicht nur positive Folgen: Immer schneller werden alte Geräte gegen neue ausgetauscht - der Schrottberg wächst. Eine wichtige Aufgabe besteht deshalb darin, das Design der Computer auf Umweltverträglichkeit auszurichten. Vorsorgender Umweltschutz fängt am Reißbrett an, beim Entwurf der neuen Geräte.

Weltweit gilt für die Entwicklungslaboratorien der IBM der Grundsatz: Jedes neue Produkt und jedes Nachfolgemodell wird umweltfreundlicher entwickelt und gebaut, es werden alle enthaltenen Materialien und Werkstoffe aufgelistet, außerdem werden Anleitungen für die Zerlegung und Sortierung erstellt.

Ziel sind "**umweltfreundlichere Computer**" - leicht zu reparieren, schnell zu demontieren, mit einem höchstmöglichen Prozentsatz wiederverwendbarer und wiederverwertbarer Teile.

Das erfordert zunächst eine sorgfältige Auswahl der Materialien. Schadstoffe sind soweit wie möglich zu ersetzen.

So verzichtet die IBM z.B. seit mehr als zehn Jahren auf den Einsatz von PCB (polychlorierte Biphenyle) - haltigen Bauteilen. Möglichst zu vermeiden sind außerdem halogenhaltige Flammhemmer, Verbundwerkstoffe, usw. Neben dem Grundsatz, recyclingfähige Werkstoffe einzusetzen, strebt die IBM die Reduktion der Materialvielfalt und die eindeutige Kennzeichnung der Werkstoffe an. Denn die Verwertungsquote der Stoffe ist abhängig von der Sortenreinheit und der Art der Ausgangsmaterialien.

Besonders Kunststoffe spielen für den Recyclingprozeß der Computer eine wichtige Rolle. Die IBM will die Zahl der verwendeten Kunststofftypen drastisch reduzieren. Kritische Inhaltsstoffe und Zusätze wie etwa die Flammhemmer müssen vom Hersteller genau spezifiziert sein.

Wenn auf Verpackung und Papier schon nicht ganz verzichtet werden kann, dann sollte wenigstens auf das Recycling geachtet werden. Die IBM hat sich vorgenommen, den Materialverbrauch deutlich zu verringern. Bei der Verpackung sollen möglichst Mehrwegverpackungen eingesetzt, Handbücher wie Systemdokumentationen auf Recyclingpapier gedruckt oder, noch besser, als Software ausgeliefert werden. Bei der Auswahl des Zubehörs wie Tinten, Toner, Photoleiter, Lacke und Reinigungsmittel wird die IBM streng darauf achten, daß möglichst keine kritischen Stoffe enthalten sind.

Außer bei der Herstellung kann umweltfreundliches Produktdesign auch beim Betrieb der DV-Produkte zum Schutz der natürlichen Ressourcen beitragen, etwa durch die Optimierung des Energieverbrauchs oder die Verminderung von Emissionen. Umweltschutz bedeutet hier auch mehr Arbeitssicherheit: Das heißt, strahlungsarme Bildschirme herstellen und gesundheitsgefährdende gasförmige Emissionen wie Ozon, Staub oder flüchtige Lösemittel vermeiden.

Ein weiterer Ansatzpunkt, die Entsorgungsprobleme zu verringern, liegt in der Art und Weise des **Zusammenbaus** der verschiedenen Komponenten. Die Demontage und Trennung der Einzelteile wird wesentlich erleichtert, wenn weder gelötet noch geschweißt oder geklebt wird. Einfache Schraub- und Steckverbindungen sind eine Voraussetzung für die ökonomische Zerlegung der Geräte.

Im Dezember 1991 hat die IBM das "**Engineering Center for Environmentally Conscious Products**" in den USA gegründet, das sich mit dem recyclingfreundlichen Design neuer Produkte befaßt. Zu den Aufgaben zählt die Entwicklung von Informationssystemen, die alle verwendeten Materialien erfassen. Explosions-Zeichnungen, die alle im Gerät enthaltenen Teile übersichtlich darstellen, sollen die Demontage erleichtern. Die ersten Produkte, die diesen Kriterien Rechnung tragen, sind die PS/2 Modelle 40 und 57. Einheitliche Materialien und neuartige Verbindungstechniken ermöglichen die einfache, umweltgerechte Zerlegung und Entsorgung am Ende der Lebensdauer.

Umweltprobleme, die von vornherein vermieden werden, müssen im nachhinein nicht aufwendig beseitigt werden. Den Abfallvermeidungsmaßnahmen beim Design von Datenverarbeitungsgeräten widmet die IBM hohe Aufmerksamkeit, weil sie mittelfristig einen Beitrag zur Verringerung der Müll- und Schrottberge darstellen. Wir brauchen nicht nur die umweltgerechte Entsorgung von Altgeräten, sondern die Konstruktion umweltfreundlicher Geräte. Es geht um einen Beitrag zum Schutz der natürlichen Ressourcen.

Ökologisch orientiertes, verantwortliches Wirtschaften versteht IBM als Aufgabe und als Chance, um auch morgen noch erfolgreich sein zu können. Deshalb ist **Umweltmanagement** bei der IBM "Chefsache". Neben dem Rücknahmeprogramm für Altgeräte, dem umweltfreundlichen Produktdesign und dem internen Umweltprogramm befaßt sich die IBM in einer ganzen Reihe von Pilotprojekten mit dem Einsatz von Computersystemen in Umweltschutz - in enger Zusammenarbeit mit Partner aus Industrie und Wissenschaft, mit Behörden und Vereinigungen. Die Informationstechnik kann einen Beitrag leisten, die globalen Umweltprobleme zu erforschen, begreifen - und Lösungsansätze zu ermitteln.

Die IBM beansprucht am Markt eine Führungsrolle - auch im Umweltschutz. Deshalb hat IBM schon vor Jahren weitreichende Umweltgrundsätze verabschiedet und ist bereit, zum Schutz der natürlichen Ressourcen von sich aus neue Wege zu beschreiten.

AUTOR: Hartmut Rhotert,
Unternehmensbevollmächtigter Umweltschutz
der IBM Deutschland GmbH, 7000 Stuttgart

Elektronikschrott - Wege der Verwertung und Lösungsansätze zur Logistik

Horst Wolf

COMPUTER-RECYCLING - LOGISTIK - STOFF-FRAKTIONEN - WEGE DER VERWERTUNG - PREISPROBLEMATIK

1. Computer Recycling

Am 11. Juli 1991 stellte der Bundesumweltminister auf einer Pressekonferenz erstmals den Entwurf einer Elektronik-Schrott-Verordnung vor, die ab 1994 für Rücknahme und umweltgerechte Entsorgung von Elektronikschrott sorgen soll. Hauptziel der Verordnung ist es, den umweltgiftigen Elektronikmüll vom Hausmüll zu trennen und dann einer vorrangig stofflichen Verwertung zuzuführen.

Untersuchen wir nun den heutigen Herkunftsbereich des Computerschrotts, so finden sich hier die unterschiedlichsten „Schrotterzeuger", die auch die unterschiedlichsten Interessen verfolgen. Das Spektrum reicht vom mehr oder weniger umweltbewußten, privaten PC-Benutzer über Händler, denen Kunden Geräte zur Entsorgung zurückgeben, bis hin zu internationalen Computerkonzernen, die zur Rücknahme verpflichtet werden (oder sich bereits verpflichtet fühlen). Dazwischen liegen noch Großkunden wie Banken, Versicherungen oder staatliche Institutionen, die entweder selbst auf den Entsorger zugehen oder ihre Lieferanten zwingen, für sie die fachgerechte Entsorgung vorzunehmen bzw. vornehmen zu lassen und entsprechende Nachweise zu erbringen.

Für die Vergangenheit gilt, daß sich, von wenigen Ausnahmen abgesehen, keine der angesprochenen Gruppen mit dem Thema Recycling oder Entsorgung beschäftigte. Wenn überhaupt etwas geschah, dann war dies lediglich ein **„berauben" von Großrechnern**, um die damals noch stark goldhaltigen Boards zu gewinnen (auch Precious Metal Recovery genannt). Dies wurde von nahezu allen Großrechnerherstellern durchgeführt. Der verbleibende Rest wurde als Schrott verkauft oder in den Müll gegeben. Bei Schrotthändlern waren diese Geräte sehr gefragt, weil hier eine weitere „Beraubung" (restliche Leiterplatten, Stecker, Kupferkabel) durchgeführt wurde und die so „bearbeiteten" Geräte schließlich mittels Shredderanlagen (große Metallmühlen) zerkleinert wurden, selbstverständlich inklusive PCB/PCT-haltiger Kondensatoren und aller sonstigen Schadstoffe.

Wie sieht die **Produktpalette** der angesprochenen Geräte heute aus und aus welchen Materialien bestehen sie?

Heutzutage reichen die Produkte von kompletten Computergroßinstallationen (Großrechner, Zentraleinheiten, Plattenlaufwerke, Kontrolleinheiten usw.) über alle Arten von Druckern und Monitoren bis hin zu Personal Computern und UNIX-Geräten mit allen dazugehörigen Peripheriegeräten. Hinzu kommen Fotokopierer, Telefaxgeräte, Speicherschreibmaschinen und ähnliches, ferner elektronische Kassentresore, Geldautomaten und medizinische Elektronik.

An der Bandbreite erkennt man, daß der Recycler/Entsorger sehr unterschiedlichen Produkten gegenübersteht. Zwischen Mainframe und Notebook, zwischen industriellem Großdrucker und Tischkopierer liegen Welten. Wesentlich vielfältiger sind allerdings noch die bei der Herstellung verwendeten Materialien, auf deren Beschreibung wir bei der Schilderung des Recyclings genauer eingehen. Bevor jedoch irgendein Recycling-Prozeß beginnen kann, stellt sich zunächst noch das logistische Problem. Wie kommen die Geräte zur Verarbeitungsstelle, wer sammelt sie ein?

2. Logistik

Hierzu gibt es in Theorie und Praxis die verschiedensten Lösungsansätze. Man unterscheidet generell zwischen den „Bring-Systemen" und den „Hol-Systemen".

Grundsätzlich hat bei den **„Bring-Systemen"** der Benutzer/Anwender des Elektro-/Elektronikgeräts die Initiative zu zeigen, den ersten Transport durchzuführen und die Entscheidung über die Annahmestelle zu treffen. Mögliche Annahmestellen wären z. B. Händler, Vertriebsstellen der Hersteller, mobile Annahmestellen wie ein „Elektronikschrott-Mobil", sowie feste Annahmestellen wie Recyclinghöfe der Kommunen und die direkte Anlieferung beim Recycling-Betrieb.

Bei den **„Hol-Systemen"** ist schon heute ein großer Variantenreichtum festzustellen. Hier kommt es auf kreative Zusammenarbeit verschiedener Bereiche (Kunde - Logistiker - Recycler) an, um neue, sinnvolle und auf den Bedarf des Kunden zugeschnittene Logistikkonzepte zu entwickeln, die zugleich ökologisch verträglich und ökonomisch effizient sind.

Bei der Firma CompAct finden zur Zeit sechs Logistikkonzepte, auf die im einzelnen eingegangen werden soll, ihre Anwendung.

2.1 Rückgabe mittels Wertmarken

In Zusammenarbeit mit der CompAct als Entsorger, einem Speditionsbetrieb mit über 1000 Fahrzeugen im ganzen Bundesgebiet und einem großen PC-Hersteller entstand folgendes Logistikkonzept:
Das Händlernetz/die Verkaufsstellen des PC-Herstellers verkaufen Wertmarken für PC, Monitor oder Peripherie an den Endverbraucher. Dieser ruft den Spediteur an und vereinbart die Abholung seines Equipments von zu Hause.

Der Spediteur holt die (unverpackte) Ware ab und erhält den Wertmarkenteil, der die Speditions- und Recyclingkosten abdeckt. Der Transport erfolgt entweder in eine Niederlassung (Zwischenlagerung in Euro-Gitterboxen) oder direkt in das zentrale Umschlagslager bei Frankfurt. In diesem Zentrallager erfolgt die Sammlung (sortiert) in Gitterboxen und später von dort aus der Transport zum Entsorger. Bei der Anlieferung bei CompAct werden die Wertmarken mit der angelieferten Ware abgeglichen und mit der manuellen Zerlegung begonnen. Die Abrechnung des Zerlegebetriebs geht anhand der abgearbeiteten Wertmarken auf Monatsbasis an den Hersteller.

2.2 Sammlung durch den Hersteller, dezentral

48 Niederlassungen eines Herstellers sammeln bundesweit den Elektronikschrott, der durch Neuinstallationen beim Kunden entsteht, in Euro-Gitterboxen. Eine große Spedition mit 129 Geschäftsstellen bundesweit wird mit einer Abholung beauftragt, sobald eine Mindestabholmenge erreicht ist (200 kg, 1 Euro-Gitterbox). Die Abholung vom Kunden geschieht innerhalb der nächsten zwei Arbeitstage nach Beauftragung zu einer Niederlassung der Spedition. Die Weiterleitung erfolgt zeitungebunden mittels LKWs (wann immer Frachtraum frei ist), die eine Speditionszentrale in Kelsterbach anlaufen und die Ware an die Firma CompAct am gleichen Ort anliefern. Die Abrechnung erfolgt nach Verwiegung.

2.3 Sammlung durch den Hersteller, zentral

Dieses Modell basiert auf einer sehr engen Zusammenarbeit zwischen einem Computerkonzern und einem Lagereibetrieb. Der Computerkonzern nimmt Geräte aus Leasingverträgen zurück und führt sie in das Lager in Kelsterbach. Dies geschieht ebenso mit kundeneigenen Altgeräten. Die Transporte werden mit verschiedenen Speditionen bzw. durch kundeneigene Anlieferung durchgeführt. Die zentrale Lagerung geschieht, um die Geräte entweder einem Wiedereinsatz zuzuführen oder sie als Elektronikschrott dem Recycler am gleichen Ort zu übergeben.

2.4 Sammlung durch Spezialspediteure

Als Bedingungen für dieses Modell, welches bei der CompAct im Bereich Fotokopierer und Medizintechnik seine Anwendung findet, sind zu nennen:
- flächendeckende Niederlassungen
- überregionales Anbieten
- regelmäßiger Verkehr
- geringe Entfernung zwischen der Speditionszentralen (oder der Hauptniederlassung) und dem Recyclingunternehmen
- sehr gute Zusammenarbeit zwischen Hersteller, Spediteur und Recycler.

Die Vorteile dieses Modells sind:
- bessere Auslastung der Transporte statt oftmals anfallender Leerfahrten
- günstige Transportpreise
- keine durch Elektronikschrott generierten Fahrten
- markenübergreifende Geräterückführungen

2.5 Kommunale Sammlung

Als sicher zukunftsträchtiges Erfassungssystem ist die kommunale Sammlung anzusehen. Hierbei wird der Elektronikschrott entweder durch Kommunen oder mehr und mehr durch private Containerdienste gesammelt. Die Anlieferung an den Zerlegebetrieb wird unperiodisch und in Containern verschiedenster Größe (von der Gitterbox bis zu 30 m^3-Containern) vorgenommen. Hierbei steht der Recyclingbetrieb einer besonders großen Gerätevielfalt gegenüber, da in der Regel nicht herstellerspezifisch angeliefert wird.

2.6 Einzelanlieferung

Letztendlich gibt es noch Anlieferungen bzw. Abholungen von Einzelsendungen verschiedensten Umfangs und von den unterschiedlichsten Destinationen. Dies geschieht meist bei Systemumstellungen von mittelständischen oder Großbetrieben.

Als weiterer Ansatz zur Lösung der logistischen Probleme und zur Bewältigung des ganzen Problemkomplexes „Elektronikschrott" ist die Gründung der BEVU anzusehen. (BEVU = Bundesvereinigung mittelständischer Elektro- und Elektronikschrottverwertungsunternehmen e.V.)

Die Zielsetzung ist ein zukunftsorientiertes Recyclingkonzept, welches sowohl dem Schutz der

Umwelt als auch den wirtschaftlichen Anforderungen an die Rückführung von Wertstoffen in den Produktionskreislauf gerecht wird. Hierzu entsteht gerade eine immer dichter werdende, bundesweit flächendeckende Vernetzung von Sammelstellen, Transportunternehmen und Verwertungsunternehmen. Bei garantiert gleichmäßig hohem Verwertungsstandard (u. a. durch TÜV-Überprüfungen) sollen so möglichst kurze Transportwege zu den verschiedenen Recyclingbetrieben erreicht werden.

Diese Modelle sollten alle darauf fußen, daß Großgeräte unverpackt/palettiert und Kleingeräte in umweltfreundlichen Gitterboxen gesammelt und transportiert werden. Auf Verpackungen jeglicher Art sollte bei diesen Rücksendungen aus Umweltgesichtspunkten verzichtet werden.

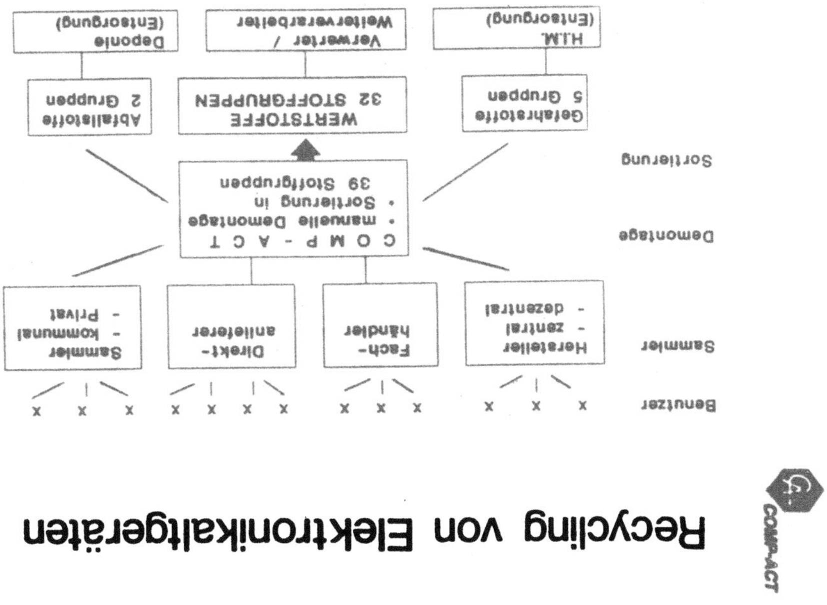

3. Wege der Verwertung

Die sich für das angelieferte Material anbietenden Verwertungswege lassen unter ökologischen Gesichtspunkten nur eine begrenzte Auswahl frei. Es gibt die Möglichkeit der „**thermischen Entsorgung**" über Müllverbrennungsanlagen, bei welcher Energie gewonnen wird. Aufgrund der Vielfalt der Materialien, besonders im Gefahrstoffbereich, sollte sich dieses Verfahren erübrigen. Gleiches sollte auch für die jahrelang angewendete „Shredder-Methode" gelten, bei der komplette Geräte kleingemahlen und dann die Wertstoffe thermisch und chemisch geschieden werden.

Bleibt letztlich der Weg der (noch) **manuellen Zerlegung**, auch „Montage rückwärts" genannt, mit anschließender Sortierung in Wertstoffe, Abfall und Gefahrstoffe. Dieses Verfahren wird unter unterschiedlichsten Namen zur Zeit mehr oder weniger spezifiziert von einigen Entsorgungsunternehmen und Herstellern angewandt.
Bei der anschließenden detaillierten Schilderung betrachten wir das **Modell der Firma CompAct** GmbH in Kelsterbach bei Frankfurt.

Die manuelle Zerlegung teilt sich, vor allem bei Großgeräten, in eine Grobzerlegung und eine sich daran anschließende Feinzerlegung. Bei der Grobzerlegung, die bei allen Geräten, die größer als Tischgeräte sind, vorgeschaltet ist, werden Blockkomponenten wie Netzteile, Speichererweiterungen, Plattenspeicher, Baugruppen etc. en bloc ausgebaut. Das restliche Gehäuse wird völlig zerlegt, wobei eine Sortierung nach dem gleichen Schema wie bei der Feinzerlegung vorgenommen wird. Bei der Feinzerlegung werden die Komponenten manuell völlig aufgebrochen. Dabei finden folgende Sortierkriterien Anwendung:

3.1 Wertstoffe Gruppe 1

Backpanels, Platinen, Schaltungen und Stecker fallen in diese Gruppe und werden jeweils getrennt gesammelt (WST Grp 1, Kategorie 1 - 4). Bei Boards jüngeren Baudatums werden entweder Chips (ICs) direkt heruntergenommen oder Teile der Boards für das spätere Chip-Recycling herausgeschnitten. Die Recycle-Möglichkeiten auf Chip-Level liegen besonders im Bereich der Microprozessoren, E-Proms, Rams und Memory-Chips wie DIP, SIPP und SIMM. Diese werden dann von einem Spezialunternehmen bearbeitet, getestet und weltweit vermarktet. Die Wertstoffe der Gruppe 1 werden bei einem umweltbehördlich zugelassenen Fachbetrieb granuliert, danach mechanisch und thermisch geschieden mit dem Ziel der Edelmetallgewinnung (Gold, Silber, Platin, Palladium, Kupfer und Zinn).

3.2 Wertstoffe Gruppe 2

In dieser Wertstoffgruppe werden jeweils getrennt gesammelt und später in Fachbetrieben weiterverarbeitet:

- Kupferkabel, spätere Trennung auf mechanischem Weg mit anschließender Verwendung des Kupfers

und einer Regranulation der PVC-Ummantelungen, die danach neu ausgeformt werden.
- Aluminium in den Untergruppen Alu-Gußteile, Alu-Profil, Alu-Rohr, Alu-Blech und Misch-Aluminium mit maximal 2 % Anhaftungen.
- Kobalt-Nickel-Magnete
- FE-Metalle und Verbindungen wie Bleche, Rahmen etc.
- Batterien getrennt nach naß und trocken sowie Ni, Cd, Pb. Die Batterien werden nach Untergruppen sortiert an verschiedene Aufarbeitungsbetriebe weitergegeben (Lithium- und Zink-Kohle-Batterien können noch nicht recycelt werden und gehen an die HIM zur Entsorgung)

3.3 Wertstoffe Gruppe 3

Hier finden sich alle nicht-metallischen Stoffe, die einer Wiederverwendung zugeführt werden können:
- Papier, Pappe, Holz, und Bio-Pack. Hier sind die Recyclingmöglichkeiten seit Jahren bekannt (u. a. Spanverarbeiter, Recyclingpapierhersteller).
- Styropor, wobei für Styropor-Chips im eigene Lagereibetrieb Wiedereinsatzmöglichkeiten bestehen. Für Block-Styropor stehen zur Zeit folgende Möglichkeiten zur Verfügung:
  a) nach vorherigem Mahlen einschießen in Poroton-Bausteine als Lüftstoff
  b) nach vorherigem Mahlen einarbeiten in Gartenerde (Belüftung)
  c) als Bei-Heizmaterial für Müllverbrennungsanlagen (von Kommunen mit Müllverbrennungsanlage wegen des hohen Heizwertes leider bevorzugt; hierzu gibt es extra Schrumpfungsgeräte zur Volumenverkleinerung während des Transportes)
- Kunststoffgehäuse und Kunststoffteile (materialabhängig) und Kabelummantelungen. Nach Granulation in einem Fachbetrieb werden diese Materialien als niedrigwertigere Kunststoffteile wieder neu ausgeformt. Die Regranulation undWiederausformung zum Einbau in Computer steht erst in den allerersten Anfängen (dazu Materialänderungen und Versuche u. a. bei einem großen deutschen Druckerhersteller und einem Computerkonzern).

3.4 Abfallstoffe

In der Gruppe der Abfälle sind die Stoffe zusammengefaßt, die ungiftig, zur Zeit noch nicht wiederverwendbar und deponierfähig sind. Hierzu zählen augenblicklich noch einige Verpackungsmaterialien und stark vermischtes/verunreinigtes Kunststoffmaterial. Im betrachteten Modell liegt der Anteil der Abfälle und der nicht recyclebaren Stoffe bei ca. 5 - 8 % des Gesamtvolumens.

3.5 Gefahrstoffe

Unter den Gefahrstoffen finden sich sowohl recyclefähige als auch nicht-recyclefähige Stoffe.
PCB/PCT-haltige Kondensatoren müssen in Hessen (als Standort der CompAct GmbH) über die Hessische Industrie-Müll H.I.M. in Biebesheim entsorgt werden. Diese Art der Entsorgung bedeutet je nach dem Auslastungsgrad der H.I.M. entweder Verbrennung in einem Spezialofen oder Deponierung unter Tage in Herfa-Neurode. Groß-Kondensatoren neuerer Bauart enthalten bereits PCB/PCT-freie Öle, die über ein darauf spezialisiertes Unternehmen in den Recyclingprozeß eingebracht werden können.

Quecksilberhaltige Bauteile wie Relais, Kippschalter usw. werden an einen Recyclingbetrieb zur Quecksilberrückgewinnung weitergeleitet.

Batterien werden, wie bereits unter Wertstoffgruppe 2 beschrieben, mit Ausnahme der Lithium- und der Zink-Kohle-Batterien, weitergeleitet und aufgearbeitet.

Ansonsten fallen, wenn auch nur in geringen Mengen, diverse Öle (z. B. Siliconöl bei einigen Laserdruckern) sowie Toner, Reinigungsfilze, ggf. Bildtrommeln (z. T. mit Selen beschichtet) und Ozonfilter an. Soweit diese Stoffe nicht (oder noch nicht) recycelt werden können, werden sie als Sondermüll entsorgt.

4. Preisproblematik

Hierbei stellt sich die Frage, welche **Komponenten** bei **der Preisfindung** Einfluß nehmen und welche besonderen Probleme existieren. Da ist zum einen das Problem der Inhomogenität der anzuliefernden Ware. Wie aus dem bereits gezeigten „Produktspektrum" ersichtlich ist, handelt es sich um eine große Bandbreite von Geräten. Aber selbst bei vermeintlich gleichen Geräten wie z. B. PCs gibt es pro Gerät große Gewichtsunterschiede (VC-64 ca. 1,8 kg <—> PC-Tower ca. 22 kg), die bei einer Preisangabe auf Gewichtsbasis zu gravierenden Unterschieden führen müssen. Hier empfiehlt sich eher eine Stückpreisangabe.

Die wesentlichen Komponenten, die in eine Preisfindung einfließen sollten, sind folgende:
- Handlingzeit d. h. Arbeitszeit für Be- und Entladen, Prüfung und eventuelle Registrierung der angelieferten Ware.
- Demontagezeit d. h. Arbeitszeit der Maschinenzerleger für Grobzerlegung, Feinzerlegung und anschließende Sortierung
- eventuelle Erlöskomponente für den Verkauf von Baugruppen oder Bauteilen/Chips
- Erlöskomponente für recyclingfähige Stoffe, wie z.B. Fe, Al, Cu ..., die jedoch alle starken

Schwankungen unterworfen sind.
- Kostenkomponente für recyclingfähige Stoffe, wie z. B. Quecksilber, Selentrommeln usw.
- Kosten für Verarbeitung, Vernichtung oder Endlagerung von Gefahrstoffen
- Kosten für Abfallentsorgung
- allgemeine Verwaltungskosten

Den zweifelsfrei größten Einfluß auf den Preis nimmt die **Demontagezeit**. Ein kleiner Vergleich mit 800 kg Elektronikschrott verdeutlicht dies:

a) Mainframe, 800 kg, 1 Stk.
—> ca. 5 Std. Zerlegezeit

b) PCs, 800 kg, ca. 50 Stk.
—> ca. 15 - 20 Std. Zerlegezeit

c) Telefonendgerät, 800 kg, ca. 1000 Stk.
—> ca. 65 Std. Zerlegezeit

Abschließend ist zur Preisproblematik zu sagen, daß Tonnen- oder Stückpreise nur für einzelne Hersteller/ Lieferanten und nur nach genauer Kenntnis der angelieferten Geräte, der Mengenverhältnisse und der stofflichen Zusammensetzung gemacht werden sollten.

Anschließend an die Schilderung dieses Computer-Recycling Modells, bei dem die CompAct GmbH als Zerleger, Sortierer und Weiterleiter an ausgesuchte und lizenzierte Fachverarbeitungsbetriebe fungiert, stellt sich natürlich die Frage nach den **Recyclingkosten**.

Grundsätzlich gibt es zwei Möglichkeiten, die Recyclingkosten zu decken. Zum einen wäre ein **Pfand-System** denkbar, bei dem jedem verkauften Gerät ein Pfand-Anteil zum Verkaufspreis beigegeben wird. Dies sollte so durchgeführt werden, daß der Pfandanteil beim Kauf des Gerätes ersichtlich ist. Bei der Rücknahme der Altgeräte könnten dann die (lizenzierten und behördlich zu prüfenden) Entsorger die Pfandgebühr vom Hersteller gegen Entsorgungsnachweis einfordern. Als Problem seitens der Hersteller erweist sich jedoch, daß auf Geräte bisher kein Pfand eingezogen wurde, die Entsorgung aber sofort Geld kosten würde. Hier müßten die Hersteller über mehrere Jahre im voraus Gebühren bezahlen, die sie erst peu à peu durch Anhebung der Verkaufspreise kompensieren könnten.

Die zweite Möglichkeit, die augenblicklich Anwendung findet, basiert auf **Rücknahmepreisen**, die entweder **per Tonne oder per Stück**/Gerätetyp vom Entsorger zur Kostendeckung kalkuliert sind. Natürlich sind diese Preise von Unternehmen zu Unternehmen unterschiedlich. Zum Teil werden diese Preise auch von Herstellern, die selbst entsorgen, festgelegt.

Auch hier besteht für die Hersteller das Problem der Gebührenvorauszahlung, bevor sie mittels Preisgestaltung das Geld über den Verkaufspreis beim Kunden wieder hereinholen können.

Stückpreise bewegen sich im allgemeinen zwischen 50,00 DM (z. B. für Bildschirme, Personal Computer) und 4.000,00 DM für Großrechner. Bei Tonnenpreisen läßt sich, je nach Material und Verarbeiter, eine Spanne von 850,00 DM/Tonne bis 7.000,00 DM/Tonne feststellen.

Generell eine Sonderstellung im Computer-Recycling nimmt die Entsorgung von Monitoren und Bildschirmgeräten ein. Bedingt durch die Materialvielfalt (verschiedene Glassorten der Bildröhre mit unterschiedlichsten Beschichtungen, auch Schwermetallen) sowie verschiedenartigster Kunststoffgehäuse, z. T. mit toxischen Flammhemmern und auch Glasfasereinarbeitungen, muß hier ein besonders großer Aufwand betrieben werden.

Der arbeitsintensiven Behandlung dieser Geräte stehen jedoch keine oder nur sehr geringe Erlöse aus dem Materialverkauf gegenüber. Daraus erklären sich die relativ hohen Entsorgungspreise für Monitore und Bildschirmgeräte.

Wahrscheinlich wird sich in Zukunft besonders auch durch den Entsorgungszwang für Fernsehgeräte eine weitere Spezialisierung von Entsorgungsbetrieben herausbilden. Auf ein detailliertes Eingehen der bestehenden und sich für die Zukunft abzeichnenden Entsorgungsmöglichkeiten für diese Gerätekategorie wird hier absichtlich verzichtet. Darauf müßte in einem gesonderten Beitrag zu späterer Zeit eingegangen werden.

Die große Zahl der in diesem Bereich, besonders im Hinblick auf private Fernseher, anfallenden Geräte hat allerdings auch schon erste Ansätze zur automatischen/halbautomatischen Zerlegung gebracht. In Forschungsprojekten arbeitet die Fraunhofergesellschaft Stuttgart und auch die Universität Erlangen (FAPS) am theoretischen Hintergrund ebenso wie an Feldversuchen.

Abschließend läßt sich feststellen, daß das gestiegene Umweltbewußtsein beim Gesetzgeber, den Herstellern, Benutzern und Entsorgern bereits neue Wege des Recyclings und der Entsorgung hervorgebracht hat. Ausschlaggebend ist nicht mehr, wie in früheren Jahren, lediglich der Kostenfaktor, sondern eine möglichst umweltverträgliche Lösung des Altcomputerproblems. Die Erkenntnis, daß die hierfür aufzuwendenden Kosten letztendlich uns allen zugute kommen, beginnt sich bei Herstellern wie auch bei Benutzern durchzusetzen.

AUTOR: Dr. Horst Wolf,
Geschäftsführer der CompAct GmbH,
6092 Kelsterbach

Bildröhren - Recycling -Technologie und Betriebserfahrungen

Stefan Maier

BILDRÖHREN - MECHANISCHES DEMONTAGE-VERFAHREN - STOFFFRAKTIONEN - LOGISTIK-RECYCLINGKOSTEN

1. Einführung

Die Ed. Züblin AG als eines der großen deutschen Bauunternehmen erkannte frühzeitig, daß die Lösung von Umweltproblemen - die Sanierung von Böden, Reinigung von Grundwasser und Bodenluft, Einkapselung von Deponien und Altlasten sowie die Entsorgung bzw. das Recycling gefährlicher Stoffe - ein wichtiges Thema auch für die Bauindustrie darstellt. Diese Aufgaben der Umwelttechnik lösen wir mit einem interdisziplinären Team aus Vertretern der Fachrichtungen Bauingenieurwesen, Maschinenbau, Verfahrenstechnik, Geologie, Geographie, Chemie, Physik, Biologie und Wirtschaftswissenschaften.

Insbesondere die Entsorgung der in unserer Gesellschaft anfallenden Mengen von Haushalts- und Industrieabfällen, Bauschutt, Erdaushub- und Abraummassen gestaltet sich immer schwieriger. Trotz des stark gewachsenen Umweltbewußtseins und der Bereitschaft des einzelnen Bürgers, aktiv an Problemlösungen teilzunehmen, bereitet die Einrichtung neuer Deponien und Entsorgungsanlagen immer wieder Probleme.

Allein in Deutschland werden jährlich fast 5 Millionen Bildröhren aus alten Fernsehgeräten und Computermonitoren ausgemustert (siehe Tabelle 1).

Jahresmengen Bildröhren

	Anzahl	Masse [to]
verkaufte Neubildröhren pro Jahr	5 000 000	100 000
Altbildröhren pro Jahr	4 500 000	90 000
Produktion Nokia Display Technics	1 900 000	38 000
Kapazität Züblin-Anlage bei Einschichtbetrieb	180 000	3 600

Die Angaben beziehen sich auf das Gebiet der alten Bundesländer im Jahr 1990

Tabelle 1

Zusätzlich fallen bei der Produktion neuer Bildröhren erhebliche Mengen von aufgrund unterschiedlichster Mängel nicht weiter verwendbaren Ausschuß-Bildröhren an. Diese großen Mengen stellen insbesondere durch die in den Beschichtungen der Bildröhren enthaltenen Schadstoffe eine akute Gefährdung für die Umwelt dar. Die Zusammensetzung einer normalen Fernseh-Bildröhre ist in Tab. 2 aufgeschlüsselt.

Zusammensetzung einer 63cm-Farbbildröhre

Komponenten	Masse [g]
Schirmglas (ca. 13% Ba)	12 500
Konusglas (ca. 15% PbO, 4,5% Ba)	4 700
Metalle (Maske, Spann- & Maskenrahmen)	2 400
Strahlerzeuger-Einheit	88
Glasfritte	85
Beschichtungen und Leuchtstoffe	7
Gesamtmasse	19 780

Tabelle 2

Die Züblin Umwelttechnik hat daher in Zusammenarbeit mit Nokia Display Technics, einem der drei großen europäischen Hersteller von Bildröhren, ein Verfahren entwickelt, das ein praktisch vollständiges Recycling der bei der Produktion anfallenden Ausschuß-Bildröhren ermöglicht. Dadurch kann die anfallende Menge an Sonderabfall um bis zu 99% verringert werden. Neben dieser drastischen Reduzierung der Umweltbelastungen sind weitere Vorteile dieses Verfahrens:

- wesentlich geringerer Verbrauch wertvollen Deponievolumens und
- Einsparung von neuen Rohstoffen durch den Einsatz des hochwertigen Recycling-Glases bei der Produktion neuer Bildröhren.

2. Verfahrensbeschreibung

Nach der Belüftung der kompletten Bildröhren und Abtrennung der Strahlerzeuger-Einheit werden die Röhren in einem Zwischenlager gepuffert. Von dort erfolgt die Beschickung der Zerkleinerungsstufe, die zur Vermeidung von Staubemissionen beim Brechen der Bildröhren direkt an einen Staubfilter angeschlossen ist.

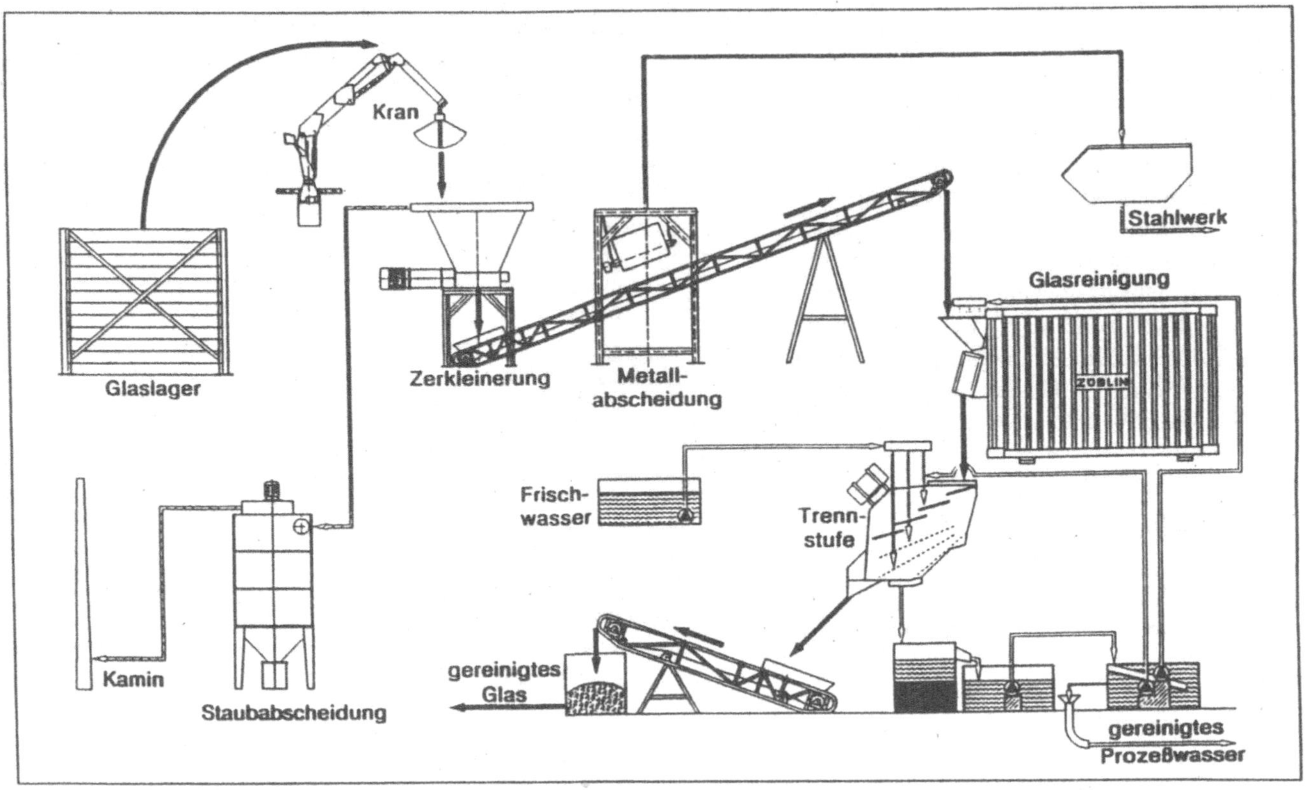

Abbildung 1: Verfahrensfließbild Bildröhrenrecycling Züblin

Im nächsten Schritt werden die im Glasbruch befindlichen metallhaltigen Teile abgeschieden. Die Reinigung der beschichteten Glasbruchstücke erfolgt im Chargenbetrieb in einer Spezial-Wascheinheit. Es handelt sich dabei um einen rein mechanisch-physikalischen Prozeßablauf unter Einsatz von Prozeßwasser, ohne jeden Chemikalienzusatz. Nach der Reinigung durchläuft das Glas mehrere Trennstufen, in denen das gereinigte Glas von anhaftendem Feinschlamm und Prozeßwasser getrennt wird.

Im Falle des Glases von Ausschuß-Bildröhren geht dieses zurück an den Glashersteller, die Firma Schott in Mainz. Es wird dort zur Herstellung von neuem Konusglas für Bildröhren eingesetzt.

Die im Prozeßwasser enthaltenen Feinschlämme werden in einer nachgeschalteten Abwasserbehandlungsanlage abgetrennt und nach Entwässerung als Sonderabfall entsorgt. Das schlammfreie Prozeßwasser wird dem Prozeß großenteils wieder zugeführt. Das gesamte Verfahrensfließbild der Züblin-Anlage ist in Abbildung 1 schematisch dargestellt.

Die weltweit erste derartige Anlage mit einer Kapazität von ca. 180.000 Bildröhren pro Jahr bei Einschicht-Betrieb ist seit Jahresbeginn 1992 bei Nokia Display Technics in Esslingen erfolgreich in Betrieb.

3. Betriebswirtschaftliche Betrachtung

Anhand der Planungs- und Investitionskosten für eine solche Anlage sowie den bisherigen Betriebserfahrungen wurde die folgende Kostenabschätzung für die Gesamtkosten eines nach dem System Züblin durchgeführten Bildröhrenrecyclings erstellt.

Die in tabellarischer Form dargestellte Kostenermittlung(siehe Tabelle 3, umseitig) geht von den zwei großen Anteilen der Gesamtkosten (9) je Tonne Bildröhren aus: zum einen die Kosten für die Abschreibung und Verzinsung der Gesamtinvestitionen (1), zum anderen die reinen Betriebskosten der Anlage (2-8).

Bei den Aufwendungen für Abschreibung und Verzinsung wird in der Beispiel-Rechnung von einem realistischen Abschreibungszeitraum von 5 Jahren bei linearer Abschreibung und einer effektiven Verzinsung von 9% jährlich ausgegangen.

Die in den Einzelpositionen der reinen Betriebskosten eingesetzten Werte beruhen auf den bisherigen Betriebserfahrungen und sind als Höchstwerte zu verstehen, die unter günstigen Umständen teilweise deutlich unterschritten werden können.

Aus den so ermittelten Gesamtkosten (10) von ca. 207 DM/to bei Auslastung der Anlage mit 243.000 Bildröhren pro Jahr läßt sich für die einzelne Bildröhre mit je ca. 15 kg ein Kostenanteil von 3,10 DM errechnen. Eine analoge Rechnung mit 121.500 Bildröhren pro Jahr ergäbe entsprechend 5,12 DM pro Bildröhre. Dabei wurden Kosten und Erträge aus der Wiederverwertung des gereinigten Glases und des Metallschrotts noch nicht berücksichtigt, da diese stark von zukünftigen Entwicklungen abhängen dürften. Hinzuzurechnen wären die stark standortabhängigen Kosten für Transporte und die lokale Logistik.

4. Ausblick

Das von Züblin entwickelte und zum Patent angemeldete Verfahren ist nicht nur für Ausschuß-Bildröhren aus dem Produktionsprozeß, sondern auch für prinzipiell jede Art von Alt-Bildröhren einsetzbar. Die besonders umweltgefährdenden Innenbeschichtungen können aufgrund der Prozeßführung stets vollständig entfernt und getrennt entsorgt werden. Eine Wiederverwendung des gereinigten Glases von Alt-Bildröhren im Produktionsprozeß neuer Bildröhren ist jedoch nach Angaben der Glashersteller wegen der stark variierenden chemischen Zusammensetzung der Glassorten zumindest ohne vorherige Sortierung nicht möglich.

Nachdem somit die Technologien für die Entgiftung von Alt-Bildröhren existieren und aufgrund der Ergebnisse im großtechnischen Maßstab als Stand der Technik anzusehen sind, muß im nächsten Schritt der flächendeckende Einsatz derartiger Anlagen realisiert werden, um eine weitere Umweltgefährdung durch die in unbehandelten Alt-Bildröhren enthaltenen Giftstoffe zu vermeiden. Gleichzeitig wird es Aufgabe sowohl der Glasindustrie als auch anderer Branchen sein, weitere Wiederverwendungsmöglichkeiten für das gereinigte Bildröhrenglas zu finden. Für das mit dem Züblin-Verfahren gereinigte Glas können wir im Einzelfall bereits heute die Abnahme und Wiederverwendung vermitteln.

Herstellung, Vertrieb und technische Betreuung der individuell auf die Bedürfnisse der Kunden abgestimmten Anlagen erfolgt durch die Züblin Umwelttechnik.

AUTOR: Dr. Stefan Maier,
Ed. Züblin AG, Abteilung Umwelttechnik,
7000 Stuttgart 80

	Ed. Züblin AG	KOSTENSCHÄTZUNG		
	Allgemeine Angaben:			
	Anschaffungspreis	1 200 000 DM		
	Abschreibungszeit (Jahre)	5,0		
	effektive Verzinsung (% jährlich)	9,0%		
	Betriebszeit: täglich (h)	9,0		
	Tage/Woche	5,0		
	wöchentlich (h)	45,0		
	Wochen/Jahr	45,0		
	jährlich (h)	2 025,0		
	Verfügbarkeit (%)	90%		
	Produktionszeit: täglich (h)	8,1		
	wöchentlich (h)	40,5		
	jährlich (h)	1 822,5		
	Anlagenspezifische Daten:			
	Durchsatzleistung stündlich (t/h)	2,0		
	Durchsatzleistung jährlich (t/a)	3 645	=243.000 Bildröhren	
	Flächenbedarf ca. (qm)	150		
	Kalkulation der Kosten:		DM/Tonne	DM jährlich
1	Abschreibung (linear)		65,84	240 000.00
	Zinszahlung		15.93	58 065.89
	A + V (= jährliche Rate)		81.77	298 065.89
	A + V (= monatliche Rate)	24 838.82 DM		
2	Personal: Anzahl gewerb. Mitarbeiter	1.0		
	Kosten je Mitarb. und h	57,00 DM		
	Betriebsleiter (DM/a)	10 000,00 DM		
	Büro/Labor/Sonst. (DM/a)	0,00 DM		
	Personalkosten		34,41	125 425.00
3	Energie: Strom - Leistung (kW)	50		
	Preis (DM/kWh)	0,25		
	Beheizung (kcal/kg)	0		
	Preis (DM/10.000 kcal)	0,40		
	= (DM/l Heizöl)			
	Energiekosten (Betriebszeit)		6.94	25 312.50
4	R + W: Reparatur und Wartung		32.92	120 000.00
5	Betriebsstoffe:			
	durchsatzunabhängig (DM/h)	10,00		
	durchsatzabhängig (DM/t)	8,00		
	Betriebsstoffe (Betriebszeit)		13.56	49 410.00
6	Reststoffe entsorgen:			
	Anfallende Menge in % der Durchsatzleistung ca.	2,0%		
	Entsorgungspreis (DM/t)	1 000,00		
	Reststoffentsorgung		20.00	72 900.00
7	Mieten für periphere Einrichtungen			
	Mietkosten (DM/a)	60 000,00		
	Mieten		16.46	60 000.00
8	Sonstige Kosten:			
	Gebühren (DM/a)	2 400,00		
	Fremdkontrolle (DM/a)	0,00		
	Sonstiges (DM/a)	0,00		
	Sonstige Kosten		0.66	2 400.00
2-8	Summe der reinen Betriebskosten		124.95	455 447.50
9	**GESAMTKOSTEN (DM)**		206.73	753 513.39
10	**Kosten pro Bildröhre (15 kg)**		**3.10 DM**	

Tabelle 3: Gesamtkostenabschätzung

Management des Entsorgungszyklus in der Elektronikindustrie

Markus Horneber

PRODUKTGESTALTUNG - LEBENSZYKLUS-KONZEPT - ELEKTRONIKSCHROTTENTSORGUNG - INFORMATIONSSYSTEME

1. Japan mit innovativen Entsorgungstechnologien vor den Toren Europas

Die erste industrielle Revolution ging von westlichen Ländern aus. Gerade ist die fernöstliche Konkurrenz, allen voran Japan, dabei, die zweite industrielle Revolution zu gewinnen: Nahezu 30 Jahre hat sich Japan gerüstet und mit Lean-Management(1) leise zum großen Sprung angesetzt. Nach der Elektronikindustrie wird nun die Automobilindustrie und der Werkzeugmaschinenbau in arge Bedrängnis gebracht. Und schon zeichnet sich eine weitere Revolution ab, nämlich die im ökologischen Bereich.

Der Markt für Umwelttechniken gewinnt derzeit enorm an Dynamik, die Schätzungen der Zuwachsraten werden permanent nach oben korrigiert. Es bleibt allerdings abzuwarten, ob europäische Hersteller die Marktanteile, die ihnen im „Versorgungsbereich", also bei der Produktion von Problemlösungen aller Art, von fernöstlichen Konkurrenten abgenommen worden sind, im „Entsorgungsbereich" wieder wettmachen können. Gerade für die großen Elektrokonzerne stellt sich die Situation heute bedrohlicher denn je dar. Neben dem gesetzlichen Druck durch die geplanteElektronikschrottverordnung liegt in der derzeitigen angespannten wirtschaftlichen Lage sicherlich der wichtigste Grund für die anlaufenden Aktivitäten in der Rücknahme und Entsorgung der Produkte, die ihren Marktzyklus beendet haben.

Doch wiederum ist es nach Meinung von Branchenkennern Japan, das unter den großen Industrieländern mit traditionell gutem Ruf für Umwelttechniken bereits eine führende Position einnimmt. Bei Umwelttechniken für sog. Basistechnologien(2) soll Japan sogar vor den Vereinigten Staaten und der Bundesrepublik rangieren.(3)

Zum forcierten Auf- bzw. Ausbau der Wettbewerbsposition der europäischen Elektronikindustrie auf dem boomenden Entsorgungssektor ist ein differenziertes Instrumentarium nötig, das ein effektives und effizientes Chancen-Management erlaubt.

2. Fundamentalprinzip effektiver und effizienter Wertschöpfung zur Operationalisierung des Management des Entsorgungszyklus

In einem sehr weiten Sinn wird Entsorgung als Gegenstück zur Versorgung aufgefaßt: Entsorgung setzt auf der Outputseite von Produktions- und Nutzungsprozessen bzw. am ursprünglich konformen Output (Problemlösung) an und zielt darauf ab, die Rückstandsentstehung durch systematisch-integriertes Handeln zu vermeiden bzw. zu vermindern, angefallene Rückstände zu nutzen sowie unvermeidbare und unerwünschte Rückstände (Abfall) in einem möglichst unschädlichen Zustand in den Wirkungsbereich der Natur zurückzuführen. Entsorgung stellt damit primär auf das outputseitige Belastungsproblem des Wirtschaftsprozesses ab.

Anhand des Fundamentalprinzips effektiver und effizienter Wertschöpfung(4) wird klar, in welchen Bereichen die lohnenden Einflußmöglichkeiten auf die entsorgungsorientierte Gestaltung von Werkstoffen, Produkten und Produktionsprozessen liegen (Abb.1).

Betrachtet man zunächst die Strukturdimension, so wird leicht einsichtig, daß eine Optimierung auf der Teileebene in der Regel sowohl aus ökonomischer wie auch aus Entsorgungsperspektive weniger effektiv sein wird als auf der Ebene der kompletten Problemlösung. Am Beispiel der Entsorgung eines Fernsehgeräts kann man verdeutlichen, an welchen Stellen effektive Ansatzpunkte der Produktgestaltung liegen: Die Vermeidung von Schadstoffen wie etwa von Cadmium oder von bromhaltigen Flammschutzmitteln aber auch von umweltproblematischen Bauelementen, genannt seien nur PCB-haltige Kondensatoren, ist sicher sehr begrüßenswert und notwendig. Nicht übersehen werden sollte jedoch, daß aus Entsorgungssicht eine modulare, demontagefreundliche und damit zukunftsoffene Konstruktion des Gesamtprodukts Möglichkeiten der Aufrüstung durch Integration technologischer Innovationen erlaubt, womit eine Entsorgung der Bauteile durch die längere Nutzungsdauer des Produkts hinausgeschoben wird. In gleicher Weise gilt für Produktionsprozesse(5), daß eine aufeinander abgestimmte Ausgestaltung des Gesamtsystems effektiver ist, als die Optimierung der mit einzelnen Aggregaten verbundenen Entsorgungsprobleme.

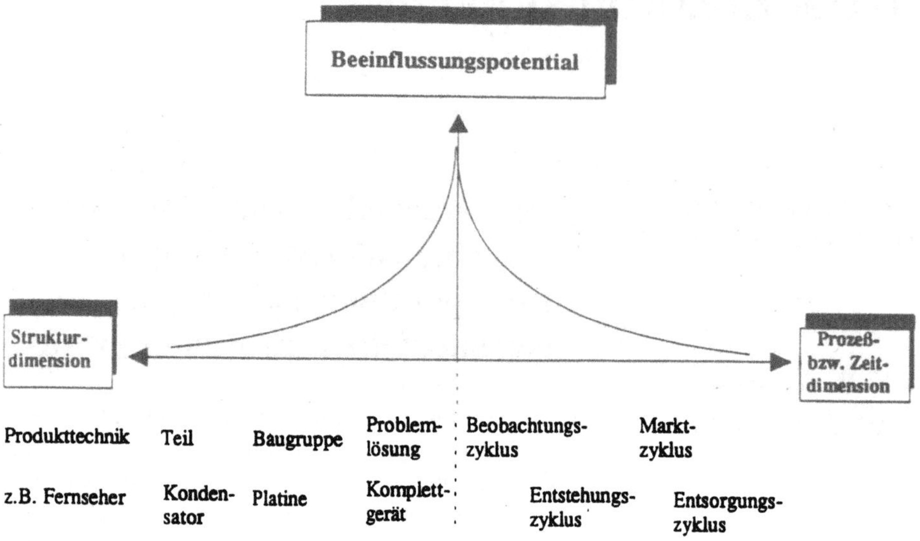

Abbildung 1: Fundamentalprinzip effektiver und effizienter Wertschöpfung

Zum Management der Prozeß- bzw. Zeitdimension des Fundamentalprinzips kann auf das um den Entsorgungszyklus erweiterte Integrierte Lebenszyklus-Konzept zurückgegriffen werden (vgl. Abbildung 2)[(6)].

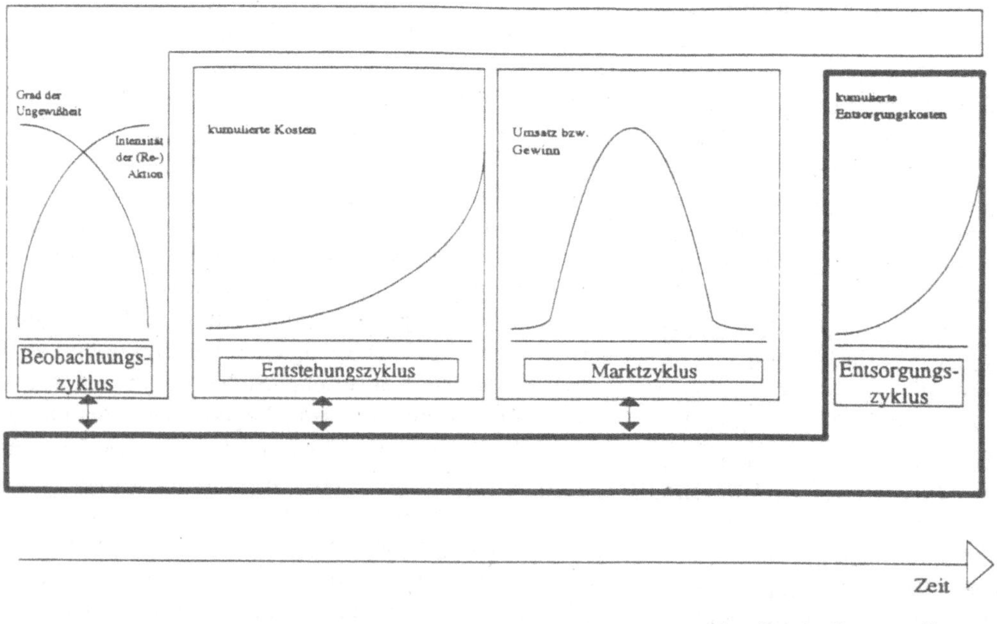

Abbildung 2: Integriertes Lebenszyklus-Konzept mit Entsorgungszyklus

Auf der Zeitebene sind die aus Entsorgungsperspektive maximalen Beeinflussungspotentiale im Beobachtungs- bzw. im Entstehungszyklus zu verzeichnen. In dieser frühen Phase besteht zwar ein hoher Grad an Unsicherheit, doch werden hier für die konstruktive Gestaltung der Produkte bzw. für die Auswahl der entsprechenden Werkstoffe und Produktionsverfahren die Weichen gestellt. Dadurch, daß im Elektronikbereich lange Zeit kein Augenmerk auf die entsorgungsorientierte Gestaltung der Produkte gelegt wurde, diese aber zu einem beachtlichen Teil in den zeitlichen Wirkungsbereich der Elektronikschrottverordnung fallen werden, sehen sich die Unternehmen mit gewaltigen „Altlasten“ konfrontiert. Man könnte überspitzt formulieren, daß eine „Ökologische Zeitbombe“ tickt, die nur unter größten Anstrengungen zu entschärfen sein wird.

Im Entstehungszyklus besteht darüber hinaus die Möglichkeit, eine „Prinzipentsorgung“ für die künftig anfallenden Rückstände zu entwickeln, zu testen, zu optimieren und die Probleme beim Übergang vom Labormaßstab auf die industrielle Entsorgungstechnik zu antizipieren. Einige Pilotprojekte im Elektronikbereich sind bereits im Gange, wobei die lange Abstinenz der Industrie bezüglich der Entsorgung die zu lösenden Probleme nicht gerade vereinfacht.

Nicht rechtzeitig antizipierte Entsorgungsprobleme können im Marktzyklus von Werkstoffen, Produkten und Produktionsprozessen gravierende Konsequenzen nach sich ziehen, im schlimmsten Fall die Einstellung der Produktion. Aber auch eine Verminderung des Marktpotentials oder eine Erhöhung der Kosten, z.B. durch verschärfte Auflagen, die zu einer Nachrüstung von Anlagen führen, können unvorbereitete Unternehmen empfindlich treffen.

Schließlich werden sich weiter verschärfende Kapazitätsengpässe bei Deponien und Verbrennungsanlagen die Abfall“beseitigung“ im Anschluß an den Marktzyklus mit enorm steigenden Kosten belasten.

Um nicht Gefahr zu laufen, die - wie eingangs erwähnt - ohnehin problematische Wettbewerbsposition weiter zu verschlechtern, stehen gerade Unternehmen der Elektronikindustrie vor dem Problem, die bestehenden Chancenpotentiale ausnutzen zu müssen. Zur Realisierung des Entsorgungs-Wertschöpfungspotentials sind Informationen erforderlich, die im Rahmen eines adäquat ausdifferenzierten entsorgungsorientierten Diagnose- und Informationssystems (EDIS) bereitgestellt werden können.

3. Notwendigkeit der Konzeption eines entsorgungsorientierten Diagnose- und Informationssystems (EDIS)

Die aktuellen Probleme, die Entsorgung in die Unternehmensplanung zu integrieren, sind nicht allein auf die hohe Komplexität und Dynamik der entsorgungsorientierten Fragestellungen zurückzuführen. Verantwortlich hierfür zeichnet vor allem die mangelnde Eignung bestehender (kommerzieller) Informationssysteme für diesen Zweck bzw. das gänzliche Fehlen adäquater Instrumente. So ist im lückenhaften Informationsstand sicherlich eines der größten Hindernisse für die Umsetzung des Management des Entsorgungszyklus zu sehen.

Da sich der Aufbau eines EDIS als unternehmensindividueller Prozeß darstellt, ist zunächst eine Analyse des betrachteten Unternehmens sowie von dessen System-Umwelt durchzuführen. Die hierbei gewonnenen qualitativen, quantitativen und monetären Daten können in einen „Datenpool" eingestellt und für entsorgungsbezogene Zwecke als Informationen entnommen und weiter verdichtet werden.

Da Entsorgungsprobleme betriebswirtschaftlich nur gelöst werden können, wenn sie in einer mit dem ökologischen System kompatiblen „Sprache" formuliert werden(7), steht nach deren Qualifizierung bzw. Quantifizierung die Monetarisierung im Mittelpunkt. Erste Ansätze hierzu liegen bereits vor(8), doch scheint die zumeist funktionsbereichsbezogene Ausrichtung eines entsprechenden Kostenrechnungssystems dem bereichs- und oftmals sogar unternehmensübergreifenden Charakter von Entsorgungsproblemen kaum gewachsen. Fraglich ist auch, inwieweit die vielfach propagierte aber kaum realisierte Ökobilanz die ihr zuerkannte Aufgabe als betriebliches Frühwarninstrument(9) einlösen kann. Der vergangenheitsbezogene Charakter und die statische Ausrichtung lassen ein vorsteuerndes Management des Entsorgungszyklus kaum zu. Demgegenüber scheint ein prozeßorientierter und am Lebenszyklus ausgerichteter Ansatz in der Lage, durch langfristigen Horizont und Zukunftsorientierung ein Maximum an entsorgungsorientierten Informationen für die Unternehmensplanung zur Verfügung zu stellen. Gerade in einem so hochdynamischen Bereich wie der Elektronikentsorgung ist dies von ausschlaggebender Bedeutung.

Bemerkungen

(1) Vgl. hierzu ausführlich: Pfeiffer, W.; Weiß, E.: Lean-Management - Grundlagen der Führung und Organisation industrieller Unternehmen, Berlin 1992

(2) Basistechnologien sind weitverbreitete, in vielen Produkten und Prozessen bereits integrierte Technologien, deren potentielles Anwendungsspektrum nahezu ausgeschöpft ist. Vgl. Servatius, H. G.: Methodik des strategischen Technologie - Managements, Berlin 1985, S. 116.

(3) Vgl. Odrich, P.: Japan will auch bei den Umwelttechniken zum großen Exporteur werden, in: Blick durch die Wirtschaft, 22.4.1991, S. 8.

(4) Vgl. Pfeiffer, W.; Weiß, E.: Lean-Management - Grundlagen der Führung und Organisation industrieller Untenehmen, Berlin 1992, S. 65 ff. und Horneber, M.: Management des Entsorgungszyklus im sachlichen und zeitlichen Kontext, Nürnberg 1992, Forschungs- und Arbeitsbericht Nr. 20 der Forschungsgruppe für Innovation und Technologische Voraussage, S. 18 ff. (zu beziehen über den Lehrstuhl für Industriebetriebslehre).

(5) Beispiele für Ansatzpunkte für die entsorgungsorientierte Optimierung der Produktionsprozesse im Elektronikbereich schildert Bruch. Vgl. Bruch, H.: Umwelt orientierte Produktions- und Produkttechnologiepolitik in der Unterhaltungselektronikbranche, in: Pfeiffer, W.; Weiß, E. (Hrsg.): Internationaler High-Tech-Wettbewerb. Herausforderungen, Lösungen, Erfahrungen, Berlin 1992, S. 101-121.

(6) Vgl. -ausführlich: Pfeiffer, W.; Bischof, P.: Produktlebenszyklen - Instrument jeder strategischen Produktplanung, in: Steinmann, H. (Hrsg.): Planung und Kontrolle, München 1981, S. 133-166. Zur Erweiterung um den Entsorgungszyklus vgl. Horneber, M.: Management des Entsorgungszyklus im sachlichen und zeitlichen Kontext, Nürnberg 1992, Forschungs- und Arbeitsbericht Nr. 20 der Forschungsgruppe für Innovation und Technologische Voraussage, S. 22 ff.

(7) Vgl. Luhmann, N.: Ökologische Kommunikation, 3. Auflage, Opladen 1990, S. 75 ff., der im Rahmen der „binären Codierung" der Frage nachgeht, wie Umweltprobleme in der gesellschaftlichen Kommunikation Resonanz finden können.

(8) Vgl. z.B. Roth, U.: Umweltkostenrechnung. Grundlagen und Konzeption aus betriebswirtschaftlicher Sicht, Wiesbaden 1992.

(9) Vgl. etwa Hallay, H. (Hrsg.): Die Ökobilanz. Ein betriebliches Informationssystem, Berlin 1990, Schriftenreihe des IÖW 27/89.

AUTOR: Dipl. Kaufmann Markus Horneber
seit 1990 wiss. Mitarbeiter am Lehrstuhl für Industriebetriebslehre, Prof. Dr. Werner Pfeiffer, Friedrich-Alexander Universität Erlangen-Nürnberg, 8500 Nürnberg 1 und Mitglied der Forschungsgruppe für Innovation und Technolog. Voraussage (FIV)

Zur Diskussion

Umweltschutzmanagement auf Internationaler Ebene - Initiativen der ICC

Rudolf J. Lauff

UMWELT-AUDIT ICC/EG - ICC-CHARTER FOR SUSTAINABLE DEVELOPMENT

In den letzten Jahrzehnten wurde die Umweltschutzdebatte von Politikern und Umweltschützern dominiert, während man der Industrie die Rolle des Bösewichts zuwies. Bei dieser Rollenverteilung wurde allerdings übersehen, daß die Industrie es war, die weitreichende Erfolge auf den Gebieten des effizienten Energieeinsatzes, der Abfallvermeidung und des Umweltschutzmanagements in modernen Produktionsprozessen erzielt hat. Alle diese Maßnahmen haben eine langfristig tragfähige Entwicklung ("sustainable development") zum Ziel.

Seit einigen Jahren wird man sich zunehmend bewußt, daß der Industrie eine entscheidende Rolle im Bereich des Umweltschutzes im Sinne einer langfristig tragfähigen Entwicklung zukommt. Dies wurde wiederholt von Regierungsvertretern, Umweltschützern, Gewerkschaftern und natürlich auch von Industriellen auf der UNCED-Konferenz in Rio de Janeiro im Juli dieses Jahres betont.

Die wohl wichtigste Antwort der Wirtschaft auf die UNCED-Konferenz in Rio war die Präsentation der **"ICC-Business Charter for Sustainable Development"**. Die 16 Grundsätze der Charta wurden formuliert, um eine gemeinsame weltweite Basis für die Verbesserung der Umweltsituation zu schaffen und Wettbewerbsverzerrungen zu verringern.

Die Charta soll auf internationaler Ebene Unternehmen dazu anregen, sich einer kontinuierlichen Verbesserung ihrer Umweltschutzaktivitäten zu verpflichten. Sie soll den unterschiedlichsten Branchen weltweit eine Orientierungshilfe für ihr Umweltmanagement zur Verfügung stellen und den Regierungen und der Öffentlichkeit gegenüber verdeutlichen, daß die Wirtschaft ihre Verantwortung gegenüber der Umwelt ernst nimmt.

Die Charta hat bereits die Unterstützung von gut 1000 bedeutenden Unternehmen und Wirtschaftsorganisationen weltweit gefunden und ist offen für weitere Unternehmen, die sich mit ihrer Unterschrift zu den Grundsätzen der Charta bekennen und sie umsetzen wollen.

Immer dann, wenn Umweltschutzthemen diskutiert werden, treten auch Fragen nach der Notwendigkeit gesetzlicher Regelungen auf. Für die in der Internationalen Handelskammer organisierten Unternehmen steht fest, daß der Weg zur langfristig tragfähigen Entwicklung am besten im Rahmen der Marktwirtschaft erreicht werden kann. Dieses Wirtschaftssystem muß so weiterentwickelt werden, daß die Dimension Umweltschutz in Zukunft deutlicher berücksichtigt wird. Wir alle erkennen an, daß ein Großteil des Fortschritts im Umweltschutz durch striktere Gesetze erreicht wurde. Doch haben freiwillige Umweltschutzmaßnahmen der Industrie einen sehr wichtigen Anteil an diesen Fortschritten und dieser Anteil wächst kontinuierlich. Es ist daher nicht vermessen zu sagen, daß die Wirtschaft dabei ist, im Umweltschutz eine führende Rolle zu übernehmen.

Umweltschutz-Audits als Risikovorsorge

Von dem Erfahrungswert ausgehend, daß eine gute Ökonomie ökologisch sein muß, muß im Umkehrschluß eine gute Ökologie auch ökologisch sein. Widersprüche zwischen Ökologie und Ökonomie lassen sich nur bei kurzsichtiger Betrachtung konstruieren, denn unternehmerische Verantwortung bedeutet letztlich langfristige Sicherung der Funktionsfähigkeit des Unternehmens und des Standortes, und dies schließt zwangsläufig den Umweltschutz mit ein. Dies gilt auf Dauer für alle Industriestandorte der Welt. Der Umweltschutz wird damit zum Wegbegleiter des technischen Fortschritts. Probleme im Umweltschutzbereich werden daher auch nicht durch die Abkehr von der Technik, sondern durch ihren konsequenten Einsatz gelöst.

Das Eigeninteresse der Industrie am Umweltschutz hat im Rahmen der Internationalen Handelskammer (ICC) zur Erarbeitung des international abgestimmten

Konzepts der Umweltschutz - Audits (Englisch: Environmental Auditing) geführt.

Gesetzliche Bestimmungen im Umweltschutz können schwerlich alle Einzelfälle umweltrelevanter Belange abdecken. Darüber hinaus geben sie keine Garantie für sach- und praxisgerechte Lösungen. Für immer mehr Unternehmen erschöpft sich Umweltschutz daher nicht allein im Erfüllen staatlicher Vorgaben, vielmehr wird zunehmend Gebrauch von freiwilligen Selbstkontrollen gemacht.

Anhand solcher freiwilligen betrieblichen Umweltschutzkontrollen können alle Bereiche eines Unternehmens vom Management bis hin zur Produktion durch klare Verfahrensvorschläge für den Umweltschutz aktiviert werden. Informations-, Kontroll- und Entscheidungssysteme für betriebliche Umweltschutzfragen sind notwendige Infrastrukturen für ein Unternehmen, weil sie Entscheidungsgrundlagen dafür liefern, rechtzeitig Produkte zu entwickeln, sie umweltverträglich zu verwenden, zu verwerten oder zu entsorgen. Unternehmen sollen in Prozesse und Verfahren investieren, die Energie und Rohstoffe einsparen sowie Möglichkeiten der Wiederverwendung eröffnen und ferner Roh-, Hilfs- und Betriebsstoffe durch umweltverträgliche Alternativen ersetzen.

Das ICC-Konzept der Umwelt-Audits darf für sich weitgehende Allgemeingültigkeit beanspruchen. Zugleich bietet es mit seinen Grundregeln konkrete Handlungsanweisungen für Planung, Organisation und Durchführung von innerbetrieblichen Umweltschutz-Audits an. Durch geeignete Information über Einführung und Funktionsweise dieses zusätzlichen Kontrollinstruments läßt sich das Vertrauen von Öffentlichkeit und Behörden in die Umweltschutzkompetenz des Unternehmens und in das Konzept verantwortlicher Eigenüberwachung darüber hinaus stärken.

Ein weiterer Vorteil bei der Anwendung der Umweltschutz-Audits ist die Verminderung der Gefahr von Rechtsstreitigkeiten und etwaiger Risiken, gegen Rechtsvorschriften zu verstoßen oder gar nach dem Umweltstrafrecht verurteilt zu werden.

Die Auditing-Checklisten ermöglichen eine lückenlose Überprüfung, weisen auf Zusammenhänge hin, die besonderer Aufmerksamkeit bedürfen und warnen die Verantwortlichen frühzeitig vor möglichen zukünftigen Problemen. Die Ergebnisse dieser Prüfungen, und dies wird von der Internationalen Handelskammer ausdrücklich betont, sollen ausschließlich der Unternehmensführung zur Verfügung stehen.

Eigenverantwortung besser als Detailregulierung

Die in der Internationalen Handelskammer zusammengeschlossenen Unternehmen aus mehr als 110 Ländern gehen von der Überzeugung aus, daß eigenverantwortliches Handeln der Wirtschaft im Ergebnis wirksamer ist als bürokratische Detailregulierungen, die den notwendigen kreativen Spielraum für das Umweltmanagement im Unternehmen eher behindern als fördern. Innere Überzeugung ist auch beim Umweltschutz eine bessere Motivation als äußere Kontrolle.

Es muß nochmals hervorgehoben werden, daß es sich bei den **Umweltschutz-Audits**, ähnlich wie bei der Qualitätssicherung, um ein **Management-Instrument mit streng unternehmensinternem Charakter** handelt. Entsprechend dienen die Ergebnisse der Audits ausschließlich der internen Beurteilung und schonungslosen Schwachstellenanalyse, die dann als Grundlage für Verbesserungen im betrieblichen Umweltschutzmanagement zur Verfügung stehen. Dieses betriebliche Umweltschutz-Know-how verliert allerdings seinen Wert, wenn es im Verordnungswege der Öffentlichkeit zugänglich gemacht würde.

Damit das firmeninterne Umweltmanagement im Rahmen marktwirtschaftlicher Umweltschutzstrategien seine Leistungsfähigkeit beweisen kann, ist ein Mitziehen von seiten der Bundesregierung und der EG dringend geboten.

Grundsätzlich positiv zu bewerten ist die Tatsache, daß die Initiativen der Wirtschaft zum freiwilligen betriebsinternen Umweltmanagement von der Bundesregierung in ihrem Jahreswirtschaftsbericht und insbesondere von Bundeswirtschaftsminister Möllemann mittlerweile ausdrücklich begrüßt werden.

EG-Entwurf contra ICC-Konzept

Die EG-Kommission jedoch behandelt inzwischen einen mehrfach geänderten Entwurf einer Verordnung, der in seinen Kernpunkten in scharfem Gegensatz zu dem bereits 1989 von der ICC erarbeiteten Umweltschutz-Audit-Konzept steht und die Kontrolle des betrieblichen Audit-Managements unter anderem durch Externe vorsieht.

Die EG-Kommission hat zwar nicht zuletzt aufgrund des Einspruchs von deutscher Seite die Freiwilligkeit des Audit-Systems anerkannt, doch ist der staatliche Interventionismus allein damit noch nicht ausgeräumt. Der Kommissions-Verordnungsentwurf sieht nämlich vor, daß sich Industriebetriebe für das Umwelt-Audit registrieren lassen können, diese Registrierung verpflichtet sie jedoch, alle Anforderungen der Verordnung zu erfüllen. Dazu gehört unter anderem die Durchführung von Umwelt-Audits in Zeitabständen von ein bis vier Jahren, die Erstellung einer Prüferklärung und insbesondere die Überprüfung der Erklärung und des Umwelt-Audits durch einen - (zwar) zur Vertraulichkeit verpflichteten - (jedoch) staatlich anerkannten Umwelt-Betriebsprüfer. Die Prüfung erstreckt sich auf die regelrechte Erstellung des Audits und der Prüferklärung sowie auf Vollständigkeit und Korrektheit. Hinzu kommt dann noch die Übermittlung der Erklärung an die zuständige Stelle und ihre Veröffentlichung.

Sollte es zu dieser europaweiten Verordnung kommen, so wäre dies für die Verhältnisse in der Bundesrepublik ein Rückschritt, denn hierzulande hat der Markt den Umweltschutz schon längst als Wachstumsbranche angenommen und mittlerweile eine umweltschützende Eigendynamik entfaltet, die auf reinem Verordnungswege nie zustande gekommen wäre.

Um keine Mißverständnisse aufkommen zu lassen: Die Internationale Handelskammer hält staatliche Vorgaben zum Beispiel im Bereich von Grenzwertfestsetzungen für unerläßlich, da sie Rahmenbedingungen schaffen, die im jeweiligen gesetzlichen Geltungsbereich von allen Unternehmen gleichermaßen zu berücksichtigen sind.

Umweltschutz-Audits erfüllen ihren Zweck aber erst dann, wenn sie als internes Instrument des Managements im Sinne der Eigenverantwortung genutzt werden und genügend Spielraum für ein kreatives Öko-Management im Unternehmen lassen. Auch Bundeswirtschaftsminister Möllemann ist der Auffassung, die EG-Kommission bemächtige sich hier eines Instruments, das ohnehin von der Wirtschaft im Rahmen der ICC selbst entwickelt und vorangetrieben werde. Der mögliche umweltpolitische Vorteil einer EG-Verordnung zum Umwelt-Audit, so der Bundeswirtschaftsminister weiter, stehe in keinem Verhältnis zum dafür notwendigen bürokratischen Aufwand. Möllemann schlägt abschließend vor, dem EG-Vorhaben nicht zuzustimmen.

Es bleibt die Frage, ob auch in der EG-Kommission die Erkenntnis des Bundeswirtschaftsministers reift, daß die Kreativität der Industrie den Umweltschutz weiter bringt als starre bürokratische Normen.

Autor: Dr. Rudolf J. Lauff
Mitglied der Geschäftsführung der Deutschen Gruppe der Internationalen Handelskammer (ICC), 5000 Köln

Anm.: Das ICC-Umweltschutz-Audit-Konzept und die Charta für langfristig tragfähige Entwicklung können bei der Deutschen Gruppe der Internationalen Handelskammer bezogen werden: FAX: 0221/23 03 33.

Ökologische Unternehmensführung

Rudi Kurz et al.

ÖKOMANAGEMENT - RENTABILITÄT - STRATEGISCHE PLANUNG - ORGANISATION - PRODUKTGESTALTUNG - PRODUKTVERANTWORTUNG - PRODUKTIONSPROZESS - INTEGRIERTER UMWELTSCHUTZ

1. Einführung

1.1 Die Bedeutung ökologischer Unternehmensführung

Vereinzelte Erfolge im Umweltschutz können nicht darüber hinwegtäuschen, daß sich die ökologische Lage weltweit weiter dramatisch verschärft. Dazu tragen die industrialisierten Staaten in einem erheblichen Ausmaß bei, da es ihnen bislang nicht gelungen ist, zu einer umweltverträglichen Wirtschaftsweise (sustainable development) zu finden. Die Erfahrung mit 20 Jahren Umweltpolitik zeigt, daß der Staat alleine mit den ökologischen Problemen überfordert ist. Ohne Veränderungen im Verhalten der privatwirtschaftlichen Entscheidungsträger - der privaten Haushalte und der Unternehmen - kann ein ausreichend rascher ökologischer Wandel nicht erreicht werden. Umweltbewußtes Handeln der Privaten entlastet die staatliche Umweltpolitik und vermindert den Regelungs- und Interventionsbedarf. Es macht allerdings die Weiterentwicklung der Rahmenbedingungen für ökologisches Wirtschaften weder überflüssig noch weniger dringlich.
Zu notwendigen Schritten auf dem Weg zur ökologisch-sozialen Marktwirtschaft hat der BUND in verschiedenen Publikationen seine Vorstellungen und Forderungen ausführlich dargelegt (vgl. insbesondere BUNDposition ökologisch-soziale Marktwirtschaft und BUNDargumente Umwelt-Steuern). Mit der vorliegenden BUNDposition werden diese Forderungen nicht aufgegeben oder relativiert, sondern ergänzt. Die Notwendigkeit einer ökologischen Reform der Rahmenbedingungen besteht auch deshalb, weil sich dadurch die Handlungsspielräume der Unternehmen für umweltbewußtes Verhalten vergrößern.

Alle Entscheidungen in Unternehmen sind stets auch Entscheidungen über Natur- und Umweltbelastung. Ökologische Kriterien spielen aber bislang in der Entscheidungsfindung keine oder lediglich eine untergeordnete Rolle. Der Umweltschutz kann ein großes Stück vorangebracht werden, wenn sich dies ändert. Es wird nicht verkannt, daß der ökologische Handlungsspielraum der Unternehmen begrenzt ist. Unternehmen müssen mit ihren Produkten den Präferenzen der Nachfrager gerecht werden, und sie müssen die politisch definierten Rahmenbedingungen so nutzen, daß sie Gewinne erzielen. Dennoch verbleiben beachtliche Freiheitsgrade für Unternehmen, die sie für mehr umweltbewußtes Wirtschaften nutzen können. Zudem haben Unternehmen einen nicht zu unterschätzenden Einfluß auf die Kundenpräferenzen und die Art der gesamtwirtschaftlichen Rahmenbedingungen. Der BUND möchte Unternehmen ermutigen und dazu drängen, gegebene Spielräume auszuschöpfen und aktiv daran mitzuwirken, die Rahmenbedingungen für ökologische Unternehmensführung zu verbessern.

Umweltschutz ist heute zu einem Thema geworden, mit dem sich jede Unternehmensführung auseinandersetzen muß. Umweltverschmutzende Produktion oder Produkte schaden dem Image und schaden damit nicht nur dem Absatz, sondern mindern z.B. auch die Attraktivität des Unternehmens für qualifiziertes Personal und für Anleger. Unterlassener Umweltschutz kann daher sehr teuer werden. Umweltschutz ist aber auch deshalb interessant geworden, weil ökologisch verträgliche Produkte bereits heute ein beachtliches Marktvolumen mit teilweise zweistelligen Zuwachsraten erreichen. Die Schere zwischen bekundetem Um-

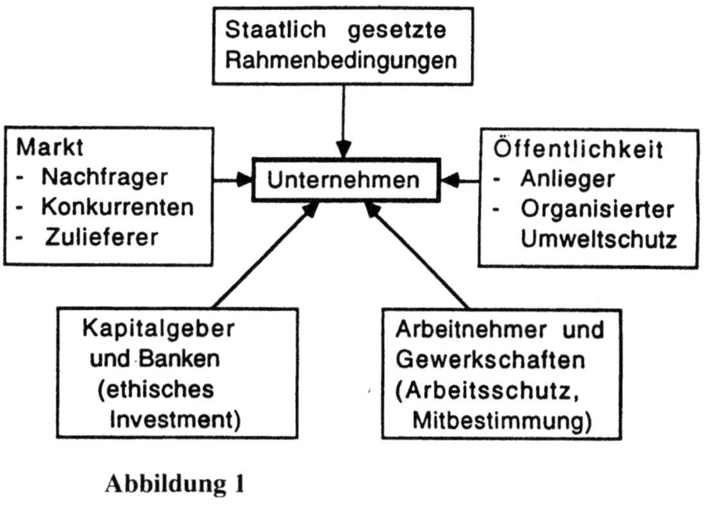

Abbildung 1

weltbewußtsein und tatsächlichem Kaufverhalten der Konsumenten schließt sich allmählich.

Je später ein Unternehmen auf den sich verschärfenden Problemdruck reagiert, desto geringer werden die verbleibenden Handlungsspielräume. Betriebswirtschaftlich ist es stets günstiger, den Zeitpunkt einer Verhaltensänderung selbst zu bestimmen, als ihn von der Öffentlichkeit oder dem Gesetzgeber aufoktroyiert zu bekommen. Der Problemdruck wird mittlerweile nicht nur von Umweltschützern artikuliert und an die Unternehmen herangetragen, sondern aus vielfältigen Quellen gespeist (vgl. Abb. 1). Insbesondere Großunternehmen sind heute „quasi-öffentliche Institutionen", deren gesellschaftliche Akzeptanz in wachsendem Umfang von der Fähigkeit der Unternehmensführung abhängt, unterschiedlichsten Ansprüchen (der Kapitaleigner, der Beschäftigten, der Kunden, des Staates) gerecht zu werden. Zu den traditionellen Ansprüchen ist die Übernahme ökologischer Verantwortung hinzugekommen.

1.2 Ökologie und Rentabilität

Unternehmerische Aktivität ist auf dauerhafte Gewinnerzielung ausgerichtet. Werden über längere Zeit keine Gewinne erzielt, ist ein Unternehmen zum Ausscheiden aus dem Markt gezwungen. Dieser Sachverhalt begrenzt einerseits die ökologischen Handlungsmöglichkeiten des Unternehmens. Er verlangt aber andererseits geradezu ökologisches Bewußtsein, weil nur dann Gewinnerzielung auch in der Zukunft möglich ist.

Zahlreiche Untersuchungen und praktische Fallbeispiele belegen, daß es in Unternehmen eine Vielzahl ungenutzter Möglichkeiten gibt, sowohl Umweltschutz als auch Rentabilität zu verbessern. Die systematische Suche und Beseitigung von ökonomischer und ökologischer Verschwendung steigert die Rentabilität. Die Absatzchancen umweltbewußter Unternehmen verbessern sich selbst auf gesättigten Märkten (z.B. Wasch- und Putzmittel), da die Umschichtung der Nachfrage Umsatzsteigerungen für Pionierunternehmen zuläßt. Insoweit besteht kein Zielkonflikt zwischen Ökologie und Rentabilität.

Eine zweite Gruppe von Maßnahmen "rechnet" sich bei den gegenwärtig gegebenen Rahmenbedingungen nicht unmittelbar und scheint deshalb betriebswirtschaftlich nicht vertretbar. Gerade bei Entscheidungen von strategischer Bedeutung gilt jedoch regelmäßig, daß sie sich einfachen Rechenkalkülen entziehen. Sie finden ihre Rechtfertigung in der langfristigen Existenzsicherung des Unternehmens. Hier gilt es, das Bewußtsein der Unternehmen für die sich notwendig vollziehende Veränderung der Rahmenbedingungen zu schärfen, z.B. die Verteuerung von Energie, Wasser und Abfallentsorgung, erweiterte Umweltinformationspflichten, verschärfte Umwelthaftung. Diejenigen Unternehmen, die solche Veränderungen frühzeitig erkennen und offensiv agieren, tragen damit zu ihrer eigenen langfristigen Existenzsicherung bei. Dies ist auch volkswirtschaftlich bedeutsam, weil es die internationale Wettbewerbsfähigkeit unserer Volkswirtschaft unter veränderten ökologischen Bedingungen sichern hilft.

Fazit: Offensives Umweltmanagement verschafft Wettbewerbsvorteile und trägt zur Existenzsicherung des Unternehmens bei.

2. Gegenstand und Aktionsfelder ökologischer Unternehmensführung

Ökologische Unternehmensführung verlangt einen ganzheitlichen Ansatz, d.h. alle Teilaspekte des Unternehmensprozesses und deren Vernetzung (Rückkoppelung, Problemverlagerung) müssen einbezogen werden. Dabei sind die Schwerpunkte je nach Branche und Unternehmensgröße unterschiedlich zu setzen. Im folgenden wird auf einige wichtige Aktionsfelder eingegangen, ohne Anspruch auf Vollständigkeit zu erheben. Teilaspekte wie Flächenverbrauch, ökologisches Bauen und Bürobetrieb, die im Einzelfall von großer Bedeutung sein können, bleiben dabei unberücksichtigt.

2.1 Zielsystem des Unternehmens und strategische Planung

Es sind zahlreiche Versuche unternommen worden, das Zielsystem des Unternehmens zu beschreiben und zu systematisieren, aber es gibt nur wenige empirisch gesicherte Erkenntnisse. Unstrittig ist, daß Gewinnerzielung nicht (mehr) das einzige Ziel darstellt. Für die langfristige Sicherung des Unternehmens haben weitere Ziele zunehmend an Bedeutung gewonnen, z.B. Sozialziele (Arbeitsplatzsicherheit, Partizipation, Verteilungsgerechtigkeit) und ökologische Ziele. Umweltschutz dringt in das Zielsystem vor, weil die entscheidende Bedeutung ökologischer Faktoren für den langfristigen Erfolg eines Unternehmens immer deutlicher geworden ist.

Umweltschutz muß Teil der Werthaltung (Unternehmensphilosophie, corporate identity) des Unternehmens sein und von dieser obersten Ebene der Zielhierarchie auf das alltägliche Handeln ausstrahlen (vgl. Abb. 2). Der Wandel in der Werthaltung, der erforderlich ist, kann (mit Dyllick) so formuliert werden: Nicht Unternehmertum trotz Umweltschutz, sondern Unternehmertum für Umweltschutz, d.h. zur Bereitstellung ökologisch besserer Problemlösungen.

Zwischen Umweltschutz und anderen Unterneh-

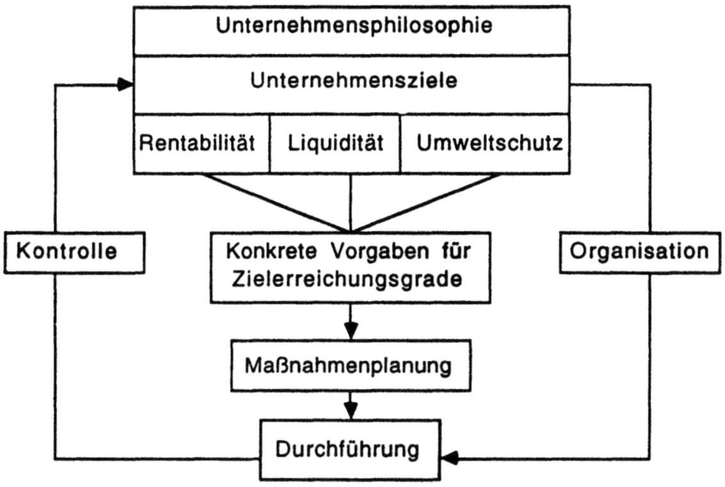

Abbildung 2

menszielen, insbesondere dem Rentabilitätsziel, können Zielkonflikte auftreten. Vereinfachend kann die Entscheidungssituation wie folgt dargestellt werden:

Es lassen sich demnach vier Fallgruppen unterscheiden: Wenn eine Situation der Fallgruppe 1 erkannt wird, ist sowohl aus ökonomischen als auch aus ökologischen Gründen ein möglichst rascher Ausstieg angezeigt. Das Problem der Fallgruppe 2 ist letztlich nur lösbar durch eine Veränderung der gesamtwirtschaftlichen Rahmenbedingungen, so daß Umweltschutz auch betriebswirtschaftlich rentabel wird. Für das Unternehmen ergeben sich aus dieser Situation zwei Konsequenzen: Es muß aktiv an der notwendigen Veränderung der Rahmenbedingungen mitwirken, und es kann bei bestimmten Entscheidungen diese Veränderung bereits antizipieren. In Fallgruppe 3 ist der Verzicht auf Gewinnchancen gefordert. Teilweise kann der Verzicht auf umweltschädliche Projekte oder Produkte durch einen Imagegewinn, durch die Reduzierung von Risikopotentialen oder durch Innovationen aufgefangen werden. Im übrigen stellt sich hier aber die ethische Frage nach der Verantwortung des Unternehmers. Ohnehin kein Entscheidungsspielraum ist dort gegeben, wo gesetzliche Vorschriften den Verzicht erzwingen (sofern von illegalen Praktiken abgesehen wird). In Fallgruppe 4 stellt sich das Problem eines Zielkonflikts überhaupt nicht. Das sind die Fälle, die im Prozeß der ökologischen Umorientierung des Unternehmens zuerst angegangen werden können, weil sie für das Unternehmen mit Ergebnisverbesserungen verbunden sind (z.B. Energie- und Rohstoffeinsparung, Verpackungsreduzierung).

Strategische Planung versucht, durch einen langen Planungshorizont frühzeitig Veränderungen im Unternehmensumfeld zu erkennen und auf der Basis einer Unternehmensanalyse (ökologische Schwachstellen) geeignete Anpassungsreaktionen zu entwickeln. Je frühzeitiger neue ökologische Anforderungen erkannt werden, desto leichter lassen sich ökonomische und öklogische Zielsetzungen zur Dekkung bringen. Das Unternehmen kann statt Krisen-PR präventive Risikopolitik betreiben. Strategische Optionen entziehen sich weitgehend der Rechenhaftigkeit einfacher Investitionskalküle. Entscheidungen darüber werden auf der Basis weicher Indikatoren im gesellschaftspolitischen Kontext getroffen, um die Akzeptanz für das Unternehmen zu sichern. Ein Konflikt mit dem Rentabilitätsziel läßt sich insofern gerade bei den wesentlichen unternehmerischen Entscheidungen nicht belegen.

Die Haltung des Unternehmens gegenüber ökologischen Herausforderungen kann vereinfachend durch zwei Typen gekennzeichnet werden: defensive Strategie und offensive Strategie. **Defensive Strategie** bedeutet, staatliche Vorschriften soweit als nötig einzuhalten und neue Vorschriften mit allen legalen Mitteln (Lobbytätigkeit, Parteispenden usw.) zu bekämpfen. Erreicht werden kann damit eine zeitliche Verzögerung von Umweltschutzkosten. Die **offensive Strategie** zielt auf eine frühzeitige Neu-Orientierung der Unternehmensaktivität im Hinblick auf absehbare ökologische Begrenzungen. Durch sie nutzt der ökologisch innovative Unternehmer die Chancen, die sich jedem Innovator bieten: Er kann einen Know-how-Vorsprung erzielen, Umweltschutz im Marketing nutzen und die Konkurrenten unter Zugzwang setzen.

Diese Strategie verlangt allerdings Konsequenz, sie darf sich nicht auf das Kurieren an einigen Symptomen beschränken (etwa den Bau einer neuen Kläranlage). Vielmehr muß auch die Frage nach dem gesellschaftlichen Nutzen der Produkte in die Überlegungen einbezogen werden. Bei manchen Produkten wird es aus ökologischer Sicht keine Alternative zu einer Produktionseinstellung geben. In diesem Fall benötigt das Unternehmen eine Ausstiegsstrategie, d.h ein Pro-

Umwelt-wirkung / Rentabilitätswirkung	negativ	positiv
negativ	(1) Ausstieg	(2) Veränderung der Rahmenbedingungen
positiv	(3) Rentabilitäts-verzicht zugunsten von Umweltschutz	(4) Rentabilitäts-verbesserung durch Umweltschutz

Abbildung 3

duktportfolio, in dem Produkte enthalten sind, die zukünftig Umsatz und Arbeitsplätze sichern. Die offensive Strategie verlangt ein Abgehen von der rein produktzentrierten Sichtweise, d.h. von der Vorstellung, das Schicksal des Unternehmens sei mit einem bestimmten Produkt verknüpft (etwa dem Automobil). Vielmehr muß danach gefragt werden, wie das Unternehmen eine bestimmte, gesellschaftlich als notwendig erachtete Funktion (z.B. Mobilität) für seine Kunden möglichst umweltschonend erfüllen kann. Für die Erfüllung dieser Funktion lassen sich verschiedenste Lösungen (Systemlösungen) entwickeln bis hin zu Beratungen über Mobilitätsvermeidung/-optimierung und der Bereitstellung von Substituten (z.B. Telekommunikation). Voraussetzung einer offensiven, innovativen Strategie ist der **Aufbau eines ökologiebezogenen Frühwarnsystems**. Dazu gehört nicht nur die Beobachtung neuer technologischer Entwicklungen (Forschungsprojekte, Erfindungen), sondern auch die Auseinandersetzung mit den Themen, die von Bürgerinitiativen, Umwelt- und Verbraucherschutzgruppen aufgeworfen werden. Die Risiken einer offensiven Öko-Strategie sind die, die bei jeder Innovation auftreten: Die neue Lösung muß im Markt durchgesetzt werden (gegen die Widerstände von Konkurrenten und konservativen Konsumenten, d.h. der Innovator trägt die Lernkosten), Rahmenbedingungen und Institutionen sind noch nicht optimal an die neue Lösung angepaßt (z.B. gewerblicher Rechtsschutz, Normen, Genehmigungsverfahren), und unternehmensintern stellt Innovationsmanagement höhere Anforderungen als „business as usual".

Fazit: Umweltschutz muß Teil der Unternehmenskultur und des unternehmerischen Zielsystems sein. Nur auf dieser Basis kann der Umweltschutzgedanke wirkungsvoll auf den gesamten Unternehmensprozeß ausstrahlen. Seinen Ausdruck findet das Umweltschutzziel in einer offensiven Öko-Strategie, die durch Kommunikation und Kooperation ökologische Sensibilität entwickelt und in Systemlösungen umsetzt.

2.2 Organisation

(1) Zur Umsetzung der ökologischen Unternehmensführung in die betriebliche Praxis bedarf es einer geeigneten Organisationsstruktur. Ein Patentrezept dafür gibt es nicht. Der generelle Trend zu flacheren Hierarchien harmoniert insofern mit den Erfordernissen des betrieblichen Umweltschutzes, als die Einbeziehung jedes einzelnen Mitarbeiters dadurch erleichtert wird.

Ein Höchstmaß an Integration des Umweltschutzes ergibt sich, wenn jeder Mitarbeiter in seinem Wirkungsbereich zugleich Umweltschutzexperte ist. Im anderen Extremfall wird Umweltschutz in eine Stabsstelle ausgelagert, und nur deren Mitarbeiter fühlen sich für den betrieblichen Umweltschutz verantwortlich. In der Realität liegen Organisationsformen zwischen den beiden Extremen. Zum Einstieg mag die Bildung einer Stabsstelle sinnvoll sein, damit der Aufbruch zur ökologischen Umorientierung nicht mit - organisationsintern zumeist nicht willkommenen - Umstrukturierungen belastet wird. Im weiteren Verlauf des Prozesses kommt es dann aber darauf an, daß Umweltschutz dezentralisiert und in allen Sparten und Abteilungen verankert wird. Umweltschutz muß zudem durch ein Mitglied im Vorstand bzw. in der Geschäftsführung („Machtpromotor") vertreten sein, weil Umweltschutz für die Entwicklung des Unternehmens kaum weniger bedeutsam ist als etwa Finanzen oder Personal. In vielen Unternehmen fehlt eine solche **Verankerung in der Unternehmensleitung** („Chefsache") noch immer.

(2) Der Betriebsbeauftragte für den Umweltschutz, wie er gesetzlich (z.B. nach § 54 Bundesimmissionsschutzgesetz) vorgeschrieben ist, nimmt in der Unternehmensorganisation eine besondere Stellung ein. Er hat gegenüber der Unternehmensleitung nur Beratungs-, keine Entscheidungskompetenz. Faktisch verrichtet er primär operative Kontroll- und Überwachungstätigkeiten. Einen weiteren großen Teil seiner Arbeitszeit nehmen Verhandlungen mit Umweltbehörden und Öffentlichkeitsarbeit ein. Für die Rolle des „Fachpromotors", d.h. für die Unterstützung der Entwicklung und Einführung umweltfreundlicher Verfahren und Erzeugnisse (integrierter Umweltschutz), bleibt ihm kaum Zeit. Ein zweiter Schwachpunkt ergibt sich aus der **Doppelfunktion des Umweltschutzbeauftragten**, die - zumal in ökologisch defensiven Unternehmen - zu Konflikten führt: Als „Umweltgewissen" soll er einerseits die Interessen der Natur vertreten, andererseits als Mitarbeiter in voller Loyalität zum Unternehmen stehen.

Hilfreich kann die Unterstützung durch unabhängige externe Umweltberater sein. Notwendig ist die Einrichtung von Umweltausschüssen, wobei deren Charakter je nach Unternehmen unterschiedlich sein wird. Das Spektrum reicht von Projektteams über Umwelt-Quality-Circles bis hin zu (durch Betriebsvereinbarung) institutionalisierten Gremien.

(3) Die Ablauforganisation muß gewährleisten, daß die ökologischen Teilziele auf jeder Unternehmensebene einer wirksamen Kontrolle unterliegen. Das gilt für Beschaffungsvorgänge ebenso wie für die laufende Prozeßkontrolle (Installation geeigneter Meßsysteme) und Berichte über Abweichungen und Unfälle. Für denkbare „Störfälle" müssen Krisenpläne ausgearbeitet sein. Eine umfassende Kontrolle, die auch die Organisationsstruktur selbst einschließt, muß in regelmäßigen Abständen in Form eines Umwelt-Prüfverfahrens (Umwelt-Audit, siehe auch 2.8; in UWF 2) durchgeführt werden.

(4) Mit der arbeitsteiligen Organisation werden nicht nur Kompetenzen, sondern wird auch Verantwortung zugeordnet. Dies ist im Hinblick auf das Umweltstrafrecht von großer Bedeutung. Bei Umweltvergehen haftet grundsätzlich die Unternehmensleitung. Sie kann allerdings Aufgaben und damit auch strafrechtliche Verantwortung delegieren. Wenn der Betrieb ordnungsgemäß installiert, die Pflichten der Mitarbeiter klar definiert, ihre Ausbildung und Kompetenz den Aufgaben entspricht und regelmäßige Kontrollen durchgeführt werden, kann sich die Unternehmensleitung entlasten. Gut organisierter Umweltschutz liegt daher im Interesse der Unternehmensleitung und jedes einzelnen Mitarbeiters.

(5) Fazit: Umweltschutz muß in der Organisation des Unternehmens seinen adäquaten Ausdruck finden. Dazu ist es notwendig, daß Umweltschutz in der Unternehmensleitung vertreten ist und durch die Einbeziehung einer möglichst großen Zahl von Mitarbeitern dezentralisiert wird.

2.3 Produktgestaltung

Die wichtigste umweltbelastende Emission der Wirtschaft sind ihre Produkte. Dieser Satz mag überzogen sein, kennzeichnet aber einen entscheidenden Wandel im Denken über ökologische Unternehmensführung: Es geht nicht mehr allein um die Reduzierung von Ressourcenverbrauch und Emissionen durch Optimierung des Produktionsprozesses (vgl. dazu 2.4). Zumindest ebenso bedeutsam - ökologisch und für die Zukunft des Unternehmens - sind:

a) die Zusammensetzung der Produktpalette,
b) die Gestaltung jedes einzelnen Produkts und
c) die Verpackung des Produkts.

Die Unternehmen müssen damit rechnen, daß sie in Zukunft immer nachdrücklicher nach der gesellschaftlichen Legitimation und Verantwortbarkeit ihrer Produkte gefragt werden. Die bisher gängige Legitimation durch die - oftmals werbungsstimulierte - Nachfrage wird als Antwort nicht mehr ausreichen.
Als Nahziel sollten die gegebenen Produkte und ihre Verpackung weniger umweltbelastend gestaltet werden. Im nächsten Schritt müssen stark umweltbelastende Produkte ersetzt werden durch weniger schädliche Substitute. Nur durch frühzeitige umweltbezogene Innovation kann verhindert werden, daß mit dieser Umstellung (ökologische Konversion) das Unternehmen in die Krise gerät. Wo ökologische Innovationen nicht möglich sind, gilt es, die Einstellung der Produktion vorzubereiten. Dazu muß ein **zukunftsfähiges Produktportfolio** aufgebaut werden, das z.B. auf Beratung über Vermeidung und Aufarbeitung von Altlasten setzt. Ein frühzeitiger Ausstieg (z.B. aus der FCKW- oder der PVC-Produktion) vermeidet Fehlinvestitionen und dient dem Firmenimage. Längerfristig kommt es darauf an, das Unternehmen neu zu positionieren - durch Problemlösungen, die es erlauben, bestimmte Bedürfnisse (Ernährung, Mobilität, Kommunikation etc.) mit möglichst wenig Güterproduktion zu befriedigen (z.B.Stromproduktion durch Energiesparmaßnahmen ersetzen - vgl. Kasten „Least-Cost Planning").

Durch eine gezielte Strategie des Verzichts auf Güterproduktion wird möglicherweise das Umsatzwachstum leiden, kann aber die Rentabilität der Unternehmen langfristig gesichert werden. Die Produktionseinschränkung kann mit Arbeitsplatzverlusten verbunden sein. Dieses Problem ist einzelwirtschaftlich nicht lösbar, sondern kann nur im Rahmen einer gesamtgesellschaftlichen Zukunftsstrategie bewältigt werden.

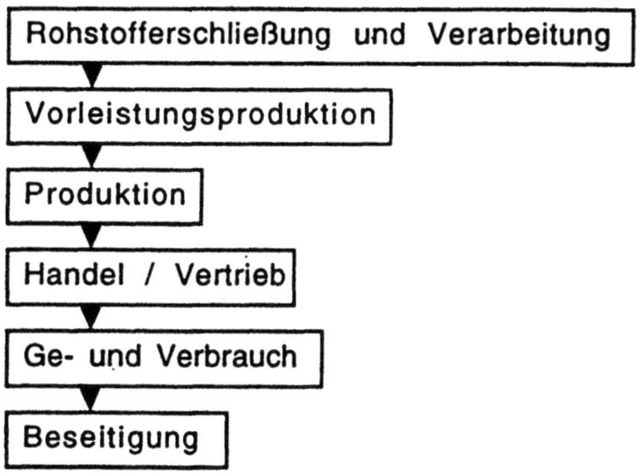

Abbildung 4

Um die Umweltverträglichkeit von Produkten zu beurteilen, ist es erforderlich, den gesamten **Produktlebenszyklus** (vgl. Abb. 4) zu betrachten - von der Wiege bis zur Bahre - und muß das Unternehmen die **Gesamtverantwortung** für sein Produkt übernehmen. Neben die umweltschonende Produktion tritt damit die umweltverträgliche Beschaffung (inkl. Rohstoffgewinnung), die Senkung der Umweltbelastung in der Gebrauchsphase (Energieverbrauch, Reparaturfreundlichkeit, Langlebigkeit z.B. durch Modulbauweise), die Verbesserung der Entsorgungsmöglichkeiten nach Gebrauch (Zerlegbarkeit, Beschränkung der Stoffvielfalt, Reduzierung der Zahl der Teile).

Eine solch umfassende Betrachtung von Produkten versuchen die Produkt-Ökobilanzen und die Produktlinienanalyse zu leisten (vgl. 2.8). Um dem Verbraucher die ökologische Beurteilung des Produkts zu erleichtern, sollte eine umfassende **Produktinformation** (Kennzeichnung) erfolgen. Als grobe Indikatoren können auch Umweltzeichen wie der „Blaue Engel" dienen.

Über das Ausmaß der Umweltbelastung durch ein Produkt wird vielfach schon in der Produktentwicklung entschieden. Deshalb gilt: Am Anfang schon an das Ende denken. Die kreativen Anstrengungen von **Forschung & Entwicklung** und des **Produktdesigns** müssen durch ökologische Vorgaben eine Orientierung erhalten. Gerade in der Phase der Produktentwicklung kann die Anwendung der Wertanalysemethoden ökologisch bedeutsam sein. Wertanalyse fragt nach der Funktion bestimmter Produktteile, sucht nach Möglichkeiten zur Reduzierung des Materialeinsatzes ohne Funktionsschmälerung, nach dem adäquaten Anspruch an die Materialqualität und nach Substitutionsmöglichkeiten für (teure oder ökologisch bedenkliche) Materialien.

Als Teil der Produktverantwortung muß das Unternehmen **Verpackungen** vermindern und vermeiden. Der Zielkonflikt z.B. mit Transport- oder Hygieneanforderungen läßt sich durch innovative Lösungen überwinden (Mehrwegbehältnisse, eßbares Geschirr etc.). Die Verpackungsverordnung hat zwar in vielen Unternehmen bereits zu einem Bewußtseinswandel beigetragen, doch bietet das Duale System (DSD) den Unternehmen eine allzu bequeme Möglichkeit, sich des Verpackungsproblems zu entledigen. Die mit dem irreführenden Grünen Punkt versehenen und getrennt gesammelten Verpackungen werden bestenfalls dem Recycling zugeführt. Zumeist ist heute Recycling aber keine Wiederverwertung, sondern Andersverwertung (Down-Cycling, d.h. hochwertige Kunststoffe werden z.B. zu Parkbänken). Umweltbewußte Unternehmen sollten sich auf Dauer mit dieser ökologisch unbefriedigenden Lösung nicht zufriedengeben.

Die Bereitschaft zur Übernahme der vollständigen Produktverantwortung findet ihren Ausdruck in **Rücknahmegarantien** (z.B. für Autos, Computer). Ein wesentlicher Fortschritt ergibt sich daraus allerdings nur in Verbindung mit der Wiederverwertung. Wenn der Hersteller das Rücknahme- und Wiederverwertungssystem selbst betreibt, gewährleistet dies eine unmittelbare Rückkoppelung für die Konstruktion neuer Produkte und erleichtert Lernprozesse. In einer arbeitsteiligen Wirtschaft ist selbstverständlich auch die Auslagerung dieser Aktivität möglich. Je stärker aber die Arbeitsteilung zwischen Produzent und Entsorger, desto geringer der Anreiz zu ökologischer Produktumgestaltung. Im Hinblick auf die Wiederverwertung ist eine Normung von Produktteilen anzustreben.

Fazit: Die Produktpolitik muß kurzfristig versuchen, die gegebenen Produkte einschließlich deren Verpackungen über den gesamten Produktzyklus hinweg ökologisch zu optimieren. Längerfristig kommt es darauf an, das Unternehmen neu zu positionieren - durch Problemlösungen, die es erlauben, bestimmte Bedürfnisse mit möglichst wenig Güterproduktion zu befriedigen.

2.4 Produktionsprozeß

Jeder Produktionsprozeß ist mit einer Vielzahl unterschiedlicher Belastungen von Natur und Umwelt verbunden. Diese werden sich nie vollkommen vermeiden lassen. Es geht aber darum, den **ökologischen Wirkungsgrad** der Produktion zu erhöhen, d.h. durch verfahrenstechnische und organisatorische Innovationen eine gegebene Outputmenge mit weniger Umweltbelastung herzustellen. Teilweise gebietet dies schon das ökonomische Kalkül (Kostensenkung), teilweise sind nicht ökonomische Anreize, sondern staatliche Vorschriften oder die Forderungen einer kritischen Öffentlichkeit der Antrieb. Als Zielvorstellung muß gefordert werden, daß

- mit möglichst geringem Ressourcen- und Energieeinsatz produziert wird,
- Ressourcen- und Energiearten mit niedrigerer Umweltbelastung verwendet werden,
- die eingesetzten Ressourcen und Energieträger möglichst vollständig genutzt werden (d.h. möglichst wenig unerwünschte „Nebenprodukte“ entstehen),
- keine gesundheitlichen Risiken für Mitarbeiter und Anlieger entstehen.

Zur Erreichung dieser Teilziele ökologischer Unternehmensführung können zwei verschiedene Wege beschritten werden: Der erste Weg versucht, Umweltbelastungen durch **Reinigungstechniken** zu reduzieren, die der Produktion nachgeschaltet sind, z.B. Minderung von Schadstoffemissionen durch Filter etc. (end-of-the-pipe-Ansatz). Dieser Weg hat den Nachteil, daß er sehr teuer ist. Er bringt dem Unternehmen nichts als Zusatzkosten. Zudem ist er ökologisch ineffizient, weil Umweltbelastung nicht vermieden, sondern lediglich in eine (scheinbar) weniger gefährliche Form gebracht wird (z.B. Luftschadstoffe konzentriert in Filtern, die als Sondermüll deponiert werden müssen). Dieser Ansatz sollte daher nur als „Krisenmanagement“, d.h. zur vorläufigen Kontrolle akuter Gefahren, genutzt werden.

Der zweite Weg des **integrierten Umweltschutzes** versucht, Belastungen durch die Umgestaltung des Produktionsprozesses zu verringern. Im günstigsten Fall ist auf diesem Weg Umweltschutz mit sinkenden Kosten verbunden (z.B. Einsparen von Rohstoffen und Energie, Verbesserung der Arbeitsorganisation). Wenn es gelingt, Arbeitssicherheit, Qualitätsförderung und Umweltschutz zu integrieren, ergeben sich Synergieeffekte. Durch solche innovativen Lösungen verbessert sich der Unternehmenserfolg. Im Normalfall verursacht aber auch dieser Weg Kosten. Er regt jedoch Lernprozesse im Unternehmen an, die nicht nur die ökologische, sondern auch die ökonomische

Effizienz der Produktion steigern. Daher muß ökologische Unternehmensführung diesen zweiten Weg beschreiten. Im einzelnen bieten sich im Unternehmen eine Vielzahl von Ansatzpunkten, wobei nicht nur an die Fertigung im engeren Sinne, sondern auch den Bürobetrieb und die Kantine (z.B. kein Einweg-Geschirr, vegetarische Gerichte) zu denken ist (vgl. ausführlich Hopfenbeck 1991, Wicke et al. 1992, Winter 1992):

(1) Entwicklungsabteilung: Die Produktionstechnik hängt ab von der Art der Produktgestaltung. Durch Vereinfachung des Produkts sowie frühzeitige Abstimmung von Produktgestaltung und Produktionsverfahren (simultaneous engineering) lassen sich aufwendige Produktionsverfahren vermeiden. Ausschußquote, Kosten und Umweltbelastungen sinken. Daher muß schon in der Phase der Produktentwicklung an die Konsequenzen für den Produktionsprozeß gedacht werden (vgl. auch 2.3). Forschungsanstrengungen im Unternehmen müssen sich verstärkt auch auf ökologische Aspekte der Produktion beziehen.

(2) Einflußnahme auf Anlagenhersteller: Soweit die ökologische Effizienz des Produktionsprozesses von den Maschinenherstellern abhängt, kann das Unternehmen versuchen, diese zu umweltschonenden Verbesserungen anzuregen (Energieverbrauch, Lärm, Betriebsstoffe etc.). Gerade im Maschinen und Anlagenbau kommt in vielen Fällen der Anstoß für bedeutende Innovationen von den Kunden bzw. aus der engen Zusammenarbeit zwischen Herstellern und Anwendern.

(3) Erhöhung der Energieeffizienz, z.B. durch Kraft-Wärme-Kopplung, Abwärmenutzung, Wärmerückgewinnung. Durch Umschichtung im Energie-Mix zugunsten emissionsarmer Energieträger (Erdgas) bzw. Nutzung regenerierbarer Energiequellen (Wasser-, Solarenergie) können (bei gegebenem Energieverbrauch) die Emissionen gesenkt werden. Um in einem expandierenden Unternehmen eine absolute Reduzierung des Energieverbrauchs und der Umweltbelastung sicherzustellen, müssen Reduktionsziele für die Emissionen formuliert werden (z.B. Reduktion der CO_2-Emissionen um 25-30% bis zum Jahr 2005), weil sonst das Mengenwachstum die Effizienzgewinne konterkarieren könnte.

(4) Abfallminimierung und -wiederverwertung: Einführen geschlossener Kreisläufe im Unternehmen (z.B. für Kühl- und Schmiermittel). Soweit dies nicht gelingt, muß ein unternehmensexternes Recycling organisiert oder genutzt werden (z.B. für Altmetall, Glas, Kunststoffe). Das setzt voraus, daß die Abfälle möglichst sortenrein gesammelt werden.

(5) Beschaffungspolitik: Schrittweises Entfernen stark umweltbelastender Roh-, Hilfs- und Betriebsstoffe (z.B. FCKW-haltiger Reinigungsmittel) und Vorprodukte aus der Produktion und Suche nach weniger belastenden Substituten. Wo immer möglich, sollte man Recyclingprodukte einsetzen und dafür auch unbegründete Qualitätsanforderungen abbauen. Durch Formulierung von Beschaffungsrichtlinien oder Fordern von Sicherheitsdatenblättern und Unbedenklichkeitsnachweisen (relevant auch für Haftungsfragen) wird den Lieferanten Anpassungsbedarf bei deren Produkten signalisiert.

(6) Verbesserung der Prozeßsteuerung durch Meß- und Regeltechnik (z.B. bei Heizung/Lüftung), um einen ökologisch optimalen Prozeßablauf im Normalbetrieb zu gewährleisten. Regelmäßige Wartung und Instandhaltungsreparaturen stellen sicher, daß eine Anlage ihren Soll-Wirkungsgrad auch tatsächlich erreicht.

(7) Arbeitsschutz und Arbeitsplatzsicherheit: Selbstverständlicher Teil des betrieblichen Umweltschutzes muß der Schutz der Arbeitnehmer vor Belastungen durch Abgase, Lärm, Gefahrstoffe oder Strahlung sein. Vielfach sind Arbeitnehmer die ersten, die gesundheitsgefährdenden Stoffen unmittelbar ausgesetzt sind (z.B. Asbestfasern, Staub). Über die Einhaltung der MAK-Werte (maximale Arbeitplatzkonzentration) hinaus stehen die Unternehmen vor allem bei der Einführung neuer Verfahren in der Verantwortung.

Fazit: Der Produktionsprozeß bietet eine Vielzahl von Möglichkeiten zur Reduzierung der Umweltbelastung - viele davon wirken zugleich kostensenkend. Im ersten Schritt wird sich ein Unternehmen auf effizienzsteigernde Maßnahmen konzentrieren (systematische Untersuchung von Einspar- und Vereinfachungspotentialen). Den zweiten, anspruchsvolleren Schritt bildet die Formulierung und Verwirklichung von Reduktionszielen für Ressourceneinsatz, Abfall und Emissionen.

Autoren:

Bundesarbeitskreis Wirtschaft und Finanzen des Bundes für Umwelt und Naturschutz Deutschland e.V. **(BUND)**

Prof. Dr. Rudi Kurz: Lehrstuhl für Volkswirtschaft an der Fachhochschule für Wirtschaft, Pforzheim unter Mitarbeit von

Peter Gmähle, Jürgen Happel, Silke Hermann, Dieter Kolvenbach, Harald Müller-Witt, Martina Paintner, Achim Spiller, Werner Wild, Anke Zühlsdorf

Der zweite Teil dieses Beitrags, der sich insbesondere mit den Aspekten der Logistik, des Marketing, der Personalwirtschaft und der Kostenproblematik beschäftigen wird, erscheint im Rahmen von UWF 2 (März 93). Die gesamte Stellungnahme des BUND kann jedoch inzwischen als BUND Positionspapier Nr. 22 bei der Bundesgeschäftsstelle des BUND, Im Rheingarten 7, 5300 Bonn 3; Tel.: 0228/40097-32; Fax 0228/40097-40 als BUND Positionspapier Nr. 22 gegen einen Unkostenbeitrag von DM 6.- angefordert werden.
(die Redaktion)

Muß unsere Vorstellung von Entsorgung entsorgt werden ?

Mario Fischer

„As marketers try to keep pace with galloping consumer concerns over the environment, they are discovering what Kermit the Frog already knows: Life isn't easy when you're green." [1]

Warum nimmt der Umweltschutz bei den meisten Umfragen unter der Bevölkerung einen immer höheren Stellenwert ein, während der Einzelne in der Gesellschaft sich persönlich meist herzlich wenig darum kümmert? Diese Art der Gesellschaftsschizophrenie ist nicht neu und wurde bereits vor längerer Zeit recht anschaulich mittels der sog. Allmende-Tragödie[2] beschrieben: Im einem Ort führt jeder Bauer seine Kühe zum Grasen auf die Gemeindewiese, die „Allmende". Sie gehört der Allgemeinheit und Ihre Benutzung ist für ihn kostenlos. Da er so Milch und Fleisch zu niedrigen Kosten produzieren kann, wird er seine Herde stündig vergrößern, um seinen Gewinn zu erhöhen. Da diese Überlegung natürlich auch alle anderen Bauern anstellen, wird die Allmende allmählich überweidet und wenn auch die letzten Grasreste zertrampelt sind, wird sich der Bauer nach einer anderen Weide umsehen müssen. Je mehr Bauern - das Unheil ahnend - vorausschauend planen und vorher auf eine eigene Weide ausweichen, umso länger wirft die Allmende für die restlichen Bauern kostenlos Gras ab. Letztere können ihre Milch am Markt billiger anbieten und drängen somit unsere „strategischen Bauern" vom Markt. Hier offenbart sich der Kern des Dilemmas: Wer sich in einem utilitaristischen Umfeld freiwillig vorausschauend idealistisch verhält, ist zumeist der Verlierer. Grüne Ziele verursachen rote Zahlen.

Entsorgen von Sorgen

Somit wird auch klar, warum erst jetzt das Thema Umweltschutz in der Agenda der Gesellschaft ganz nach oben klettert. Der „Allmende-Raum" für Deponien, das (saubere) „Allmende-Wasser" und die (reine) „Allmende-Luft" gehen langsam, aber merklich zu Ende. Statt echter Problemlösungen wird den Verbrauchern glauben gemacht, daß der Kauf von grünen Signets mit angeklebtem Inhalt oder generell die Verwendung von Mehrwegglasflaschen[3] den Umweltschutz bereits eingebaut hätten. Hinweistafeln an Supermarktkassen weisen den vermeintlich unkundigen Käufer darauf hin, daß der Kauf von Papier - anstatt von Plastiktüten - besser für die Umwelt wäre[4].

Wer glaubt, sein ausgedienter Computermonitor sei bei einem Entsorgungsbetrieb mit 50.- bis 80.- DM Gebühr gut aufgehoben, dem kann es genauso passieren, daß sein Gerät „mit dem Hammer zusammengekloppt wird, bis man nicht mehr erkennt, daß das mal ein Bildschirm war" und dann auf der regulären Deponie landet.[5] Die Ent-Sorger entledigen uns unserer Umwelt-Sorgen. Joghurtbecher aus Kunststoff dürfen, - wenn überhaupt - nur sauber mit Spülmittel und heißem Wasser gereinigt beim Wertstoffhof abgegeben werden. Daß hierbei mehr Energie verbraucht wird, als in den kleinen Bechern selbst steckt und dazu noch Wasser verschmutzt wird, wird leider derzeit als wenig relevant erachtet, denn das oberste Gebot ist - pointiert könnte man sagen: „Koste es was es wolle" - das Recycling. Des Englischen Unkundige sprechen hier von der „Kreislaufführung" - eine Vorstellung übrigens, die das Herz jedes Physikers höher schlagen lassen würde. Wäre ein solcher echter Kreislauf nämlich tatsächlich möglich, so wäre die Weltformel gefunden: Das Perpetuum Mobile. Um jedoch Stoffe in solchen „Kreisen" zu bewegen, ist leider immer eine oft nicht unerhebliche Menge an Energie notwendig[6]. Und die Umwandlung solcher Energie in Bewegung erzeugt nicht nur an anderer Stelle Umweltschäden, sondern entzieht auch Stoffe wie Kohle oder Öl dem künftigen Zugriff des Menschen. Somit ist auch das Recycling elektronischer Geräte nicht zum „ökologischen Nulltarif" zu haben. Es gilt, einen zum heutigen Zeitpunkt vom Standpunkt technologischer Machbarkeit aus vernünftigen Grad an Recyclingtiefe dieser Geräte zu bestimmen, dessen gesamte Prozeßkette die relative Umweltschonung maximiert. Unter diesem Blickwinkel wird auch klar, wie wenig der Umwelt willkürlich festgeschriebene Recyclingquoten nützen. Verursacht nicht eine einheitlich geforderte Quote von 80% bei Glas, Weißblech, Aluminium, Pappe, Papier und Kunststoff[7] vollkommen unterschiedlich hohe ökologische Schäden durch die Recyclingprozesse selbst?

Recycling gibt es nicht erst, seitdem Menschen darüber nachdenken

In den meisten Fällen kann man also eigentlich nur von einem „Allmendentausch" sprechen, also von einer

Problemverlagerung oder -verzögerung, statt von echtem Umweltschutz. Diesen wiederum kann nur der Verzicht bringen - aber eben nicht der Verzicht auf Konsum oder Lebensqualität, sondern Verzicht auf ökologisch unangepaßte Handlungen und Maßnahmen. Nicht die Frage nach dem „wieviel", das produziert wird, sondern die nach dem „was" und womit" muß gestellt werden. Allein die Tatsache, daß ein Produkt per Recycling entsorgt werden kann, macht es damit nicht automatisch weniger schädlich für die Umwelt. Albert Einstein hat einmal gesagt: „Ich denke, wir sollten den Kosmos nicht mit den Augen des Rationalisierungsfachmanns betrachten. Verschwenderische Fülle gehört seit jeher zum Wesen der Natur." Doch diesen Überfluß leistet sich die sonst geizige Natur nur, weil durch ihn eben kein Abfall entsteht. Wie bei einem großen globalen Dominospiel ist aller Output zugleich notwendiger (!) Input an anderer Stelle. Eine riesige Stoffkettenvernetzung also, deren Materie mittels Energie von außen (Sonnenenergie)(8) schadlos durch diese Netze bewegt wird. So trägt heute beispielsweise jeder Mensch statistisch im Durchschnitt 500 Milliarden Kohlenstoffatome eines jeden Menschen, der je auf der Erde gelebt hat, in sich.(9) Dieses komplexe Materialflußsystem ist im Lauf von Milliarden Jahren mit der Methode der Natur, dem Zufall, entstanden. Recycling par excellence !

Entsorgung allein ist keine Therapie

Die Anstrengungen von mittleren und größeren Unternehmen, effektive Forschung und Entwicklung zu betreiben um Know-how aufzubauen sowie über ein ausgeklügeltes Beschaffungswesen die Materialversorgung sicherzustellen, sind wohl hinlänglich bekannt. Während also aller Augenmerk auf der Versorgung eines Unternehmens liegt, fristet die Entsorgung meist ein kümmerliches Dasein und mündet "...in eine primitive und löcherige Abfallbeseitigungswirtschaft..."(10). Dies ist bei näherer Überlegung auch nicht weiter verwunderlich, denn einen Markt mit einem Gut zu versorgen, verursacht zunächst zwar Kosten (Marktforschung, Planung, Vertrieb etc.), diese werden aber anschließend in aller Regel vom Markt über den Preis zurückvergütet. Leider rückvergütet die Umwelt als Markt für Aufnahme von Abfall (Un-Gut?)(11) kurzfristig keine aufgewandten Kosten. Deswegen ist man bemüht, solche Kosten jenseits der Wertkette möglichst gering zu halten. Abhilfe hierzu kann vielleicht die allseits diskutierte Internalisierung externer Kosten bringen, also der Einbezug externer Umweltkosten in die internen Kosten der Unternehmung. Die Produktpreise würden dann, um mit E.U. von Weizsäcker zu sprechen, die ökologische Wahrheit wiedergeben. Unverständlicherweise wird das Pendant, die Externalisierung interner Kosten, die z.B. durch Säuberungsleistungen über dem eigenen Verschmutzungsgrad eines Unternehmens entstehen, aus der Diskussion ausgeblendet. Warum soll dieser „Nettoreinerhaltungsgewinn" von der Allgemeinheit nicht entsprechend vergütet werden? Besonders umweltbewußte Unternehmen könnten somit statt nur an den (vormals externen) Kosten zu rationalisieren, strategische Erlöse einfahren.

Solange sich jedoch die Umwelt als Aufnahmemarkt für Abfälle zur Zechprellerei eignet (produktionstheoretisch: system-non-konformer Output), muß denn auch eine riesige Lücke zwischen dem Aufwand für Markt- und Umwelt(verträglichkeits)forschung, Versorgungs- und Entsorgungswirtschaft sowie Produktion und „Rückwärtsproduktion" klaffen. Konsequent zu Ende gedacht wäre es nur logisch, wenn alle in der Produktion zusammengeführten Stoffe am Ende des Produktlebenszyklusses mit der gleichen Sorgfalt wieder zerlegt werden würden. Nur so könnten der Umwelt die vorher entzogenen Stoffe wenigstens annähernd schadlos wieder zurückgegeben werden. Falls diese Idealvorstellung jemals verwirklicht wird, so muß man sich schon heute darüber bewußt werden, daß dies keinesfalls aktiven Umweltschutz darstellen würde, sondern allenfalls eine Umweltschonung! Erst wenn zusätzlich die für maschinelle Bewegungen notwendige Energie für die Umwelt schadlos erzeugt bzw. umgewandelt und verwendet werden kann, lassen wir die Umwelt wenigstens in dem Status quo, in dem sie sich dann befinden wird. Diese Erkenntnis wird sich spätestens durchsetzen, wenn sich nicht mehr die Frage stellt, wohin mit dem Müll, sondern wohin mit uns?

Probleme entstehen auch bei der Entsorgung von Information

Nicht nur die Entsorgung von Stoffen, sondern auch die Informationsentsorgung kann der Ursprung ökologischer Probleme sein. Diese Probleme treten überall da auf, wo die Information die Zustandsform der reinen Energie unnötigerweise verläßt und irreversibel an ein Trägermedium wie beispielsweise Papier gebunden wird. Bei der Entsorgung nicht mehr benötigter Information fällt dann nämlich zwangsläufig immer auch stofflicher Abfall an. Der allseits gefürchtete Absturz des Speichermediums „Festplatte" macht einerseits deutlich, wie leicht (unfreiwillig) eine Unmenge an Information ohne Abfall entsorgt werden kann. Andererseits macht diese latent drohende Gefahr des Computer-GAU deutlich, warum der Papierbedarf im Büro seit dem Einsatz der elektronischen Datenverarbeitung trotz anfänglich gegenteiliger Prognosen gestiegen ist. Die vielen Vorab- und „Sicherheitsausdrucke" halten eben irreversibel die einmal erfaßte Information fest. Will man versuchen, den zukünftigen Verlauf besser abschätzen zu können, muß man den gedanklichen Speer nicht nur etwas weiter voraus, sondern auch zurückwerfen. An der Verbesserung eines stofflichen Informationsspeichers -zuletzt Papier- wurde viele Jahrhunderte lang geforscht. In Verkennung der Tatsache, daß die Entwicklung elektronischer Speichermedien im Vergleich dazu gerade erst den Kinderschuhen entwachsen ist, wurde die erste Euphorie des papierlosen Büros wieder als unerreichbarer Wunschtraum bezeichnet. Beachtet man allerdings diese Asymmetrie und wirft den Speer weiter nach vorne, erscheint es durchaus plausibel, daß es in Zukunft sichere elektronische Datenspeicher geben wird und es werden sicherlich auch Verfahren zur Authentizität von dort gespeicherten Dokumenten entwickelt werden. Somit wird auf lange Sicht das alte Sprichwort „Was du schwarz auf weiß besitzt, kannst du getrost nach Hause tragen" an Gültigkeit verlieren und den Papierberg von derzeit weit über 200kg pro Kopf und Jahr(12) nach und nach verringern. Wenn mittels solcher Verfahren dann auch den Anforderungen des Gesetzgebers oder des Finanzamts an die Dokumentationspflichten genüge getan wird, steht einer papierfreieren Büro-Zukunft eigentlich nichts mehr im Wege. So gesehen liegt neben dem momentan diskutierten Gefahrenpotential beim Computerschrott ein großer Vorteil der EDV mit ihrer Möglichkeit zur materiefreien Datenfernübertragung nicht nur in der bisher angeführten enormen Zeitersparnis gegenüber dem materiegebundenen Informationswesen, sondern zukünftig vor allem auch in dem hohen Vermeidungspotential an stofflichem Abfall. Der japanische Autokonzern Toyota rühmte sich kürzlich, durch internes Papierrecycling würden jährlich 44 000 Bäume vor dem Abholzen bewahrt(13). Diese sicherlich auf den ersten Blick bewundernswerte Bemühungen machen andererseits allzu deutlich, daß Entsorgung leider immer noch am Ende des Produktzyklusses beginnt. Wieviele Bäume wären stehen geblieben, wenn nur ein Drittel allen Toyota-Papiers das Medium Computer erst gar nicht „verlassen" hätte und somit per Löschtaste entsorgt werden könnte?

Die Vision einer umweltgerechten Informatik

Von der suboptimalen Gestaltung heutiger Schnittstellen „Mensch-DV", also Tastatur, Bildschirm und Drucker kann man sich beim Blick in die weiter entfernte Zukunft ebenso schwer lösen, wie damals während der Zeit der Lochkarten beim Blick auf heute. Die Verwendung von Personal Computern ist heute für die meisten von uns eine Selbstverständlichkeit - noch vor einigen Jahren konnte man von den Fachleuten eines der größten Computerhersteller der Welt vernehmen, die Vision eines Computers „für jedermann" entstamme dem Reich der Fabeln. Der Erfolg der konsequenten Umsetzerin eben dieser damaligen Vision, der Firma Apple-Computer nämlich, dürfte jedem hinlänglich bekannt sein. Nur wer den Versuch macht, seine „Generationsbrille" abzusetzen, um sich von eingefahrenen Denkstrukturen und Ansichten zu befreien, kann die wirklich großen Richtungen erkennen und bleibt nicht an den kleinen, immer wiederkehrenden Auf und Abs hängen, die sich immer bei der Einführung von Innovationen einstellen.(14)

Kritiker des unaufhaltsamen Vormarsches der EDV sehen durch sie bereits den Untergang des guten alten Buches, machen sich aber aller Voraussicht nach umsonst Sorgen. Unsere Generation wird sich sicher nicht vom Buch als Informationsmedium abwenden, dazu ist sie ihm von klein auf viel zu stark verbunden. Bei nachfolgenden Generationen wird sich diese Einstellung als „Erblast"(15) wahrscheinlich immer geringer ausprägen und sie wird sich selbst für ihre Medien entscheiden. Je mehr wir das Buch als Informationsmedium lieben, umso mehr sollten wir jetzt durch eine konsequente Minimierung der Umweltbelastung dafür sorgen, daß späteren Generationen wegen drückender Entsorgungsproblemen die Entscheidung gegen es möglichst lange offen bleibt.

Fazit

Entsorgung heißt nicht nur zu bestimmen, welcher Abfall wie gesammelt, getrennt oder behandelt werden muß. Entsorgung muß im Kopf beginnen, schon weit vor der Konstruktion von Produkten: bereits bei den Ideen dazu. Jeder nicht re-integrierbare Ressourcenverbrauch ist für zukünftige Generationen definitiv nicht mehr verfügbar. Daher darf die Notwendigkeit der Abfallentsorgung auf Dauer nicht die Regel, sondern muß die Ausnahme sein. Nur die Vermeidung ökologisch unverträglicher Strukturen und Prozesse kann Entsorgung im herkömmlichen Sinn vermeiden.

ANMERKUNGEN:

(1) Holdsworth, F.; Piderit, F.: Going for the Green, in: Aim-Nielsen, 1/1991, S. 4-8, hier S. 4

(2) Vgl. Hardin, G.: The Tragedy of the Commons, in: Science 162 (1968), S. 1243-1248 und zu den Ursachen dieses Marktversagens Seidel, E.: Die Marktwirtschaft vor der ökologischen Bewährungsprobe, in: GAIA 1(2) /1992, S. 95-104

(3) So zeigen Ökologiebilanzen, daß die Glasverpackung der aus Kunststoff in den meisten ökologisch wichtigen Merkmalen unterlegen ist. Allein der Umstand, daß Glas flächendeckend gesammelt wird, erzeugt beim Verbraucher das umweltfreundliche Image. So wurde ebenfalls bei umfassenden Untersuchungen festgestellt, daß durch Transportaufwand und notwendige Säuberungen Mehrwegsysteme nicht immer umweltfreundlicher sind als das Einwegsystem.

Vgl. Thomé-Kozmiensky, K; Franke, M.: Umweltauswirkungen von Verpackungen aus Kunststoff und Glas, Studie der TU Berlin 1988; vgl. Domke, K.C.: Verpackungskunststoffe und Umwelt, Bad Homburg 1990; vgl. o.V.: Welche ist verträglicher? in: Handelsblatt v. 17.10.91, S. 10

(4) Daß Papiertüten ökologisch besser als Plastiktüten abschneiden, wird inzwischen zunehmend von Forschungsstudien bezweifelt. Vgl. o.V.: Begrenzte Aussagekraft, in: Der Volks- und Betriebswirt 5/91, S. 32-33;

(5) So ein Entsorger in einem Interview mit Kauß, U.: „Zum Abkippen nach Polen", in Chip 2/92, S. 46f. Zu begrüßen sind daher Initiativen wie die der Bundesvereinigung Elektro- und Elektronik-Verwertungsunternehmen e.V., die von sich aus eine TÜV-Prüfung der Betriebe als Gütesiegel anstreben.

(6) In den USA verbrauchen alleine Transportprozesse bereits über 41% der dort insgesamt im ganzen Land benötigten Energie. Vgl. Rifkin, J.: Entropie - ein neues Weltbild, Hamburg 1982, S. 162f.

(7) Diese einheitliche Quote ist ab 1. Juli 1995 für die angeführten Verpackungsmaterialien nachzuweisen. Vgl.: Verordnung über die Vermeidung von Verpackungsabfällen (VerpackVO) vom 8. Mai 1991, Anhang zu $6 Abs. 3, II. Tief läßt im übrigen auch der Titel dieser Verordnung blicken: Es geht nicht um die ökologisch sinnvollere Vermeidung von Verpackung, sondern um die der Abfälle.

(8) Auch auf der Erde vorkommende Energieträger sind letztendlich nichts anderes, als über die Zeit gespeicherte Sonnenenergie.

(9) Vgl. hierzu und zu weiteren eindrucksvollen Zahlen beispielen Teufel, D.: Vom Leben überleben lernen, in: Natur 1/1990, S. 42-45

(10) Horneber, M.: Management des Entsorgungszyklus im sachlichen und zeitlichen Kontext, Pfeiffer, W. (Hrsg.): Forschungs- und Arbeitsbericht Nr. 20 der Forschungsgruppe für Innovation und Technologische Voraussage am Lehrstuhl für Industriebetriebslehre der Friedrich-Alexander-Universität Erlangen-Nürnberg, 1992, S. 5.

(11) Da Abfall als Kuppelprodukt unerwünscht ist und somit produktionstheoretisch nicht als Gut bezeichnet wird, finden sich hierfür Begriffe wie Mißgut, Übel, Antigut oder Schlecht. Vgl. Franke, J.: Produktionstheoretische Grundlagen der Mehrproduktproduktion, in: WISU 1989, S. 152-157

(12) Vgl. Wolf, A.: Altpapiereinsatz bereits ausgereizt?, in: Umweltmagazin 8/91, S. 70

(13) Vgl. Vorholz, F.: Der exportierte Frevel, in: Die Zeit v. 15.3.1991, S. 38

(14) Zu diesem Phänomen vgl. Weiss, E.: Management diskontinuierlicher Technologie-Übergänge, Göttingen 1989, insbes. S. 138-140

(15) Trotz der Möglichkeit der Wiederverwertung von Papier sollte sich jeder Leser in einer ruhigen Minute einmal vor Augen führen, für wieviel Abfall er im Laufe seines Lebens durch die Gewohnheit und das Bedürfnis, Informationen von Papier aufzunehmen bereits verantwortlich zeichnet.

Autor: Dipl.-Kfm. **Mario Fischer**
ist freiberuflicher Unternehmensberater bei tms - Gesellschaft für technik&marktstrategien, Nürnberg, promoviert bei Prof. P. Klaus, DBA./Boston Univ., Lehrstuhl für Betriebswirtschaftslehre, insb. Logistik, Friedrich-Alexander-Universität Erlangen-Nürnberg, 8520 Erlangen

Océ-van der Grinten Preis - Zeichen von unternehmerischem Denken und Handeln im Einklang mit der Umwelt

Frank Tchurz

Ein Blatt Papier. Zerknüllt und weggeworfen, aufgehoben und glattgestrichen - das Symbol des Océ-van der Grinten Preises. Denn Umweltschutz besteht auch in der Aufgabe, Abfälle zu vermeiden und im Bemühen, vorhandene Reserven in unserem Abfall aufzuspüren und so zur Entlastung der nur begrenzt verfügbaren natürlichen Quellen beizutragen. Die Océ-Deutschland GmbH, erfolgreich im Bereich der Reprographie tätig, setzt mit der regelmäßigen Vergabe dieser bedeutenden Auszeichnung schon seit 1975 beispielhaft Akzente für unternehmerisches Denken und Handeln im Einklang mit unserer bedrohten Umwelt.

Einen Beitrag zum Schutz der Umwelt zu leisten - das ist die Idee des Océ-van der Grinten Preises. Im nächsten Jahr wird die Auszeichnung bereits zum 11. Male vergeben. Das Ziel: die Gewinnung neuer wissenschaftlicher Erkenntnisse für den Umweltschutz sowie die Darstellung von deren betriebs- und volkswirtschaftlichem Nutzen. Um den Océ-van der Grinten Preis können sich Wissenschaftler aller Fachrichtungen, Forscher, Mitarbeiter von Universitäten und Industrie sowie Privatpersonen mit ihren Arbeiten beteiligen. Die Ausschreibungsfrist läuft noch bis zum 31. Dezember 1992. Das Schwerpunktthema für 1993 lautet: Ökonomisch und ökologisch akzeptable Entwicklungskriterien und Modellvorstellungen für die Organisation umweltorientierter Rücknahme- und Verwertungssysteme für Produkte. Damit hat sich der 'Océ-van der Grinten Preis'-Verein eines brandaktuellen Themas angenommen. Auch dieses Mal gibt es insgesamt 50.000 DM für all jene, die wegweisende und praktikable Ideen oder Lösungen auf diesem Gebiet entwickeln können. Verliehen wird die Auszeichnung im Juni 1993 in Mülheim an der Ruhr, Sitz der Hauptverwaltung der Océ-Deutschland GmbH.

In einer ersten Stellungnahme unterstrich Dr. Heinrich von Lersner, Präsident des Umweltbundesamtes und Mitglied des 'Océ-van der Grinten Preis'-Vereins, den Stellenwert des Themas und die Bedeutung der Ausschreibung: "Gesellschaft und Industrie erkennen mehr und mehr, daß eine zukunftsorientierte Entwicklung für Produktionsverfahren und damit für alle Erzeugnisse davon abhängt, wie es gelingt, die Erzeugnisse nach Gebrauch als Einsatzstoffe aufzuarbeiten und durch organisierte Rückführung in den Güterkreislauf für die Produktion wieder sinnvoll einzusetzen." Und weiter: "Abfallvermeidung und Ressourcenschonung sind wichtige Kriterien einer umwelttechnischen Entwicklung, einer umweltorientierten Marktwirtschaft sowie eines entsprechenden Konsumverhaltens."

Idee und Ursprung

Die Initiative zur Stiftung des Océ-van der Grinten Preises ging von der Océ-Deutschland GmbH in Mülheim und ihrer Muttergesellschaft in Venlo aus. Bereits 1975 riefen beide Unternehmen den gemeinnützigen 'Océ-van der Grinten Preis'-Verein ins Leben.

Zu den ersten Mitgliedern zählte unter anderem der heutige Bundespräsident Dr. Richard Freiherr von Weizsäcker. Für Dr. Olav van der Grinten, der am 9. Juli des Gründungsjahres den Vorsitz des Vereins übernahm, war der Schutz unserer Umwelt ein zentrales Anliegen, das man bei Océ schon Ende des vergangenen Jahrhunderts als unternehmerische Aufgabe erkannt und begriffen hat. 1991 übernahm Dr. J.V.H. Pennings, gleichzeitig Vorstandsvorsitzender der internationalen Océ-Gruppe, das verantwortungsvolle Amt und setzt seitdem die umweltbewußte Tradition des Hauses van der Grinten fort.

Das Engagement der Familie van der Grinten für den Umweltschutz geht auf das Jahr 1870 zurück. Damals führte der Apotheker Louis van der Grinten im niederländischen Venlo eine Trinkwasseruntersuchung durch, die auch prämiert wurde. Ende 1920 startete Frans van der Grinten (der Großvater des Océ-van der Grinten Preis-Initiators) eine Arbeitsschutz-Untersuchung, die zur Entwicklung der van der Grinten-Atemschutzmaske führte. Sie wurde zuerst an die Arbeiter in der eigenen Produktion verteilt und dann auch kostenlos an andere Firmen weitergegeben. 1927 entwickelte Océ das erste Lichtpausverfahren, das ohne Ammoniak die Vorlagen vervielfältigte; damit revolutionierte man die damalige Lichtpaustechnik. Seit den 30er Jahren verstärkte das Unternehmen seine Arbeits- und Umweltschutzbemühungen und rief ein erstes Recycling-Verfahren ins Leben. 1958 konnte durch den Aufbau einer neuen Beschichtungsanlage bei der Lösungsmittelrückgewinnung ein Wirkungsgrad von 80% erreicht werden. Mitte der 70er Jahre wurde beim Neubau des großen Verwaltungsgebäudes der Muttergesellschaft der internationalen Océ-Gruppe in Venlo ein auf dem Gelände fließender Bach mit großem Aufwand erhalten. Der Grund: die dort lebende besondere Froschart sollte erhalten bleiben.

In dieser Tradition hat Océ seit 1870 jede Möglichkeit genutzt, umweltverträgliche Entwicklungen zu fördern. Als die Verantwortlichen in Deutschland und in den Niederlanden 1975 die Initiative zur Stiftung des Océ-van der Grinten Preises ergriffen, hatten selbst Umweltfachleute die lebensvernichtende Sprengkraft der 'Zeitbombe Umweltzerstörung' in ihrem ganzen Ausmaß noch nicht erkannt. Heute ist allgemein bekannt, daß es schon eine Minute nach zwölf ist und daß mehr den je alles dafür getan werden muß, um die Bedrohung und Zerstörung unserer Erde abzuwenden. Die Océ-Initiative soll dazu beitragen und den Anstoß geben, daß neue Wege gefunden und Lösungsmöglichkeiten aufgezeigt werden.

Die internationale Océ-Gruppe

Als der niederländische Apotheker Lodewijk van der Grinten 1877 in Venlo mit der industriellen Herstellung von Butterfarbe begann, ahnte wohl niemand, daß sich daraus einmal eines der führenden europäischen Unternehmen im Bereich der Vervielfältigung entwikkeln würde. Heute ist der Name Océ weltweit ein Begriff, wenn es um Kopieren, Pausen, Drucken, Plotten und Mikrofilm geht. Der eigentliche Grundstein des Unternehmens in den 20er Jahren dieses Jahrhunderts geht auf eine umweltfreundliche Erfindung zurück: 1927 ließen sich die Nachfahren van der Grintens ein Lichtpausverfahren patentieren, das ohne Ammoniak die Vervielfältigung auf Papier brachte. 'Ohne componente' - die Anfangsbuchstaben des ammoniakfreien Verfahrens mit dem angehängten 'é' wurden zum Markenzeichen für das expandierende Unternehmen. Die Produktpalette und Dienstleistungen decken das gesamte Gebiet der Vervielfältigung von Informationen auf Papier ab. Das Sortiment umfaßt:

- Kopiersysteme
- Lichtpaussysteme
- Mikrofilmrückvergrößerungssysteme
- Laserdrucksysteme
- Plottersysteme
- Materialien für alle Bereiche der Vervielfältigung

Heute beschäftigt die internationale Océ-Gruppe weltweit über 12000 Mitarbeiter. Mit 23 eigenen Gesellschaften - hinzu kommen noch eine Vielzahl von Lizenznehmern - ist der Konzern in rund 90 Ländern der Erde aktiv. Der Jahresumsatz im Geschäftsjahr 1991: etwa 2,575 Milliarden holländische Gulden. Seit 1959 ist das Weltunternehmen auch in Deutschland aktiv. Mittlerweile zählt die Océ-Deutschland GmbH mit ihren rund 1200 Beschäftigten zu den erfolgreichsten Gesellschaften der internationalen Gruppe. Um die Hauptverwaltung in Mülheim an der Ruhr spannt sich ein Netz von 22 Geschäftsstellen. Die Verkaufsergebnisse im Geschäftsjahr 1991 betrugen etwa 360 Millionen DM.

Der Mensch ist bei allen Überlegungen und Entscheidungen Maß aller Dinge. Für Océ ist dies kein Marketing-Gag, sondern seit vielen Jahren unternehmerische Verpflichtung. Was nützt High-Tech, wenn sie den Menschen permanent überfordert? Technik muß sich dem Menschen anpassen - und nicht umgekehrt! Wenn andere Unternehmen sich auch stolz als High-Tech-Konzern bezeichnen - Océ lehnt diese Bezeichnung ab. Ausgereifte und intelligente Technik ist heute selbstverständlich. Nicht selbstverständlich ist die Tatsache, daß sich die Technik dem Bediener anpaßt. Der niederländische Vervielfältigungskonzern sieht sich vielmehr als High-Touch-Unternehmen. Touch heißt soviel wie berühren und begreifen. Und genau das ist es: Océ macht Technik und Information im Einklang mit der Umwelt begreifbar.

AUTOR: Frank Tchurz
Referent für Presse und Öffentlichkeitsarbeit
Océ-Deutschland GmbH, Hauptverwaltung
4330 Mülheim/Ruhr 1

Recyclinggerechtes Konstruieren - Ein Aspekt im interdisziplinären Arbeitskreis RECI

Dieter Krause und Robert Hopperdietzel

In der Elektronikbranche rechnet man gegenwärtig mit jährlichen Zuwachsraten von mehr als 5%. Ursächlich ist vor allem die vorzeitige Substitution noch intakter Geräte, die in neuen Modetrends und innovativen Technologien begründet liegt. Als Folge dieser Entwicklung steigt die anfallende Elektronikschrottmenge stetig an. Die bestehende Entsorgungswirtschaft ist bisher nicht auf diese brisant steigende Menge vorbereitet.

Da das Recycling von elektronischen Geräten Wissen aus unterschiedlichsten Arbeitsgebieten erfordert, wurde an der Universität Erlangen-Nürnberg der interdisziplinäre Arbeitskreis „RECI - Recycling Circle" gebildet. Das Ziel der Zusammenarbeit mehrerer Institute und Lehrstühle besteht in der Bereitstellung von Kompetenzen für sämtliche das Recycling elektronischer Geräte betreffende Wissensbereiche (Bild 1). Die Arbeitsgebiete des RECI reichen von der recyclinggerechten Entwicklung und Konstruktion bis zur Demontage und Verwertung von Altgeräten. Die Entwicklung von Logisitkkonzepten und Anfertigung von Studien über die wirtschaftlichen Auswirkungen des Recyclings vervollständigen das Angebot.

Wirtschaftliches und qualitativ hochwertiges Recycling erfordert sowohl leistungsfähige Aufarbeitungs- und Aufbereitungsverfahren als auch geeignete Richtlinien für den Konstrukteur bei der Konzeption und Gestaltung der Produkte. Zwischen beiden Bereichen - Konstruktion und Produktrecycling - bestehen enge Wechselbeziehungen. Um seiner Verantwortung für die Recyclingfähigkeit eines Produkts gerecht zu werden, benötigt der Konstrukteur umfassende für das Konstruieren aufbereitete Informationen über die Möglichkeiten des Recyclings. Nur so kann er umweltgerecht/recyclinggerecht konstruieren.

Außer der Funktionserfüllung ist bei der Lösungsfindung eine große Zahl von Gerechtigkeiten z.B. Fertigungs-, Montage-, Beanspruchungsgerechtigkeit etc. zu beachten. Die Informationen darüber werden vielfach aus den relevanten Fachabteilungen gewonnen und stehen dem Konstrukteur in Form von Restriktionen zur Verfügung. Diese können, wie z.B. beim fertigungsgerechten Konstruieren, in Form von betriebsspezifischen Richtlinien oder in Gut- und

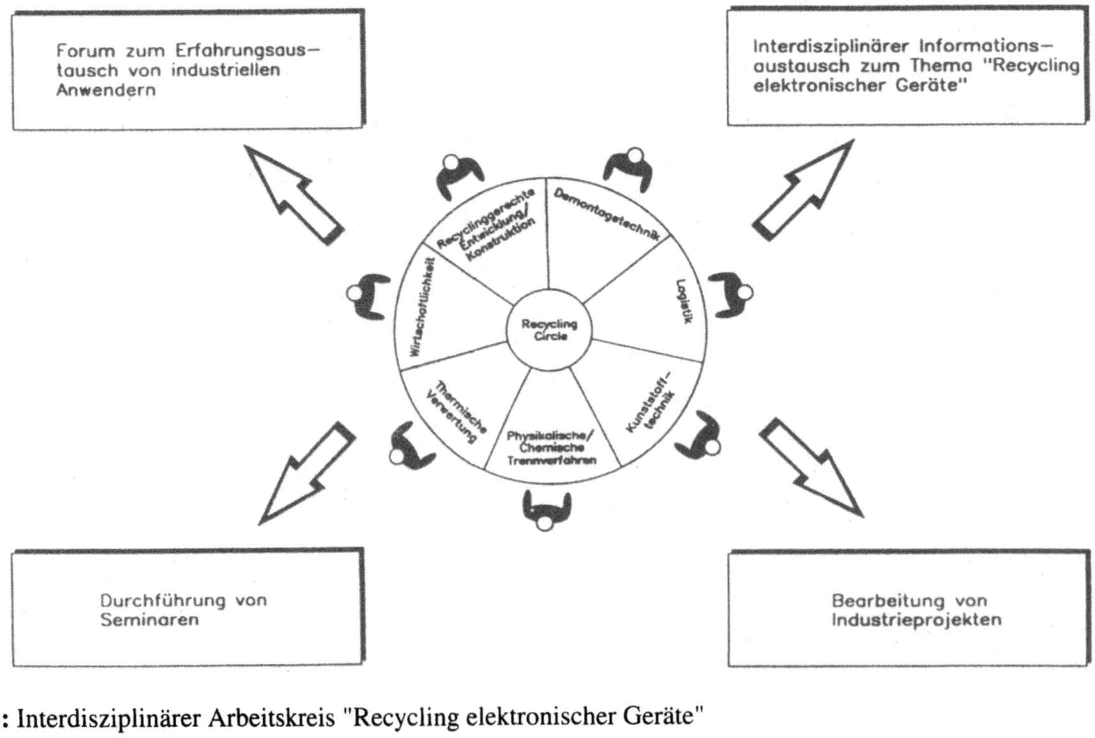

Bild 1: Interdisziplinärer Arbeitskreis "Recycling elektronischer Geräte"

Schlechtbeispielen dargelegt werden. Derartige Regeln erfassen bisher hauptsächlich Informationen aus der Produktentstehungsphase. Spätere Phasen im Lebenszyklus eines Produktes werden bisher während des Konstruktionsprozesses nur ungenügend berücksichtigt. Einen wesentlichen Schwerpunkt stellt hierbei das Produktrecycling dar. Informationen, die bei der Aufstellung von Recyclingkonzepten erarbeitet werden, müssen dem Konstrukteur für die Produktgestaltung in geeigneter Form zur Verfügung gestellt werden. Eine frühzeitige Berücksichtigung solcher Aspekte verringert den Änderungsaufwand und verursacht nur geringe Kosten gegenüber späteren Veränderungen.

Ziel dieses Projektes innerhalb des RECI soll es sein, Richtlinien und Regeln zu erfassen und zu strukturieren, die dem Konstrukteur das recyclinggerechte Konstruieren ermöglichen. Ein weiterer Schritt ist es, diese Regeln direkt dem Konstrukteur im CAD-System zur Verfügung zu stellen, um damit die Konstruktion direkt auf recyclinggerechte Gestaltung überprüfen zu können (Bild 2).

Für die Integration der Regeln in CAD soll das bereits an der Abteilung für Maschinenelemente und fertigungsgerechtes Konstruieren (Prof. Dr.-Ing. H. Meerkamm) entwickelte Konstruktionssystem mfk verwendet werden. Es beschränkt sich nicht nur auf die reine Geometrieverarbeitung, wie die am Markt erhältlichen CAD-Systeme, sondern berücksichtigt neben der Geometrie - objektorientiert - technologische, funktionelle und organisatorische Informationen in Form von konstruktiven Elementen. Es setzt auf herkömmlichen CAD-Systemen auf, die nur für die Mensch-Maschine-Schnittstelle (Dialog und Visualisierung) genutzt werden. Erste Prototypen wurden mit den CAD-Systemen ICEM DDN von Control Data und SIGRAPH von SNI für das Konzipieren und Entwerfen von Getriebestufen und Blechbiegeteilen mit Analysen zum fertigungsgerechten Konstruieren (Herstellbarkeit, Fertigungsgerechtigkeit, Kosten, Toleranzanalysen) und Integration von Berechnungen realisiert. Das für die Durchführung der Analysen notwendige Wissen wird strukturiert in der Wissensbasis in Form von Fakten, Methoden und Regeln beschrieben. Die Darstellung des Wissens läßt sich auf andere Problemstellungen übertragen.

Für die Beurteilung einer Konstruktion hinsichtlich ihrer Recyclingfähigkeit muß die Wissensbasis um das konstruktionsrelevante Wissen zum recyclinggerechten Konstruieren erweitert werden. Darin sollen eine Werkstoffdatenbank, die die Recyclingfähigeit der Werkstoffe erfaßt und Regeln unter anderem zum demontagegerechten, reinigungsgerechten, prüf-/sortiergerechten und zum (wieder)montagegerechten Konstruieren enthalten sein.

AUTOREN: Dipl.-Ing. Dieter Krause
Abtlg. f. Maschinenelemente und fertigungsgerechtes Konstruieren, Lehrstuhl Prof. Dr.-Ing. H. Meerkamm
Dipl.-Ing. R. Hopperdietzel
Lehrstuhl für Fertigungsautomatisierung und Produktionssystematik Prof. Dr.-Ing. K. Feldmann
Universität Erlangen-Nürnberg, 8520 Erlangen

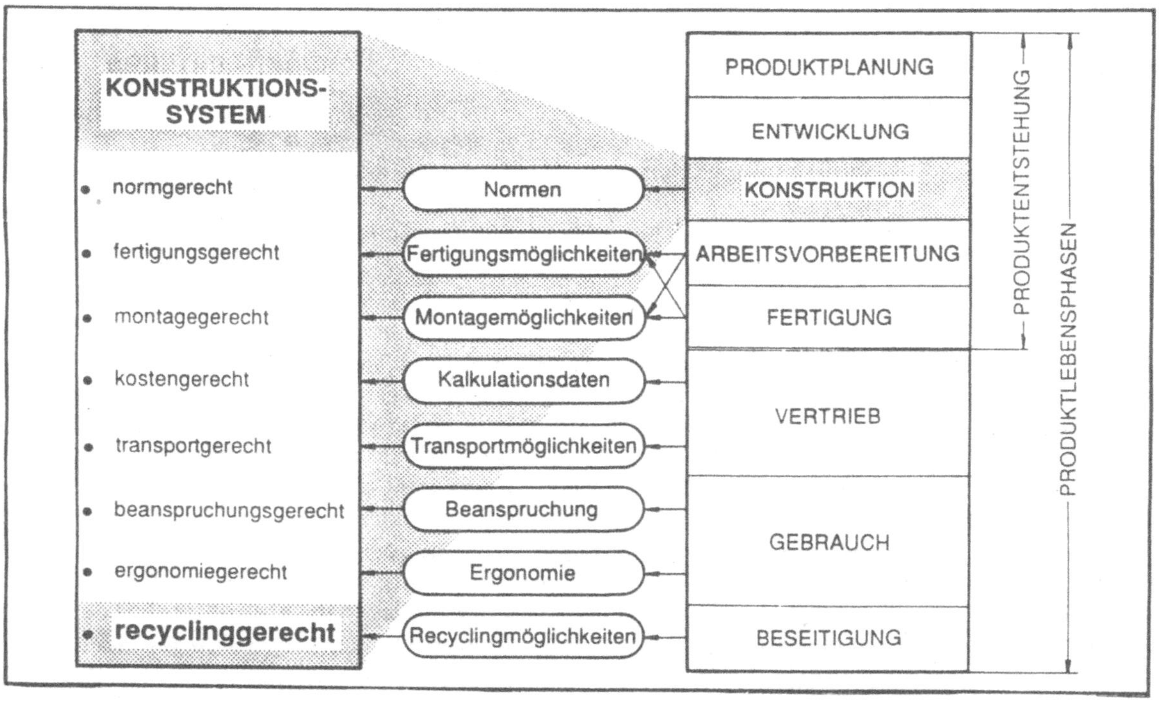

Bild 2: Recyclinggerechtes Konstruieren mit CAD

Institut für Kunststoffrecycling an der Technischen Hochschule Merseburg

Das Kunststoffrecycling ist ein komplexer Prozeß der von der recyclinggerechten Erzeugniskonstruktion über die Erfassungslogistik, die Demontage und Sortierung, die Aufbereitung, Modifizierung, Prüfung und Formgebung bis zum Marketing der Recyclate bzw. der aus Recyclaten gefertigten Formteile und Bauelemente reicht. Seine Bearbeitung bedarf interdisziplinärer Arbeitsgruppen. Das Institut für Kunststoffrecycling an der Technischen Hochschule Merseburg stellt sich die Aufgabe, solche komplexen Lösungen in Form von

- Studien und Expertisen
- angewandten wissenschaftlichen Untersuchungen
- zertifizierten Prüfungen
- Konstruktionen und Projekten

zu erarbeiten.

Es ist außerdem eine beratende Tätigkeit für Kommunen, Unternehmen und Institutionen bei der Erarbeitung und Umsetzung von Erfassungs- und Verwertungsstrategien von Kunststoffabfällen vorgesehen.
Das Institut für Kunststoffrecycling führt Weiterbildungsveranstaltungen auf den Gebieten der Logistik, Gesetzeskunde, Werkstoffwissenschaft und Technologie zum Kunststoffrecycling durch.
Die Bearbeitung der Aufgaben erfolgt in Arbeitsgruppen, die eng mit den Hochschulinstituten kooperieren und insbesondere die hervorragende gerätetechnische Ausstattung der Technischen Hochschule Merseburg nutzen können.

Tätigkeit der Arbeitsgruppen:

1. Arbeitsgruppe Wertanalyse / Marktanalyse
Leiter: Prof. Dr. rer. oec. habil. Garbe

- Wertanalyse bestehender und / oder projektierter Produktionsprozesse;
- Funktionsanalyse und Ermittlung optimaler konstruktiver und technologischerLösungen;
- Wertanalyse von Recyclaten und Kunststoffprodukten;
- abfallwirtschaftliches Marketing, Marktforschung über Ergebnisse aus Recyclaten, Beschaffungsmarktforschung.

2. Arbeitsgruppe Logistik
Leiter: Prof. Dr. rer. oec. habil. Kund

- Erarbeitung und Untersuchung prinzipieller logistischer Lösungen für die Abfallrückführung aus Haushalten, Gewerbe und Handel;
- territorialspezifische logistische Studien;
- Ausarbeitung und Optimierung von Erfassungssystemen;
- Studien zu Umweltbewußtsein und Verhalten gegenüber Recyclingmaßnahmen, Konzepte zur Motivierung und Stimulierung.

3. Arbeitsgruppe Mechanische Aufbereitung
Leiter: Prof. Dr.-Ing. habil. Berndt

- mechanische Feststoffzerkleinerung;
- Entwicklung, Projektierung und Anpassung von Verfahren zum Klassieren, Sortieren, Speichern, Dosieren und Fördern von Schüttgütern;
- prozeßbezogene Charakterisierung (granulometrischer Zustand, schüttgutmechanische Eigenschaften) der Einsatzstoffe und Zwischenprodukte.

4. Arbeitsgruppe Struktur- und Werkstoffmodifizierung
Leiter: Dr.-Ing. Fiedler

- Eigenschaftsverbesserung durch Füllen, Verstärken, Haftvermittlung;
- Nachstabilisierung und Nachsetzen von Gleitmitteln, Farbstoffen;
- Entwicklung von Compounds unter Verwendung von Recyclaten.

5. Arbeitsgruppe Verträglichkeitsvermittlung und Prüflabor
Leiter: Dr.-Ing. Funke

- Charakterisierung und Bewertung von Abfällen;
- Charakterisierung und Bewertung von Recyclaten entsprechend ihrer Fließfähigkeit, mechanischen Eigenschaften, Oberflächeneigenschaften, Stabilität;
- Analyse thermodynamischer Eigenschaften, wie Oberflächen- und Grenzflächenspannung, Löslichkeit, Diffusionsfähigkeit;
- Entwicklung von Verträglichkeitsvermittlern.

6. Arbeitsgruppe Charakterisierung und chemische Prozesse
Leiter: Dr. rer. nat. habil. Tänzer

- spektroskopische Nachweisverfahren;
- ökologische Analyse und Bewertung von Recyclingverfahren, Verhalten und Bildung von Schadstoffen in Aufbereitungs- und Verarbeitungsprozessen.

7. Arbeitsgruppe Produktionsentwicklung und Formteilfertigung
Leiter: Prof. Dr. -Ing. habil. Starke

- Ausführung recyclinggerechter Formteilkonstruktionen;
- Werkstoffeinsatzstudien unter dem Recyclingaspekt;
- Ermittlung von Eigenschaftsbildern von Recyclaten, Ausarbeitung von Einsatzempfehlungen;
- Gebrauchsprüfungen an Formteilen und Bauelementen;
- technologische Entwicklungen und Projektierung von Aufbereitungs- und Formgebungsverfahren.

8. Arbeitsgruppe Thermisches Recycling
Leiter: Prof. Dr. -Ing. habil. Hebecker

- Entwicklung von Verfahren zur thermischen Nutzung von kunststoffhaltigen Abfällen;
- Untersuchungen zur Verbrennung, Vergasung und Pyrolyse;
- Untersuchung und Bewertung von Abprodukten hinsichtlich ihrer thermischen Verwertbarkeit.

9. Arbeitsgruppe Technikfolgeabschätzung
Leiter: Dr.-Ing. Warnke

- Untersuchung regionaler ökologischer Folgen, Lösungskonzepte für den Abbau von Gefährdungspotentialen;
- Analyse und Bewertung von Entsorgungs- und Sanierungstechnologien;
- wirtschaftliche Bewertung von technischen Entsorgungskonzepten;
- Erarbeitung sozialstruktureller, -politischer und -psychologischer Bedingungen und Wirkungen von Sanierungskonzepten.

ADRESSE: Institut für Kunststoffrecycling an der Technischen Hochschule Merseburg, Geusaer Straße, O-4200 Merseburg

Kurzberichte und Projekte

Die Grundig Umwelt-Initiative

Jede industrielle Tätigkeit ist heute unmittelbar mit der Aufgabe verknüpft, auf Umweltverträglichkeit der Produkte und ihrer Verpackungen zu achten. Diese Produktverantwortlichkeit beginnt bei der Wahl geeigneter Rohstoffe und endet bei der Entsorgung - ökonomische Prinzipien dürfen ökologische Erfordernisse nicht ausschließen.

Die Grundig Umwelt-Initiative hat sich hierzu - längst bevor der Gesetzgeber Maßnahmen gefordert hat - eindeutige Ziele gesetzt: den Einsatz schadstofffreier Rohstoffe und Materialien in umweltverträglichen Fertigungsverfahren für schadstofffreie, wiederverwendbare und umweltfreundlich verpackte Produkte.

Die Grundig Umwelt-Initiative hat bisher u.a. zu folgenden konsequenten Maßnahmen und greifbaren Ergebnissen geführt:

- Leiterplatten sind Grundbausteine für Geräte der Unterhaltungs-Elektronik. Sie werden bei Grundig ohne Einsatz von Chlorkohlenwasserstoffen (CKW) und Fluorchlorkohlenwasserstoffen (FCKW) hergestellt, die bekanntlich die lebenswichtige Ozon schicht zerstören. Auch ohne gesetzlichen Zwang hat Grundig seine Produktion auf alternative Verfahren umgestellt.
- Alle Bauteile, Komponenten und Materialien, die aus Sicherheitsgründen sog. Flammhemmer enthalten müssen, z.B. Rückwände für TV-Geräte, sind frei von polybromierten Diphenylethern, so daß Emissionen von Dioxinen und Furanen ausge-

schlossen sind.

- Spanplattengehäuse werden ausschließlich in formaldehydarmer E 1-Ausführung gefertigt.
- Rohstoffe und zugelieferte Teile dürfen keine krebserzeugenden Stoffe enthalten.
- Größere Kunststoffteile werden - als Voraussetzung für späteres Recycling - gekennzeichnet.
- Metallteile bedürfen vor der Weiterverarbeitung wie Lackieren, Kleben, Montieren, meist einer gründlichen Vorbehandlung. Organische Lösungsmittel belasten jedoch die Athmosphäre und können ins Grundwasser eindringen. Grundig hat bereits vor zehn Jahren begonnen, Stoffe wie "TRI" und "PER" zu ersetzen. Inzwischen wird fast ausschließlich mit lösungsmittelfreien, wässrigen Reinigungsmitteln gearbeitet. Auch Lacke enthalten umweltbelastende Lösungsmittel. Durch modernste Roboter- und Elektrostatik-Lackierautomaten mit hohem Wirkungsgrad wird ein sparsamer Lackauftrag, zum Großteil mit umweltfreundlichen Wasserlacken, erzielt.
- Auch in der Lötteechnik setzt Grundig auf das Vermeidungsprinzip: nahezu rückstandsfreie Löthilfsmittel erübrigen eine umweltbelastende Reinigung der Leiterplatten.
- Öl- und Kühl-Schmierstoffe, z.B. für die Metallbearbeitung, werden in Kreisläufen vielfach ausgenutzt und dann sachgerecht entsorgt, Abwasserreinigungs-Anlagen - insbesondere bei galvanischen Prozessen - gewährleisten die deutliche Unterschreitung gesetzlicher Grenzwerte.
- Aus Kunststoffabfällen entstehen zusammen mit Granulat neue Spritzgußteile.
- Großteile wie TV-Gehäuse und -Rückwände werden im Fertigungsverbund "vor Ort" produziert (Kunststoff- und TV-Werk in Nürnberg-Langwasser), so daß Transportbewegungen entfallen.

Eine zentrale Aufgabe der Grundig-Umwelt-Initiative ist die umwelt- und recyclinggerechte Gestaltung der Produkte. In der neuen Produktlinie von Grundig-Fernsehgeräten wurden bereits entscheidende Maßnahmen vorgenommen. Beispiele hierfür sind unter andern:

- Ressourcenschonung durch computerberechneten Materialeinsatz
- gekennzeichnete und recycelbare Gehäusekunststoffe
- demontagefreundlicher Geräte-Aufbau
- Reduzierung problematischer Schadstoffe

Darüber hinaus arbeitet Grundig gemeinsam mit anderen Firmen der Unterhaltungselektronik, die entsprechend ihrer Spezialisierung, Teilaufgaben übernehmen - unter der Schirmherrschaft des Fachverbandes Unterhaltungselektronik im ZVEI - am Entwicklungsprojekt "Grüner Fernseher". Dazu werden auch Fördermittel des BMFT beantragt.

In der Diskussion um die sogenannte "Elektronik - Schrott - Verordnung" wird immer wieder auf die verstärkte Produktverantwortung der Hersteller für ihre Produkte hingewiesen. Noch bevor die Rücknahmepflicht für Altgeräte in Kraft tritt, bietet Grundig eine Lösung für die Entsorgung von Fernsehgeräten an.

Durch ein Pilotprojekt im Einzugsgebiet Mittelfranken soll neben den bisher gesammelten Erfahrungen zusätzliches Know-how über die Rücknahme und Verwertung von Altgeräten erlangt werden. Es wird Mitte September gestartet werden und vorerst sechs Monate dauern. In diesem Zeitraum nimmt Grundig sämtliche Gerätetypen aller UE-Fabrikate zurück; die Fremdfabrikate werden aus technischem Interesse in das Pilotprojekt einbezogen. Dem Kunden wird ein entsprechender Kostenbeitrag verrechnet (TV-Gerät 38.- DM, Video / HiFi 15.- DM, übrige (Klein-) Geräte 3.- DM). Die Rücknahme ist mit dem Neukauf eines Grundig-Gerätes gekoppelt. Die Altgeräte gelangen vom Fachhandel über eine entsprechende Speditionslogistik zum Grundig Produktionsstandort Georgensgmünd. Dort werden sie fachgerecht zerlegt, die gewonnenen Materialien und Einzelteile sortiert und der Aufbereitung und Wiederverwertung zugeführt. Reststoffe gelangen zur qualifizierten Entsorgung entsprechend den gesetzlichen Bestimmungen. Ziel des Projektes ist es, Erkenntnisse für eine bundesweite flächendeckende Entsorgung von Altgeräten zu gewinnen.

Die Fortschritte in der umwelt- und recyclinggerechten Produktgestaltung ermöglichen es Grundig bereits heute, als erster Hersteller für alle ab September 1992 verkauften Fernsehgeräte eine Recycling-Garantie zu geben. Diese Garantie, die dem Käufer beim Kauf eines Grundig Fernsehgerätes ausgehändigt wird, hat folgenden bindenden Inhalt:

- Grundig sichert dem Erwerber dieses Fernsehgerätes die umwelt- und fachgerechte Entsorgung am Ende der regulären Gebrauchsdauer zu.
- Rücknahmeverfahren, Recycling, Verwertung und Entsorgung in Deutschland werden im Rahmen der jeweils bestehenden rechtlichen Bestimmungen, sowie gesonderter Regelungen von Grundig durchgeführt.
- Vorausgesetzt wird eine Nutzung des Gerätes in üblicher zweckbestimmter Art und Weise und die Rückgabe im kompletten Zustand.

Mit der Grundig Umwelt-Initiative will Grundig als führender Hersteller für Unterhaltungselektronik sein gesamtes Entwicklungs- und Fertigungs-Know-how nutzen, um bereits heute einen aktiven Beitrag zum Umweltschutz von morgen zu leisten.

Interdisziplinäre Strategien zum Schutz der Umwelt Ein Graduiertenkolleg an der RWTH Aachen

Carlo J. Burschel, Ingo Hagemann,
Thomas Kramer, Elvira Wilberg

1. Einleitung

Die Beschäftigung mit ökologischen Zusammenhängen und damit verbundene Problemstellungen hat in den letzten Jahren zunehmend an Bedeutung gewonnen. Davon ist auch und gerade die wissenschaftliche Forschung betroffen. Die Forschung ist aufgerufen, Lösungsmöglichkeiten für die komplexe Umweltproblematik zu erarbeiten und vorhandene Wissensdefizite in diesem Bereich aufzudecken.

Der einzelne Forscher ist mit dieser Aufgabe häufig überfordert. Er ist auf die Kooperation mit Kollegen aus benachbarten oder auch fremden Disziplinen angewiesen.

Um diese interdisziplinäre Zusammenarbeit an der RWTH Aachen zu erleichtern, zu fördern, zu koordinieren, z.T. erst möglich zu machen, wurde am 22.02.1988 das Umweltforum gegründet. Professoren aus allen in Aachen vertretenen Fachbereichen sind in dieser Arbeitsgruppe vertreten, die auch die Kooperation und Praxiskontakte mit F&E-Einrichtungen anderer Hochschulen und Forschungsinstitutionen sowie mit der Industrie fördern soll. Innerhalb des Umweltforums haben sich einzelne Arbeitskreise etabliert, die verschiedene aktuelle Themen (z.B. rückstandsoptimierte und energiesparende Produktionstechnik, thermische Abfallverwertung, Vorgänge in Deponien, sanfte Technik in der Stadtentwicklung, Risikokommunikation und Umweltbewußtsein) bearbeiten.

Neben der interdisziplinären Forschung sieht das Umweltforum eine weitere wichtige Aufgabe in der Weiterbildung. So wurden Studienbausteine für einen Zusatzstudiengang „Umweltwissenschaften" entwickelt, der ab WS 92/93 von graduierten Studenten und Praktikern absolviert werden kann.

2. Konzept des Graduiertenkollegs

Um schon „Nachwuchswissenschaftlern" die Möglichkeit zu einer interdisziplinären Zusammenarbeit zu geben, wurde im Umweltforum das Konzept eines Graduiertenkollegs zum Thema: „Interdisziplinäre Strategien zum Schutz der Umwelt" entwickelt. 1991 genehmigte die Deutsche Forschungsgemeinschaft (DFG) die Einrichtung eines solchen Kollegs für eine Laufzeit von zunächst drei Jahren. Während dieser Zeit soll das Projekt mit einer Summe von insgesamt 1,5 Mio. DM für 15 Doktorandenstipendien, 1 Post-Doktoranden-Stipendium, Verbrauchsmaterial, Kleingeräte und Gastwissenschaftler von der DFG gefördert werden.

Am 1.09.1991 nahm das Kolleg mit neun Doktoranden und einer Post-Doktorandin seine Arbeit auf. Bis zum 1.06.1992 kamen sechs weitere Doktoranden dazu. Gemäß der Grundkonzeption des Graduiertenkollegs, entstammen die ausgewählten Kollegiaten so unterschiedlichen Disziplinen wie Architektur, Geologie, Psychologie, Soziologie, Chemie, Biologie, Maschinen-bau, Bauingenieurwesen, Aufbereitung, Metallurgie und Werkstofftechnik, Verfahrenstechnik.

Gemeinsam sollen „Interdisziplinäre Strategien zum Schutz der Umwelt" erarbeitet werden. Die eigenen Promotionsprojekte sollen dabei durch einen intensiven Gedankenaustausch mit den Kollegen gefördert werden.

Um eine gemeinsame Ausgangsbasis für die Zusammenarbeit sicherzustellen, ist eine gewisse Strukturierung notwendig. Im Vorfeld wurde von den Professoren des Umweltforums die Erarbeitung von Stoffkreisläufen anhand ausgewählter Stoffgruppen und Produkte (z.B. Automobil) als Zielsetzung definiert. Die Bildung der folgenden Themenschwerpunkte

- I Städtebauliche Dichte und Umweltbelastung (Koordinator Prof. G. Schöfl)
- II Rückstandsoptimierte Werkstoff- und Produktionstechnik (Koordinator Prof. Dr.-Ing. R. Kopp)
- III Abfallverwertung (Koordinator Prof. Dr.-Ing. H. Hoberg)
- IV Vorgänge in Deponien (Koordinator Prof. Dr.-Ing. M. Dohmann)

soll auch die Ausbildung von kleinen Arbeitsgruppen begünstigen, in denen ein regelmäßigerer und intensiverer Erfahrungsaustausch stattfindet als im Plenum.

Sozusagen als Umklammerung sollen sozialwissenschaftliche Aspekte in die Betrachtung einbezogen werden (Koordinator für diesen Bereich ist Herr Prof. K.H. Hörning). Das Ausbildungsprogramm beinhaltet die Belegung von Studienbausteinen aus dem o.g. Zusatzstudiengang Umweltwissenschaften, ein Doktorandenseminar, Workshops etc. Im folgenden sollen drei der 15 Promotionsprojekte beispielhaft vorgestellt werden:

2.1 Die architektonische Integration photovoltaischer Anlagen in die Gebäudehülle

Eine weiterhin unbeschwerte Nutzung fossiler Energieträger und einen sorglosen Umgang mit unserem Lebensraum kann und darf es in Zukunft nicht geben.

Fossile Energieträger sind nach Möglichkeit durch regenerative Energieformen zu ersetzen und insgesamt ist eine rationellere Energieverwendung anzustreben. Dies führt auch zu erheblichen Veränderungen bei der Gebäudeplanung und Nutzung.

Im Mittelpunkt dieser notwendigen Veränderungen steht die Gebäudehülle. Sie ist die Schnittstelle zwischen dem Außen- und Innenbereich.

Ihre Ausformung, Gestaltung und Konstruktion hat entscheidenden Einfluß auf die Möglichkeiten einer rationellen Energieverwendung, bzw. der passiven und aktiven Nutzung der Sonnenenergie am Gebäude. Eine Möglichkeit zur aktiven Nutzung der Sonnenenergie stellt die Photovoltaik-Technik dar. Sie wandelt Sonnenlicht direkt in vielseitig nutzbare elektrische Energie um.

Neben den Vorteilen der Nutzung einer nahezu unerschöpflichen, emissionsfreien und ökologisch verträglichen Energiequelle erweist sich vor allen Dingen der große Flächenbedarf zur Aufstellung der Photovoltaikmodule als nachteilhaft. Um jedoch unnötigen Landverbrauch zu vermeiden, bietet es sich an, das vorhandene Flächenpotential ungenutzter Dach- und Fassadenflächen überbauter Gebiete zur Montage von Photovoltaikmodulen zu nutzten.

Erste Versuche, die noch sehr teuren photovoltaischen Elemente am Gebäude zu verwenden, zeigen jedoch noch keine gestalterisch, ökologisch und wirtschaftlich befriedigenden Lösungen.
Zurückzuführen ist dies auf eine nahezu ausschließliche Beschäftigung mit technischen Fragen der Photovoltaik. Bisher fehlen weitgehend Untersuchungen, die sich mit den baukonstruktiven und gestalterischen Bedingungen einer Photovoltaikanwendung in der Gebäudehülle auseinandersetzen.

Daher besteht hier Handlungsbedarf, um überzeugende Lösungen sowohl für eine Integration in den traditionellen Gebäudebestand als auch für zukunftsweisende Neuplanungen zu finden.

In einer Untersuchung soll nun das Gestaltungspotential, die Integrationsfähigkeit in die Gebäudehülle und die Nutzung von Synergieeffekten bei der Verwendung von Photovoltaikmodulen aufgezeigt werden.

Gefordert ist hierfür die integrative Leistung eines Architekten, der die hierbei auftretenden energetischen, ökologischen, städtebaulichen, gestalterischen und technischen Fragestellungen zu einer Synthese zusammenführt.

Basis hierfür bildet ein intensiver Gedanken- und Erfahrungsaustausch der verschiedenen am Graduiertenkolleg beteiligten Fachleute.

2.2 Umwelttechnik in modernen Unternehmensorganisationen

Gegenstand der Untersuchung ist der Vergleich von Implementierungsprozessen von Recyclingverfahren in der chemischen und metallverarbeitenden Industrie in der Bundesrepublik Deutschland. Der Analyserahmen der Arbeit bezieht sich sowohl auf relevante gesellschaftliche Gegenwartsdiagnosen (vgl. (1); (4); (5); (6)), wie auch auf ein organisationstheoretisches und -praktisches Untersuchungsfeld, da zwischen diesen beiden Ebenen eine starke Abhängigkeit bezüglich der Problemerkenntnis und -handhabung vermutet wird. So ist neben der Art und Weise des Wirtschaftens auch die gesellschaftliche Definition von „Rationalität" und „Fortschritt" als Hauptursache für die ökologische Krise zu nennen (vgl. (3), S.13-43).

Als Untersuchungsobjekte wurden mehrere Großunternehmen der Chemie- und Automobilindustrie ausgewählt und zu den jeweiligen Verbänden bezüglich der Fragestellung Kontakt aufgenommen.

Die Datenerhebung wird mittels halbstandardisierten Interviews mit den verschiedenen Mitarbeitergruppen in Betrieb bzw. Unternehmung durchgeführt. Zusätzlich werden schriftliche Unterlagen der Firmen ausgewertet.

Vor dem Hintergrund eines organisatorischen Paradigmenwechsels (vgl. (2), S.59ff.), der die Relevanz von kulturellen Aspekten beleuchtet, sollen die beteiligten betrieblichen Akteure identifiziert und ihre Einstellungen erfaßt werden, um so zu dedizierten Aussagen über den Implementierungsprozeß gelangen zu können. Recyclingverfahren werden als Innovationen, genauer, umwelttechnische Innovationen thematisiert. Ausgehend von unterschiedlichen „Organisationskulturen" sollen die daraus entstandenen bzw. entstehenden Konsequenzen für die Implementierungsprozesse von umwelttechnischen Innovationen am Beispiel von Recyclingverfahren herausgearbeitet werden. Hintergrundthese ist, daß trotz gestiegenem Umweltbewußtsein der Bevölkerung, politischer und ökonomischer Entscheidungsträger die Implementierung von ökologischen Innovationen am Beispiel von Umwelttechnik in Unternehmen, nicht ausschließlich aus ökologisch- oder ökonomisch-rationalen Gründen heraus realisiert werden. Vielmehr sind diese Entscheidungen abhängig von Organisationsstruktur und -kultur der jeweiligen Unternehmung.

Aufbauend auf der detaillierten Analyse der explorativen Erhebung, am Beispiel der Einführung von Umwelttechnik (Recyclingverfahren) in den untersuchten Unternehmen soll ein Verbesserungsvorschlag zur Handhabung „ökologischerer Produktion" erarbeitet werden, welcher gesellschaftlichen und organisationstheoretischen und -praktischen Entwicklungen und Anforderungen gerecht wird.

2.3 Untersuchungen zur Aufbereitung von Elektronikschrott

Im Hinblick auf die zu erwartende Verabschiedung der Elektronikschrottverwertung, ist die Aufbereitung von Elektronikschrott eine Themenstellung des Graduiertenkollegs.

Die meisten Recyclingprozesse lassen sich in Zerkleinerungs-, Klassier-, und Sortiervorgänge unterscheiden. In der Zerkleinerungsstufe werden die Abfallstoffe zunächst auf eine verarbeitbare Größe gebracht, hierbei wird besonders der Aufschluß von Verbundwerkstoffen und die Lösung von Werkstoffverbindungen angestrebt. Anschließend werden in Klassierprozessen Zwischenprodukte unterschiedlicher Korngröße für die Sortieraggregate hergestellt. In den Sortierprozessen werden schließlich die wiederverwertbaren Werkstoffe von den Schadstoffen getrennt.

Inhalt der Arbeit ist es, die Zerkleinerung von Elektronikkomponenten zu untersuchen und zu optimieren. Hierfür werden zunächst in einem Prüflabor Werkstoffkennwerte für verschiedene Bauteile ermittelt, welche die Grundlage für praxisnahe Versuche in unterschiedlichsten Zerkleinerungsanlagen bilden. Hierbei wird auch ein besonderer Augenmerk auf eine selektive Zerkleinerung von z.B. spröden Werkstoffen gelegt.

Ziel der Arbeit ist es, ein möglichst optimales Zerkleinerungsverfahren mit weitgehend vollständigem Aufschluß der Werkstoffe zu entwickeln.

3. Weitere Themen

Die Themen der übrigen Arbeiten sollen hier nur kurz angesprochen werden. Es geht um methodische Ansätze eines ökologisch orientierten Städtebaus; die Erstellung eines Indikatorensets zur Typisierung und Bewertung der Umweltbelastung von Stadtböden; individuelle und soziale Bedingungen von Umweltbewußtsein und umweltbewußtem Verhalten; Schrotteinschmelzung; thermische Verwertung der Schredderleichtfraktion; Recycling von Blechen aus Autowracks; Umwelttechnik in modernen Unternehmensorganisationen; Aufbereitungstechniken für die Kunststoffreststoffverwertung; Sortierung von Leichtstoffgemischen aus der gelben Tonne; Restmüllbehandlung; Restmüllablagerung und dabei ablaufende Prozesse; das Verhalten organischer Schadstoffe in Deponien und Altlasten.

4. Abschußbetrachtungen

Nach einer Laufzeit von einem Jahr kann eine erste Bilanz gezogen werden. Naturgemäß waren bei dem sehr breit angelegten Projekt zunächst gewisse Anfangsschwierigketien zu überwinden. Dazu gehörten nicht zuletzt auch Kommunikationsprobleme zwischen Technikern und Nicht-Technikern. Bei allen Beteiligten erfordert der Eintritt in eine interdisziplinäre Arbeitsgruppe nach der zunehmenden Spezialisierung der vorab absolvierten Diplomstudiengänge zusätzliche Anstrengungen. Allmählich konstituieren sich jedoch effizient arbeitende Arbeitsgruppen, in denen ein regelmäßiger Dialog stattfindet.

Literatur:

(1) U. Beck: Risikogesellschaft Auf dem Weg in eine andere Moderne, Frankfurt/Main 1986

(2) H. Kasper: Die Handhabung des Neuen in organisierten Sozialsystemen, München Wien 1991

(3) R. Kreibich: Forschungskultur und Produktionskultur - Zur Krise der Wissenschafts- und Technikgesellschaft und Elemente des neuen Fortschritsmuster, in: H.Balck/ R.Kreibich (Hrsg.): Evolutionäre Wege in die Zukunft Wie lassen sich komplexe Systeme managen?, Weinheim/Basel 1991, S.13 - 43

(4) N. Luhmann: Ökologische Kommunikation Kann die moderne Gesellschaft sich auf ökologische Gefährdungen einstellen?, 2.Aufl., Opladen 1988

(5) R. Mayntz et al. (Hrsg.): Differenzierungen und Verselbständigung Zur Entwicklung gesellschaftlicher Teilsysteme, Frankfurt/Main New York 1988

(6) W. Zapf (Hrsg.): Die Modernisierung moderner Gesellschaften Verhandlungen des 25. Deutschen Soziologentages in Frankfurt am Main 1990, Frankfurt/Main New York 1991

(7) Rheinisch-Westfälisch Technische Hochschule Aachen (Hrsg.): RWTH Themen 1/89. Berichte aus der Rheinisch-Westfälischen Technischen Hochschule Aachen. Im Blickpunkt: Umweltforum.

Beteiligte Hochschullehrer und Stipendiaten des Graduiertenkollegs "Interdisziplinäre Strategien zum Schutz der Umwelt":

Hochschullehrer:
Prof. Gerhard Curdes, Inst. f. Städtebau und Landschaftsplanung
Prof Dr.-Ing. Max Dohmann, Inst. f. Siedlungswasserwirtschaft
Prof. Dr.-Ing. Heinrich Gudenau, Inst. f. Eisenhüttenkunde
Prof. Dr. rer. hort. Christian Krause, Inst. f. Landschaftsökologie und Landschaftsgestaltung
Prof. Dr.-Ing. Heinz Hoberg, Inst. f. Aufbereitung, Kokerei und Brikettierung
Prof. Dr. rer. pol. Karl-Heinz Hörning, Inst. f. Soziologie
Prof. Dr.-Ing. Reiner Kopp, Inst. f. Bildsame Formgebung
Prof. Dr. rer. nat. Johannes Reichert, Wasserlaboratorien Roetgen
Prof. Dipl.-Ing. Günther Schöfl, Inst. f. Wohnungsbau

Stipendiaten:
Bletsch, Sabine, Inst. f. Aufbereitung
Burschel, Carlo, Inst. f. Soziologie
Daab, Karlfried, Inst. f. Lanschaftsökologie
Diener, Joachim, Inst. f. Siedlungswasserwirtschaft
Dönges, Jörg, Inst. f. Eisenhüttenkunde
Grünhoff, Dirk, Inst. f. Landschaftsökologie
Hagemann, Ingo, Inst. f. Wohnbau
Homburg, Andreas, Inst. f. Soziologie
Kabbe, Günther, Inst. f. Siedlungswasserwirtschaft
Kramer, Thomas, Inst. f. Aufbereitung
Radtke, Dirk, Inst. f. Siedlungswasserwirtschaft
Schmitz, Axel, Inst. f. Bildsame Formgebung
Stassen, Edmund, Inst. f. Eisenhütenkunde
Teßmann, Bernd, Inst. f. Aufbereitung
Winkler, Marcus, Wasserlaboratorien Roetgen

Post-Doktorandin:
Dr. Elvira Wildberg, Inst. f. Siedlungswasserwirtschaft

Autoren:
Dipl. Kfm. Dipl. Soz. Carlo J. Burschel;
Dipl.-Ing. Ingo Hagemann;
Dipl.-Ing. Thomas Kramer;
Dr. sc. nat. Elvira Wilberg
Graduiertenkolleg „Interdisziplinäre Strategien zum Schutz der Umwelt" Mies-van-der-Rohe Str. 1; 5100 Aachen, Tel.: (0241) 80-5278

Internes Rechnungswesen und Umweltschutz

Projektbearbeiter: Prof. Dr. J. Kloock / Dipl.-Kfm. M. Keilus / Dr. U. Roth

Adresse: Lehrstuhl für Allgemeine Betriebswirtschaftslehre und Unternehmensrechnung, Wirtschafts- und Sozialwissenschaftliche Fakultät der Universität zu Köln, Albertus-Magnus-Platz, W-5000 Köln 41

Die mit jeder Produktion einhergehende Inanspruchnahme der natürlichen Umwelt als Aufnahmemedium verursacht neben internen vielfach auch externe Effekte. Diese externen Effekte werden im herkömmlichen Rechnungswesen nicht berücksichtigt. Um Fehlentscheidungen und damit auch Konflikte mit der Umwelt zu vermeiden, gilt es, die produktionsbedingten externen Effekte möglichst vollständig im Rechnungswesen zu erfassen, zu bewerten und im Rahmen der Unternehmenspolitik, insbesondere der Umweltpolitik, entsprechend zu berücksichtigen.

Teilprojekt 1:

Um die produktionsbedingte Inanspruchnahme der natürlichen Umwelt im Rechnungswesen möglichst produktionsanalytisch abzubilden, wird die traditionelle Produktionstheorie um die Entstehung, Vermeidung und Verwertung der zusätzlich zum Produktionsprogramm anfallenden Umweltbelastungen erweitert, um sie anschließend in mögliche Produktionsfunktionen von Unternehmen zu integrieren. Fußend auf diesen produktionstheoretischen Überlegungen sollen schließlich Kosten- und Gestaltungsmodelle unter expliziter Berücksichtigung der produktionsbedingten Inanspruchnahme der natürlichen Umwelt aufgestellt und diskutiert werden. Zudem wird versucht, eine exakte produktionsanalytisch fundierte Definition des Begriffs Umweltschutzkosten herzuleiten.

Projektstadium: laufend mit folgender Veröffentlichung: Frese, E./Kloock, J.: Internes Rechnungswesen und Organisation aus der Sicht des Umweltschutzes, in: Betriebswirtschaftliche Forschung und Praxis, 41. Jg., 1989, S. 1-29.

Teilprojekt 2:

Ein wesentliches Element des traditionellen Rechnungswesens stellt das Leistungs- und Kostenrechnungssystem dar. Um die Umweltpolitik eines Unternehmens zu unterstützen, müssen ihre Grundlagen und Gestaltungsmöglichkeiten im Leistungs- und Kostenrechnungssystem abgebildet werden. Kostenrechnungen mit expliziter Einbeziehung der Kosten zur Erhaltung der natürlichen Umwelt werden daher als Umweltkostenrechnungen bezeichnet. Ihre Konzeption, ihr Aufbau, ihre Anwendung und mögliche

Varianten ihrer Ausgestaltung stehen im Mittelpunkt dieses Teilprojektes. Hierbei zeigt sich, daß einerseits die Kostenrechnung hinreichende konzeptionelle und rechnungstheoretische Grundlagen zum Aufbau von Umweltkostenrechnungen bereitstellt, andererseits jedoch in der Literatur die Fragen zur Umweltkostenrechnung noch nicht grundlegend genug erörtert und gelöst worden sind. Durch das Projekt werden daher Ansätze aus der Literatur aufgegriffen, weiter ausgebaut und zu einer theoretisch geschlossenen Gesamtkonzeption betrieblicher Umweltkostenrechnungen fortentwickelt.

Projektstadium: abgeschlossen mit folgenden Veröffentlichungen: Kloock, J.: Umweltschutz in der betrieblichen Abwasserwirtschaft, in: Das Wirtschaftsstudium, 19. Jg. (1990), S. 107-113 und 171-175.
Kloock, J.: Umweltkostenrechnung, in: Scheer, A.-W. (Hrsg.), 11. Saarbrücker Arbeitstagung 1990: Rechnungswesen und EDV, Heidelberg 1990, S. 129-156.
Kloock, J.: Ökologieorientierte Kostenrechnung als Umweltkostenrechnung, in: Diskussionsbeiträge zum Rechnungswesen der Wirtschafts- und Sozialwissenschaftlichen Fakultät, Universität zu Köln, 1990.
Kloock, J.: Umweltkostenrechnung, in: Handbuch der Kostenrechnung, hrsg. von W. Männel, Wiesbaden 1991.
Roth, U.: Umweltkostenrechnung - Grundlagen und Konzepte aus betriebswirtschaftlicher Sicht, Wiesbaden, 1992.

Teilprojekt 3:

In Abhängigkeit der möglichen betrieblichen Umweltpolitik ergeben sich drei unterschiedliche Funktionen von Umweltkostenrechnungen und damit drei verschiedene Ansätze von Umweltkostenrechnungssystemen. Im Mittelpunkt dieses Teilprojektes steht die konkrete Ausgestaltung des Aufbaus solcher Umweltkostenrechnungssysteme. Hierbei kann für die Ausgestaltung der internen Umweltkostenrechnung unmittelbar auf bestehende Systeme der Kostenrechnung zurückgegriffen werden, dagegen ist ein direkter Rückgriff auf bestehende Kostenrechnungssysteme für die Ausgestaltung externer (ökologischer) Umweltkostenrechnungen und umweltschutzorientierten Nutzen-Kostenrechnungen nicht immer möglich. Für diese Ansätze von Umweltkostenrechnungen sind daher die Kostenarten-, Kostenstellen- und Kostenträgerrechnung sowie die Nutzenarten-, Nutzenstellen- und Nutzenträgerrechnung bezüglich betrieblicher Umweltbelastungen einer eingehenden Analyse zu unterziehen. Ihr konkreter Aufbau und mögliche Anwendungsfragen sollen in diesem Teilprojekt detailliert diskutiert werden.

Projektstadium: laufend

Buchbesprechungen

Buchbesprechung zu Herbert Gruhl: Himmelfahrt ins Nichts. Der geplünderte Planet vor dem Ende

Eberhard Seidel

Ein im Wortsinn kolossales Gemälde. Mit unbeirrt festem, fast immer aber auch recht breitem Pinselstrich auf die riesige Leinwand einer universalen "Weltgeschichte" geworfen. In fast einer jeden Beziehung weitgespannt: die Natur- und Geisteswissenschaften umfassend, dazu Philosophie und Religion. Erstreckt über alle irdischen Kontinente und Meere, bis in die kosmischen Räume hinein. Weitgespannt vor allem auch zeitlich: sozusagen von "Urknall" und "Ursuppe" her. Erst unmerklich, schleichend, bald furchteinflößend und zum Schluß atemberaubend die Beschleunigung in der dargestellten - natürlichen, kulturellen und schließlich zivilisatorischen - Entwicklung: "Der 4.000.000.000 Jahre dauernde Anlauf des Lebens". "Der 3.000.000 Jahre dauernde Anlauf des Menschen". 100.000 Jahre denken, 10.000 Jahre Machen. Einige Jahrtausende Hochkultur. Ganze 200 Jahre technische Zivilisation. Und nun: die Menschenflut, die Unratlawine, die Entropie und "Das zwangsläufige Ende".

Gibt es eine Möglichkeit zur Wende? Gruhl will und kann sich mit dieser Frage nicht mehr aufhalten. Der "Point of no Return" ist überschritten. Was bleibt ist die "Himmelfahrt ins Nichts". Trefflich gewählter Titel für ein in Zorn und Eifer, vor allem aber mit Herzblut geschriebenes Buch.

Was die Fachwissenschaftler aller Couleur zu dieser Schrift sagen werden, ja sagen müssen, ist nach alledem schon klar: Keiner wird sich, keiner kann sich mit seiner Arbeit, seinen Konzepten, Theoremen und Lösungsvorschlägen im einzelnen wiederfinden. Keiner kann sich darob auch direkt angesprochen fühlen. Schon die Mischung von "Meinung" und "Fakten" wird manchem nicht gefallen. Die meisten werden das höchst komplizierte hierarchisch-systemische Gefüge der Fakten nicht finden, wie auch das ihrer Konzeptionen und Theorien nicht. Gruhl geht zwar oft durchaus in die Tiefe, aber das geschieht immer gleichsam unmarkiert und ungeschieden in einem einzigen - groß und breit dahinfließenden - Strom der Darlegung. Die Grenzen von Einzelwissenschaften sind nicht respektiert. Die Grenze zwischen Fachwissenschaft und Philosophie ist breit verwischt. Der Beobachtung Wilhelm Buschs, nach der sich der Weise nur leise, beziehungs- und bedingungsweise äußert, folgt Gruhl nicht. Wes das Herz voll, dem geht der Mund über! Näher als zu den - immer nur bedingten - wissenschaftlichen Prognosen wird man daher die Gruhl´schen Extrapolationen an alt- oder auch neutestamentliche Prophetien rücken. Besser als die Propheten des alten Testaments oder auch die Apokalypse aus der Offenbarung des Johannes passen zu Gruhl freilich die "Windzeit" und "Wolfszeit" der germanischen Mythologie oder auch die "Götterdämmerung" in Richard Wagners "Ring des Nibelungen".

Festgestellt ist damit, daß auch die Theologen an Gruhl keine rechte Freude haben werden. Und vielleicht haben gar die Verehrer jenes Philosophen etwas auszusetzen, den Gruhl - ihn hierin neben Goethe stellend - allen anderen seiner Zunft vorzieht: Friedrich Nietzsche. (Über die Paßform einiger Zitate läßt sich streiten.)

Für alle Genannten hat Herbert Gruhl sein Buch indessen wohl nicht geschrieben. Oder doch geschrieben? Viele Professoren werden es - gleichsam als Privatlektüre - auf ihre Nachttischen haben. Es ist zu hoffen, und es ist ihnen zu wünschen. In dem Buch finden sich eindrucksvolle, ja hinreißende Formulierungen in Fülle.

Viele andere werden Gruhls neues Buch nicht so schnell aus der Hand legen können. Bei nicht wenigen freilich wird das Buch auch hier relativ früh an gewisse Grenzen stoßen. Der Grund: "Die Wahrheit hat keine Freunde". Sie hat niemand zum Freund, weil sie selbst sich niemanden zum Freunde macht. "Trost und Wahrheit" - das große Problem der Religion klingt an. Kurz: es fehlt die "Frohe Botschaft". Daß alles schlecht ist, weiß man selber, man möchte es nicht noch und vor allem nicht immer wieder lesen müssen. Ein Erweckungsbuch, der Entwurf eines "Global Future Management" - möglichst eines zur Wende im Polstersessel -, hätte es da sicher leichter.

Aber alle mögliche Fundamental- und Detailkritik einmal beiseite gelassen: Gruhl könnte ganz einfach recht haben! Gruhl könnte ein - knappes, überaus dichtes - Bild von "Weg und Ziel des Menschen in Welt und Zeit" gezeichnet haben. Von hier und heute aus gesehen, lassen sich wenig Anzeichen für eine grundsätzlich andere Erwartung und Alternative finden. Es hat vielmehr hohe Wahrscheinlichkeit für sich, daß vor unseren Augen ein biosphärischer Makroprozeß von unaufhaltsamer Wucht schicksalhaft abrollt: Die evolutionsökologisch entgleiste Spezies Mensch verzehrt und zerstört ihren Lebensraum, vernichtet dabei viele andere tierische und pflanzliche Lebensformen und schließlich sich selbst. Es ist paradox, aber es ist Realität: Je erdrückender klar wird, daß gewisse Lebensformen der westlichen Industrieländer kein Modell für die gesamte Welt sein können, desto mehr Menschen drängen in eben diese Lebensform.

Ökologisch (sozio-extern) gesehen, ist alles so einfach. Schlichte drei Faktoren sind im großen und ganzen hinreichend, das Geschehen zu erklären: die Kopfzahl der Menschen, die Höhe und Art ihrer Ansprüche und die Technik von deren Befriedigung. Insoweit die Menschheit ihre Ansprüche nicht zu kontrollieren und dieses Kontrolldefizit nicht via Technik zu kompensieren vermag, ist sie zum Untergang verurteilt.

Ökonomisch (sozio-intern) betrachtet, ist dagegen alles unendlich kompliziert und schwierig. Schon in der Rolle des privaten Konsumenten fällt es schwer, überzogene Energie- und Stoffverbräuche zu kappen, überzogene Anfälle von Hausmüll zu mindern. Schon hier lauert die "Rationalitätsfalle" in vielerlei Gestalt. Für die Produzenten in Arbeitgeber- wie in Arbeitnehmerposition ist mit dem Herstellen des Überflusses immer auch der Erwerb des Lebensnotwendigen verbunden. Für die Inhaber betrieblicher Führungspositionen hängen daran die Existenz der Unternehmung, der Erhalt der Arbeitsplätze, soziale Verantwortung, Berufs- und Lebenserfolg. Der Wettbewerb - und das ist vielleicht das Verhängnisvollste überhaupt - zwingt auch jene zu wachsenden Gewinnen, wachsenden Einkommen und Investitionen, die letztlich nur ihre Existenz in diesem "Spiel" sichern, die also schlicht "dabeibleiben" wollen. Das ganze System - auch der Staat als Fiskus - ist infolgedessen süchtig nach Wachstum; alles handelt auf dieser Straße im neurotischen Wiederholungszwang. Soweit die "Umkehr" überhaupt thematisiert wird, bleibt sie in der Rolle des "guten Vorsatzes", der für den Süchtigen bekanntlich nie handlungsleitend wird und so den Weg zur Hölle markiert.

Unter einem Aspekt läßt sich das von Gruhl so hochgestellte Kriterium schonungsloser Wahrheit indessen auch gegen den Verfasser kehren: Gruhl sieht das Ende der irdischen Biosphäre als zwangsläufige Folge des prometheischen, des titanischen oder faustischen Strebens des Menschen. Der Mensch als zweiter Schöpfer, als selbsterkorener Gott, der er dann freilich doch nicht ist, kommt in den Blick. Deshalb auch das Stichwort "Götterdämmerung". Man kann mit Konrad Lorenz diesen Zusammenhang aber auch ungleich nüchterner sehen: Der Mensch scheitert, weil er noch gar nicht Mensch geworden ist! Das Tier-Mensch-Übergangsfeld ist in ökologischer Sichtweise noch keineswegs geschlossen. Was sich vielmehr zeigt, sind extreme Gefährdungen der Möglichkeit seines Abschlusses.

Denn was ist bisher geschehen? Kraft seines Verstandes hat der Mensch jene negative Rückkopplung zerbrochen, die Anspruch und Anzahl einer Spezies reguliert und so - alles mit allem - im Gleichgewicht hält. Als ein "Werdender" hat der Mensch damit sein erstes Wort gesprochen. Es ist das genau jenes Zauberwort, das auch Goethes berühmtem Lehrling schon zu Gebote stand. Das rettende zweite Wort - es ist nichts weniger als das Kriterium für die Schließung des Tier-Mensch-Übergangsfeldes - darf damit als "ent-borgen" gelten. Es lautet: Selbstbeschränkung, Selbstbeschränkung der "materia humana". Da uns nichts und niemand die negative Rückkopplung zurückbringt, werden wir sie selbst leisten müssen. Was die Religionen mit "Erlösung" und Umkehr thematisieren, zielt, zu Ende gedacht, wohl auf eben diesen Punkt.

Erlaubt sei ein Szenario: ein Schriftsteller schreibt über einen Schriftsteller und beruft - zur Bestätigung der Thesen seines Helden - eine "Weltkonferenz" ein. Man würde das als einen ziemlich bemühten Einfall abtun. Das Leben selbst schreibt freilich allemal die noch phantastischeren Geschichten. In der Umweltkonferenz von Rio de Janeiro ist dieses Szenario gestellt. Viele Menschen aus vielen Nationen, darunter die jeweils Hauptzuständigen für den Umweltschutz, kommen zusammen, um Gruhls Schlüsse zu bestätigen und zu bekräftigen: Nach allem, was man von der diesjährigen Umweltkonferenz weiß, wird eben dieser Plan dort ins Werk gesetzt.

Übrigens, um bei dieser Konferenz noch zu bleiben: Wäre Gruhl weniger eckig und kantig, weniger dem verpflichtet, was er für die Wahrheit hält, er wäre möglicherweise noch heute unser Bundesminister für Umwelt, Naturschutz und Reaktorsicherheit. Er könnte die Bundesrepublik Deutschland in Rio de Janeiro vertreten, vielleicht als "dienstältester Umweltminister der Erde". Globaler Umweltschutz als Staatsdoktrin, als nationale Mission des erneuerten, glücklich wiedervereinten Deutschland. Der Politiker Gruhl wäre am Ziel eines seiner schönsten Träume.

Gruhl schreibt ohne Hoffnung. Was er noch will, ist "die Geschichte erzählen". "Unaufhaltsam rollt die Maschinerie", "Freiwilliger Verzicht ist dem Leben fremd", "Befohlener Verzicht muß scheitern", "Zukunftspolitik ist und bleibt unmöglich". Der Politiker, der die Wende ernsthaft versuchte, würde im Nu hinweggefegt. (Die einzig Erfolgreichen sind die, die den Untergang weiter beschleunigen.)

Die Zukunft - selbst oder gerade bei noch so erdrükkender Indizienlage - bleibt unabsehbar. Und: Leben ist Hoffnung. Leben ohne Hoffnung, ohne noch so bescheidene, versteckte und verdeckte Hoffnung ist wohl nicht möglich. Hat nicht auch der Autor - im letzten Winkel seines Herzens - doch noch Hoffnung? Auch wider alle "realistische" Erwartung? Hofft nicht auch Gruhl, daß sein neues Buch, das in mehrfacher Weise an seinen Bestseller "Ein Planet wird geplündert" anknüpft, doch ein weniges bewirkt? Es sei deshalb mit einem Vorschlag an den Autor geschlossen, der im nahen Persönlichen wie im Weltweiten und Zeitfernen wieder etwas von "Perspektive" gewinnen läßt. Gruhl spricht in seinem Vorwort davon, daß er während der letzten anderthalb Jahrzehnte um die tausend Vorschläge zur Rettung unserer natürlichen Umwelt geprüft habe. Er sollte die Vorschläge von der Umweltkonferenz von 1992, einschließlich jenen von den alternativen und ergänzenden Parallelveranstaltungen, mit dazutun, alles systematisch aufbereiten und in seinem nächsten Buch den Lesern vorstellen.

AUTOR: Prof. Dr. Eberhard Seidel
Institut f. ökologische Betriebswirtschaft,
Universität-Gesamthochschule Siegen
Hölderlinstr. 3; 5900 Siegen

Buchbesprechung zu Stefan Schaltegger, Andreas Sturm: Ökologische Rechnungslegung

Michael Braune-Krickau

Der Wertewandel im gesellschaftlichen Umfeld von Unternehmungen fordert vom Management ein grundsätzliches Überdenken, was unter ökonomisch und ökologisch vernünftigem Verhalten zu verstehen ist. Zur Sicherung einer kontinuierlichen (existenz-notwendigen) Ressourcenzufuhr genügt es nicht nur, die Wertschöpfung unternehmerischer Leistungen zu betrachten. So kommen Unternehmungen immer weniger darum herum, auch die Schadschöpfung als Summe aller Umwelteinwirkungen zu bestimmen und zu kommunizieren.

Diese wurde bis anhin mittels sog. "Ökobilanzen" zu erheben versucht. Aufgrund der Aspekte, die ein ökologisch vernünftiges Verhalten des Managements charakterisieren, wurde ein detailliertes Kriterienraster zur Beurteilung ökologischer Erfassungs- und Gewichtungsmethoden (Ökobilanzen, Ökoprofile u.ä.) entwickelt. Mittels einer umfangreichen Erhebung aller weltweit veröffentlichten, bis heute mehrheitlich unter den Stichwörtern ökologische Buchhaltung, Ökobilanzierung, Ökoprofile u.ä. subsumierten Methoden wurden festgestellt, daß die Ansätze z.T. beträchtliche Mängel aufweisen und zu stark auf Einzelmaßnahmen und -berechnungen ausgerichtet sind.

Geeignete Entscheidungsinstrumente zur Umsetzung qualitativen Wachstums auf Unternehmensebene (d.h. insbesondere zur Integration ökologischer und ökonomischer Aspekte) fehlen bis heute. Zur Erfassung und Beurteilung der Schadschöpfung wurde deshalb das Konzept des ökologischen Rechnungswesens entwikkelt und mit der Eco-rational Path-Method (EPM) eine Integration mit dem finanziellen Rechnungswesen ermöglicht. Die Schadschöpfungsrechnung des ökologischen Rechnungswesens wurde anhand einer standortbezogenen Produktbetrachtung zweier Pigmente bei der Firma Ciba-Geigy AG empirisch getestet. Dabei wurde aufgezeigt, daß das Konzept praktikabel ist und der Aufbau eines ökologischen Rechnungswesens zur effizienten und effektiven Umsetzung qualitativen Wachstums auf Unternehmensebene notwendig und sinnvoll ist.

Der Prozeß zur Erstellung einer Schadstoffschöpfungsrechnung ist detailliert und praxisnah beschrieben, so daß aufgrund der Lektüre das Ökologische Rechnungswesen angewendet und umgesetzt werden kann. Das Konzept ist auf wichtige, organisatorische, strategische und unternehmenspolitische Implikationen untersucht worden.

AUTOR: Dr. Michael Braune-Krickau
Geschäftsführer des Wirtschaftswissenschaftlichen Zentrums (WWZ) der Universität Basel, CH-4000 Basel

Buchbesprechung zu Hartmut Kreikebaum: Umweltgerechte Produktion

Eberhard Garbe

erschienen im Deutschen Fachschriftenverlag Wiesbaden 1992; 128 S., 54 Abb.; 21 x 14,5 cm; 36.- DM; ISBN 3-8078-7103-9

Die Schrift trägt den Untertitel "Integrierter Umweltschutz als Aufgabe der Unternehmensführung im Industriebetrieb", womit gesagt wird, daß diese sich vornehmlich an den Manager wendet. Sie spricht aber gleichsam alle Ingenieure und Betriebswirtschaftler in Industrieunternehmen an, die für die Produktplanung und -gestaltung, für die Technologie und für das Marketing zuständig sind.

In einer übersichtlichen - mit 54 Abbildungen anschaulich untersetzten - Darstellung charakterisiert der Seminarleiter für Industriewirtschaft an der Johann-Wolfgang-von-Goethe-Universität Frankfurt/Main den integrierten Umweltschutz und nimmt eine überzeugende Begriffsbestimmung vor. Das vom Vorsitzenden des Vorstandes der Hoechst AG, Herrn Wolfgang Hilger, vorangestellte Vorwort läßt auf die zahlreichen auf chemische Unternehmungen bezogenen praktischen Beispiele schließen, die sich durch die Schrift hindurchziehen.

In den 5 Abschnitten wird nach einem Exkurs in die Umweltpolitik, einer begrifflichen Abgrenzung und einer Vorstellung von Anwendungsbereichen der integrierte Umweltschutz erstens als Gegenstand des Innovationsmanagements, zweitens als Instrument einer ökologischen Modernisierung der Produktion und der Produkte sowie drittens als Gegenstand des Marketing erläutert. Ein spezieller Abschnitt wird den personellen und organisatorischen Voraussetzungen des integrierten Umweltschutzes gewidmet. Dieser Abschnitt stellt sich als eine wertvolle Handlungsanleitung vor allem für jene Unternehmen dar, die aktiven Umweltschutz als inhärenten Bestandteil ihrer Geschäftspolitik erkannt haben und die überzeugt sind, daß Umweltschutz keine bloße Aufwandskomponente darstellt.

Indem von der ökologiegerechten Produkt- und Verfahrensgestaltung zunehmend der Umsatz und das Betriebsergebnis eines Unternehmens abhängen, ist vor allem auch der Verfahrenstechniker im Chemieunternehmen gut beraten, wenn er diese Schrift in das Kompendium seiner handlungsanleitenden Handbibliothek aufnimmt. Die kurze Abhandlung läßt es gerechtfertigt erscheinen, den Komplexitäts- und Integrationsakzent des Umweltschutzes besonders hervorzuheben. Das ist dem Autor überzeugend gelungen.

AUTOR: Prof. Dr. Eberhard Garbe
Sektor Wirtschaftswissenschaften
Techn. Hochschule "Carl-Schorlemmer"
O-4200 Merseburg

Neue Literatur

Fichtner, Sabine: Sonderabfallwirtschaft als Handlungsfeld des Ökonomen. Schriftreihe "Unternehmensführung", Band 6. Verlag Wissenschaft & Praxis Ludwigsburg - Berlin 1992, 340 Seiten, 89.- DM. ISBN: 3 9282 38 13 2
Verschärfungen in der Gesetzgebung im Abfallbereich sowie ein sich verstärkendes Bewußtsein der Öffentlichkeit für den Umweltschutz allgemein haben die Sonderabfallwirtschaft seit jüngster Zeit in den Mittelpunkt des Interesses betroffener Unternehmen, Politiker und Verbände gerückt. Vor dem Hintergrund der Leitlinien, Prinzipien und Instrumente der staatlichen Umweltschutzpolitik im Sonderabfallbereich wird von den stark divergierenden überbetrieblichen Rahmenbedingungen der Sonderabfallentsorgung in den Ländern der Bundesrepublik Deutschland ausgegangen. Auf der Basis marktwirtschaftskonformer Grundsätze zur Lösung von Umweltschutzproblemen wird dann eine Konzeption zur Sonderabfall-entsorgung entwickelt, deren Umsetzung eine sowohl an ökonomischen Kriterien orientierte als auch eine ökologisch kontrollierbare Sonderabfallbewältigung ermöglichen kann.

Frieder, Thomas: Vermarktung von Produkten des ökologischen Landbaus an die Gemeinschaftsverpflegung. Fallstudie Freiburg. EURES discussion paper dp-16. Freiburg: EURES-Institut für regionale Studien in Europa. März 1992. 77 Seiten, 20.- DM. ISSN 0938 1805

Hauf, Michael von; Schmid, Uwe: Ökonomie und Ökologie. Ansätze zu einer ökologisch verpflichteten Marktwirtschaft. Schäffer-Poeschel Verlag: Stuttgart 1992. ISBN 3 7910 0622 3
Bislang sind die volks- und betriebswirtschaftlichen sowie verfassungsrechtlichen Aspekte des Umweltschutzes oft nur isoliert behandelt worden. Das Ziel dieses Werkes ist es deshalb, unter dem Generalthema "Ökonomie und Ökologie" Zusammenhänge zwischen den einzelnen Bereichen aufzuzeigen und kritisch zu beleuchten. Erstmalig werden dabei die Schnittstellenprobleme z.B. mit der betriebs- und volkswirtschaftlichen Ebene offengelegt sowie Transmissionsmechanismen aufgezeigt, wie die ökologischen Erfordernisse ökonomische und rechtliche Rahmenbedingungen beeinflussen bzw. verändern. Darüber hinaus werden ausgewählte Themenbereiche wie die Industriepolitik unter diesen Integrationsgesichtspunkten aufgegriffen.

Horneber, Markus: Management des Entsorgungszyklus im sachlichen und zeitlichen Kontext, Forschungs- und Arbeitsbericht Nr. 20 der Forschungsgruppe für Innovation und Technologische Voraussage am Lehrstuhl für Industriebetriebslehre der Universität Erlangen-Nürnberg, hrsg. v. Prof. Dr. Werner Pfeiffer, Nürnberg, August 1992.
Der Bericht kann zum Preis von DM 28.- bezogen werden über den Lehrstuhl für Industriebetriebslehre, Prof. Dr. Werner Pfeiffer, Lange Gasse 20, 8500 Nürnberg, Tel. 0911/5302-244, Fax 0911/5302-238.
Das dem Wirtschaften immanente Belastungsproblem gewinnt von Tag zu Tag an Brisanz. Anhand eines zweidimensionalen Determinantenmodells werden Ansatzpunkte aufgezeigt, wie das Belastungsproblem im Rahmen des innovativen „Management des Entsorgungszyklus" in die Unternehmensplanung integriert werden kann. Im Mittelpunkt der Diskussion steht das Integrierte Lebenszyklus-Konzept, das um den Entsorgungszyklus erweitert wird. Es dient als Heuristik zur Einordnung der Anfallzeitpunkte von Rückständen sowie zur Abschätzung des Beeinflussungspotentials und der Kosten von Handlungsmaßnahmen der Entsorgung.

Jaeger, Franz: Natur und Wirtschaft. Ökonomische Grundlagen einer Politik des qualitativen Wachstums. Verlag Rüegger 1992, ca. 400 Seiten, 48.-Fr. ISBN 3 7253 0405 X

Janiszewski, Jörg: Das Umweltzeichen. Rechtliche Analyse und Neuorientierung. 296 Seiten, 59.- DM. ISBN 3 5030 3314 9
Mit dieser Neuerscheinung wird der Versuch unternommen, das Instrument "Umweltzeichen" juristisch zu analysieren und auf eine rechtlich tragfähige Grundlage zu stellen, um so einen positiven Beitrag zur Umweltgestaltung zu leisten.

Kalleicher, Dorothea: Reduktion von Kfz-Abgasemissionen. Schriftenreihe "Wirtschafts- und Sozialwissenschaften", Band 6. Verlag Wissenschaft & Praxis Ludwigsburg - Berlin 1992, ca. 340 Seiten, ca. 98.- DM. ISBN: 3 9282 3815 9
Diese Arbeit liefert auf der Basis umfangreicher empirischer Daten und daraus entwickelter ökologischer und ökonomischer Indikatoren eine detaillierte Erfolgskontrolle der seit Mitte der achtziger Jahre durchgeführten Auflagen- und Abgaben-Regelungen. Fehlsteuerungen und Schwächen, wie sie sich aus der Ausgestaltung z.B. der Mineralöl- und Kraftfahrzeugsteuerdifferenzierung in der Praxis ergeben haben, werden aufgezeigt. Die unterschiedlich gute Eignung der bisher eingesetzten Instrumen-

te zur Reduktion von Abgasemissionen bei Kraftfahrzeugen wird in einer vergleichenden Analyse ermittelt. Die Autorin entwickelt ein eigenes Konzept in Form eines Policy-Mix.

Mauch, Samuel P; Iten, Rolf; Weizsäcker, Ernst U. von; Jesinghaus, Jochen: Ökologische Steuerreform. Europäische Ebene und Fallbeispiel Schweiz. Verlag Rüegger 1992, 235 Seiten, 54.-Fr. ISBN 3 7253 0444 0

Schweizerisches Institut für Auslandsforschung: Umweltzerstörung und Ressourcenverschwendung. Verlag Rüegger 1992, 128 Seiten, 28.-Fr. ISBN 3 7253 0441 6

Stockinger, Wolfgang: Probleme einer ökologisch orientierten Redistribution, eine transaktions-kostentheoretische Analyse. 90 Seiten, 15.-DM. Die Publikation ist über den Lehrstuhl Markt und Konsum von Frau Prof. Dr. Ursula Hansen, Institut für Betriebsforschung, Wunstorfer Straße 14, 3000 Hannover 91, zu beziehen.

Thomas, Anke; Pott, Philipp: Aufbau- und Ablauforganisation der kommunal- und privatwirtschaftlichen Abfallentsorgung mit praktischen Beispielen. Arbeitspapier Nr. 8 des Instituts für Ökologische Betriebswirtschaft, 2. verbesserte Aufl., Siegen 1992. 110 S., 15.-DM.

Nach einem statistischen Überblick über die Abfall- und Entsorgungslage der Bundesrepublik Deutschland wird auf die Neuorientierung der Abfallentsorgung (Vermeidung vor Verwertung vor Entsorgung) eingegangen. Weitere Abschnitte umfassen die Verpackungsverordnung, das Duale System, die Zuständigkeiten in der Entsorgung, das Aufstellen von Abfallwirtschaftskonzepten bei Kommunen und Betrieben, die Abfallberatung und die Technische Anleitung Abfall.

Der zweite Teil widmet sich der Aufbau- und Ablauforganisation der kommunalen Entsorgung. In diesem Teil werden folgende Punkte behandelt: Vor- und Nachteile des Regie- bzw. des Eigenbetriebes, Beauftragung privater Dritter mit Entsorgungsaufgaben der Kommunen, die Organisation der bürgernahen Öffentlichkeitsarbeit, Trennung vor oder nach der Sammlung, Hol- oder Bringsystem, Hol- Bring-Kombinationen in den Gemeinden des Siegener Altkreises.

Der dritte Teil beschäftigt sich mit der Organisation der meist auf Sonderabfälle spezialisierten privatwirtschaftlichen Entsorger. Die Themen lauten hier: Trennung von Überwachungs- und Kontrollaufgaben, die Rolle der Eigenüberwachung, die Aufgaben und die organisatorische Eingliederung des Betriebsbeauftragten für Abfall. Ausführlich dargestellt wird auch die Ablauforganisation von Sonderabfallbeseitigungsbetrieben von der ersten Kontaktaufnahme des Abfallerzeugers über die Identifikationsanalyse sowie die Anlieferung und Behandlung des Abfalls bis zur Deponierung der unverwertbaren Rückstände. Eingeflochten wurden die neuen rechtlichen Bestimmungen sowie der Beleglauf des erst neuerdings gesetzlich verlangten Entsorgungsnachweises. (Ph.P.)

Das Arbeitspapier kann angefordert werden bei Dr. Philipp Pott, Universität - GH - Siegen, FB 5, Lehrstuhl für BWL (III), insbesondere Organisation (Prof. Dr. Eberhard Seidel), Hölderlinstr. 3, W-5900 Siegen, Tel.:0271 / 740 32 74 oder -31 91, Fax: 0271 / 740 23 10.

Umweltbundesamt (Hrsg): Ökobilanzen für Produkte. Bedeutung - Sachstand - Perspektiven. Berlin 1992, 111 Seiten.

Adressen

Arbeitskreis Umweltpresse e.V., Max-Planck-Str. 7-9, 8700 Würzburg 1. Telefon: 0931 / 41 82 27 3

FIFEGA (Forschungsinstitut für Ethisch - ökologische Geldanlagen), Lindengasse 43 / 17, A - 1070 Wien. Telefon: 0222 / 52 62 555 oder 82 27 875. Fax.: 0222 / 52 62 555-16

Förderkreis Umwelt future e.V., Herr Peter Cschornack, Reinbeckstraße 2, O-4020 Halle (für Neue Bundesländer) Kollegienwall 22a, W-4500 Osnabrück (für Alte Bundesländer)

Freudenkreis Ökologisches Investment e. V., Kirchfeldstraße 11, 4000 Düsseldorf 1.

Grüne Liga, Haus der Organisationen, Große Klausstr. 11, 4020 Halle.

ifta (Institut für Tiergesundheit und Agrarökologie AG), Postfach 3225, 8990 Lindau. Telefon 08382 / 73 01 7, Fax.: 08382 / 78 69 9

INSTITUT FÜR UMWELTWIRTSCHAFTSANALYSEN,e.V., Tiergartenstraße 17, 6900 Heidelberg. Telefon: 06221 / 487 630

ZEWU - Zentrum für Energie-, Wasser- und Umwelttechnik, Fachabteilung **Umweltagentur**, Buxtehuder Straße 76, 2100 Hamburg 90. Telefon: 040 / 35 90 50

Veranstaltungskalender

* 12. Januar 1993: Seminar **"Ökologie im Büro"** Veranstaltungsort: Hamburg; Veranstalter: Bundesdeutscher Arbeitskreis für umweltbewußtes Management (B.A.U.M.), Tinsdaler Kirchenweg 211, 2000 Hamburg 56; umfangreiches Veranstaltungsprogramm zu B.A.U.M.-Veranstaltungen im Auftrag der Deutschen Bundesstiftung Umwelt kann ebenfalls bei B.A.U.M. angefordert werden. Tel.: 040/81 01 0; Fax: 040/81 01 26

* 13. Januar 1993: Konferenz: **"Die persönliche Haftung von Vorständen und Geschäftsführern"**. Veranstalter: I.I.R GmbH, Lyoner Straße 15, 6000 Frankfurt/ Main 71; Telefon: 069/66 44 30; Fax: 069/66 443-222

* 21.-22. Januar 1993: Fachtagung **"Grundwasserschadensfälle"**. Ursache, Vermeidung und Beseitigung. Veranstalter: Umweltinstitut Offenbach GmbH, Nordring 82 B, 6050 Offenbach, Telefon: 069 / 82 34 93

* 27.-28. Januar 1993: Konferenz zum Thema **"Öko-Auditing in der betrieblichen Praxis"**. Veranstalter: I.I.R GmbH, Lyoner Straße 15, 6000 Frankfurt/Main 71; Telefon: 069/66 44 30; Fax: 069/66 443-222

* 4.-5. Februar 1993: Fachtagung **"Umweltschutz in Krankenhaus"**. Probleme und Erfahrungen in der Abfallentsorgung. Veranstalter: Umweltinstitut Offenbach GmbH, Nordring 82 B, 6050 Offenbach, Telefon: 069 / 82 34 93

* 15.-19. Februar 1993: **"UTECH Berlin, Umwelttechnologieforum 1993"** mit 42 Kongressen, Seminaren, Fachtagungen und Workshops zu Themen wie **"Verwertung und Entsorgung von Elektronikschrott"** (17.2.), **"Ökobilanzen"** (18.-19.2.), **Ökologisches Wirtschaften und betriebliche Organisation des Umweltschutzes in Klein- und Mittelbetrieben** (17.-19.2.) u.v.a.m. Veranstaltungsort: Internationales Congress Centrum (ICC) Berlin; Gesamtkonzeption und Durchführung: Fortbildungszentrum Gesundheits- und Umweltschutz Berlin e.V. (FGU Berlin) Kleiststraße 23-26, W 1000 Berlin 30; dort kann auch ein ausführlicher Veranstaltungskatalog angefordert werden. Telefon: 030/23 14 59 71/72; Fax: 030/ 23 14 59 69

* 9.-12. März 1993: Seminar **"Betriebsbeauftragte/r für Abfall"**. Veranstalter: Umweltinstitut Offenbach GmbH, Nordring 82 B, 6050 Offenbach, Telefon: 069 / 82 34 93

Neue DGOR - AG "OR und Umweltschutz" geplant

Die Rolle des betrieblichen Umweltschutzes gewinnt zunehmend an Bedeutung. Neben technischen Maßnahmen zur Emissionsminderung sind ebenfalls unterstützend dispositive, etwa ablaufplanerische Maßnahmen mit in entsprechende Entscheidungen einzubeziehen. Jüngstes beispiel ist die Realisierung von Redistributionskanälen für gebrauchten Produkte. Methodische Ansätze des Operations Research können zur Entscheidungsunterstützung in Industrie, Politik und Administration herangezogen werden und werden zunehmend akzeptiert. Mögliche Anwendungsgebiet sind etwa die betriebliche Produktionsprogrammplanung, die Termin- und Kapazitätsplanung, die Standortplanung und / oder die Transportplanung.
Als Resonanz auf diese Entwicklung plant die DGOR die Einrichtung einer neuen AG "OR und Umweltschutz".
Ziel dieser AG soll es u.a. sein,

- Anwendungen von OR-Ansätzen in Zusammenhang mit Umweltschutzentscheidungen aufzuzeigen und
- OR-Ansätze hinsichtlich ihrer Bedeutung für Umweltschutzentscheidungen zu analysieren.

In halbjährigen Arbeitstreffen werden sowohl Praktiker als auch Wissenschaftler die Möglichkeit haben, Informationen auszutauschen, neuere Entwicklungen zu ausgewählten Fragenstellungen zu verfolgen und Anwendungsprojekte vorzustellen.

Interessenten an dieser AG wenden sich bitte an:
Dr. Hans-Dietrich HAASIS, Institut für Industiebetriebswirtschaftslehre und industrielle Produktion (IIP), Universtät Karlsruhe (TH), Hertzstr. 16, D-7500 Karlsruhe 21. Telefon: 0721 / 608-44 44, Fa.: 0721 / 75 89 09

UWF - Umweltwirtschaftsforum

Ankündigungen der Redaktion

Liebe Leser des Umweltwirtschaftsforums,

die Redaktion möchte Sie nun als Leser der neuen Zeitschrift willkommen heißen. Wir würden uns freuen, wenn die hier präsentierten Themen Ihr Interesse finden würden und wenn Ihr Abschiedsschmerz über die Beendigung der Herausgabe des FöB durch die neue Zeitschrift gelindert werden könnte. Dabei konnten wir auf den Wermutstropfen der zukünftigen Bezugspreise nicht verzichten. Auch hier wird das leider nicht immer zu verwirklichende Ziel angestrebt : " Umweltschutz rechnet sich!".

Nachdem sich nun dieses Einführungsheft mit der hochbrisanten Problematik der Bewältigung von Elektronikschrott als "Leitsymptom" für ähnliche Probleme in der gesamten Produktionswirtschaft auseinandergesetzt hat, laufen die Planungen für die folgenden Ausgaben schon auf Hochtouren:

* Die Frühjahrsausgabe 1993 wird schwerpunktmäßig den Inhalt, die Hintergründe und die Implikationen der kommenden **Produkthaftungsgesetzgebung** behandeln. Hier wird es insbesondere um das **Risikomanagement** gehen.

* Zum Sommer werden **Umwelt-Controlling-Instrumente** wie Öko-Auditing, Ökobilanzen und Produktlinienanlysen auf den Prüfstand gestellt.

* Die Herbstausgabe soll den Einfluß der **Werkstoffgestaltung** und der **Werkstoffauswahl** auf die Umweltbeanspruchung der Produkte betrachten.

* Die Winterausgabe 1993 schließlich wird die wichtigsten Beiträge des **1. Heidelberger Umweltwirtschaftsforums**, welches im Spätherbst 93 stattfinden wird, veröffentlichen.

Wir sind sicher, daß uns auch im Jahr 1994 und 1995 die Schwerpunktthemen im Bereich der Umweltwirtschaft nicht ausgehen werden.

Potentiellen **Autoren**,die sich durch die Themen angesprochen fühlen, sei empfohlen, sich möglichst bald mit der Redaktion in Verbindung zu setzen.

Wollen Sie Ihren Freunden oder Geschäftspartnern noch eine spezielle Freude und Überraschung zum Neuen Jahr machen, so empfehlen wir Ihnen ein **Geschenkabonnement ´93** des UWF.

Es lohnt sich, möglichst frühzeitig zu abonnieren. Es ist vorgesehen, die bibliographische Auswertung der Zeitschrift den Lesern als Zusatzservice anzubieten. Die **ersten 500 Abonnenten** können als **"charter member"** zum Jahresende 93 kostenlos eine 3 1/2 " Diskette mit dem Index des Jahrgangs und den dazugehörigen Kurzzusammenfassungen der Texte in Word 5 erhalten. Dieser EDV-gestützte Informationsdienst wird in der Zukunft schrittweise erweitert.

Sollten Sie ein anderes Datenformat wünschen, so geben Sie Ihren Wunsch bei der Bestellung an. Wir werden dies nach Möglichkeit berücksichtigen.

Wir wünschen unseren Lesern ein gutes Neues Jahr 1993 und eine sinnstiftende Kommunikation auf der Plattform des **Umweltwirtschaftsforums**.

Die Redaktion

Zafiria Kanellou *Thomas Sterr*

(b.w.)

UWF - Umweltwirtschaftsforum

HINWEIS

Auf Seite 47 wurde leider eine Abbildung von der Druckerei auf den Kopf gestellt.

Die Druckerei bittet dafür um Entschuldigung.

Die für diese Broschüre verwendeten Papiere sind aus 100 % Altpapier hergestellt.

GPSR Compliance

The European Union's (EU) General Product Safety Regulation (GPSR) is a set of rules that requires consumer products to be safe and our obligations to ensure this.

If you have any concerns about our products, you can contact us on ProductSafety@springernature.com

In case Publisher is established outside the EU, the EU authorized representative is:

Springer Nature Customer Service Center GmbH
Europaplatz 3
69115 Heidelberg, Germany

Batch number: 10845484

Printed by Printforce, the Netherlands